# 意識
# 培養超越逆境的意志

自我提升╳目標法則╳失敗意識

你的前路不是人家幫你鋪好，而是反過來向內心尋找！

U0068572

奧里森‧馬登 著
佘卓桓 譯

「容易獲得的勝利是廉價的。真正具有價值的勝利都是艱苦奮鬥之後所獲得的。」

奧里森‧馬登對於成功的 24 項堅持
再不改掉消極心態和性格缺陷，只會離目標越來越遠！

# 目 錄

# 目 錄

# 第一章　有始有終

　　多年前，新倫敦港口的一架救生艇出現了裂縫，在維修過程中發現了船底有一把錘子，這是 13 年前救生艇的建造者留下來的。後來錘子因為經常處於震動的狀態，所以磨穿了厚木板，導致了這個裂縫。

　　不久前，人們發現南部一所監獄一位被判 20 個月的女子卻服了 20 年的刑期，之所以發生這樣荒謬的事，是因為法院書記員在書寫時將「月」寫成了「年」，結果導致這位女子坐了 20 年牢。

　　人類歷史充斥著各種恐怖的悲劇與難以言述的災難，就是因為從未養成做事精確、細心與有始有終習慣之人做事粗心與敷衍導致的。

　　很多人之所以失去雙眼、一條腿、一隻手臂或出現身體其他部位的缺陷，就是因為很多人在工作時不夠誠實，欺騙了顧客，用各種裝飾掩蓋缺點，結果釀造了悲劇。

　　不知有多少人之所以失去生命，是因為某些人在修建鐵路時偷工減料、粗心大意或敷衍馬虎所犯下的罪行導致的。想像一下車輪、火車頭或引擎蒸汽機等機械部件出現問題時所帶來的悲劇吧！想像一下鐵軌品質不過關、繩索不夠牢固或轉動器失靈所帶來的悲劇吧！想像一下工人在製造中偷工減料，為得到卑微薪水而謊稱品質優良所帶來的悲劇吧！因為這些人沒有注意到在製造鋼鐵時出現了問題，結果導致了鐵軌下沉或支架斷裂的情況，導致火車頭或其他機械出現故障。支撐大橋中央的鋼筋不夠堅固，結果導致數千名乘客遇難，造成這起悲劇的原因可能就是因為某位建築工人的粗心大意。

　　在建築工人即將完成某幢建築前，突然倒塌，建築工人被壓死，之所以出現這樣的悲劇，是因為某些建築工人做事不夠細心，敷衍對待工作 —— 無論是施工單位還是建築工人 —— 都在掩蓋偷工減料，結果導致

了建築的倒塌。

　　海陸交通運輸出現的大多數鐵路事故與災難，無不造成嚴重的人員傷亡，而每次這樣的事故幾乎都是因為粗心大意、敷衍馬虎的工作所致的。這些事故就是那些冷漠、敷衍與粗心的工人帶來的邪惡結果。

　　在這個世界上，我們到處可見到敷衍工作帶來的悲劇結果。木製的假肢、沒有手臂的衣袖、數不清的墳墓，沒有了父母的孤兒，這都在訴說著某些人粗心大意、做事缺乏精度所帶來的悲劇。但是，這些最惡劣的犯罪卻沒有遭受法律的懲罰。粗心、馬虎、做事不夠全面都是對自我的一種犯罪，違背基本的人性，這經常要比那些光明正大的搶劫行為更加可怕。一個細小的錯誤或稍微的不慎，都可能讓人失去寶貴的生命。粗心其實與故意犯罪沒有什麼區別。

　　如果每個人都能將良心投入到工作中去，做到有始有終，那麼這不僅能減少人類的傷亡，避免讓眾多男女出現身體的殘缺，還能提升你的為人氣概，讓你成為真正的人。

　　絕大多數年輕人都過分注重工作數量，而對工作的品質不大關心。他們想著如何能在最短時間內做到最多，結果卻無法將這些事情做好。他們沒有意識到教育、舒適感、滿足感與整個人的提升或個人品格的昇華，只能源於將一件事做到最好，將自身的品格烙在所做工作之上。顯然，這要比我們做數千件敷衍馬虎的事情更有價值。

　　我們必須要明白，我們投入到人生事業中的態度，將影響我們的生活，繼而影響我們整個人的行為。一個人的品格幾乎由他在平常工作時的態度所決定。養成做事精確與認真的態度能增強我們的心智與提升品格。

　　與此相反，以敷衍、馬虎及粗心的態度做事，只能讓我們整墮落起

來，讓心智不斷下滑，最終導致人生全面走滑坡。

　　你所做的每一件半途而廢或馬虎的工作都會讓你逐漸墮落。在你漠視自身的工作或敷衍對待工作後，你與之前的那個你不再一樣了，你再也無法像之前那樣保持自己的品格，再也無法像之前那樣信守諾言了。

　　做事半途而廢或敷衍了事都會給心智與道德帶來嚴重的影響，這將你拉低，讓你逐漸墮落。這個過程是漸進與微妙的，很難讓人察覺。習慣性敷衍對待工作的人是無法獲得別人的尊重。這些人也必然失去自尊與自信。而一個人一旦失去自尊與自信，是不可能取得卓越成就的。

　　讓人震驚的是，做事馬虎與粗心的習慣會逐漸讓你習以為常，緊緊將你拴住，最後完全改變你原先的心態，徹底摧毀你的人生目標，即便這些人覺得自己已經盡最大努力了，也還是於事無補。

　　我認識一位胸懷大志之人，他想要闖出一番事業。事實上，他也有這樣的能力。在他剛創業之初，做事極為嚴謹，不辭勞苦。他總是嚴格要求自己——絕對不允許自己降低標準。對他來說，敷衍對待工作的想法簡直就是一種折磨。但沒過多久，他就開始接受了降低自己標準的做法，漸漸敷衍對待工作。一開始他內心還會表示反對，但這種聲音逐漸消失了，最後他覺得這是順其自然的。結果，他的心靈開始逐漸墮落，無法掙脫做事敷衍的習慣。今天，他只能做一些很普通的工作，已經不會為此感到羞恥或慚愧了。最讓人感到悲劇的是，他到現在還不知道為什麼自己失敗了。

　　一個人的理想與目標需要時常進行自我觀察與培養，以便時刻保持自己的標準。很多人在他們孤身一人或與粗心大意的人為伍時，丟掉了自己原先的目標，降低了自己的標準。這些人需要別人的幫助、建議與鼓勵，

必須從成功的例子中吸收有益的經驗。

一個身懷大志、做事縝密的年輕人在離開家後，為某位缺乏理想、做事敷衍的老闆工作後，導致自己也開始逐漸墮落。

讓我們的工作蒙上低劣的品質，就好比讓身體吸收了有害的物質，導致身體的正常機能出現紊亂。這就像一種潛移默化的力量，慢慢影響著整個身體系統。習慣了在工作時馬虎敷衍會降低我們的理想，讓積極向上的力量被遏制，阻礙著我們的理想，最後導致人的全面墮落。

人的身體機能有這樣一個特點，就是某個部位出現問題時，就可能影響身體的整體健康。我們的工作品質與品格之間息息相關。你是否注意到一點，當一名年輕人開始輕視工作，消磨無聊的工作時光或出氣不出力時，那麼他墮落的速度是超快的。

如果你到監獄詢問犯人，到底是什麼導致了他們落到今天這個下場時，他們都會將這個錯誤追溯到第一次逃避工作，第一次消磨工作時間，第一次欺騙他們的老闆，第一次做些不誠實與敷衍馬虎的工作。

我們生來就應該誠實為人。誠實才是我們正常的狀態。遠離誠實只能會讓我們的品格蒙塵。無論做任何事情，誠實都意味著正直。誠實不僅僅意味著你信守諾言，還意味著你認真仔細、誠實與精確地對待工作。誠實並不意味著如果你嘴上不說假話，就意味著你可以在工作上欺騙別人。誠實意味著一種圓滿、全面，意味著任何事情上的真實 —— 無論是行動還是言語上。不去偷竊別人錢財或商品的行為，絕對不能稱為誠實。你不能偷竊別人的時間，不能因為做事半途而廢、敷衍對待工作或因為粗心大意而造成差錯，給別人帶來財產上的損失。你與老闆的契約意味著你要為他做到最好，而不是你可以留著一手。

「你真蠢啊!」一位工人對另一位工人說,「花這麼多心思去工作,但你的薪水卻還是那麼少。我的工作法則是:『以最少的工作賺最多的金錢』。現在,我的薪水是你的兩倍多。」

「也許吧!」另一位工人回答說,「但我更喜歡自己一些。我這樣可以對自己有更高的評價,這要比金錢更加重要。」

當你的行為得到良心的認可,那麼你會更加喜歡自己。對你來說,這要比你靠敷衍、馬虎的工作賺到更多錢更加重要。世上沒有比圓滿完成工作後帶來的一股電流般的滿足感讓人感到震撼的了。完美的工作會讓我們整個人的身心處於和諧狀態,因為我們天生就是要追求完美的,只有完美才符合我們的本性。

有人曾說:「無知與粗心大意這兩者經常進行競賽,看看誰製造的問題多一些。」

很多年輕人之所以停滯不前,可能就是被一些在他們眼中看似不起眼的東西 —— 做事不用心與缺乏精確的習慣所致。這些人無論做什麼事情都做不到有始有終。別人也不敢依靠他去做任何重要的事情,因為他總是需要別人監視他才能做完。成千上萬的職員或記帳人之所以依然在不起眼的職位上賺取微薄的薪水,就是因為他們從未學會將事情做到最好。

一位著名商人曾說,那些粗心大意、做事馬虎的員工導致芝加哥這座城市每天損失 1,000,000 美元。芝加哥一間大型企業的經理也說,他每天必須要到處巡查整個工廠,以糾正做事敷衍與馬虎的員工所帶來的惡劣影響。約翰·沃納梅克的一位合夥人說,毫無必要的失誤與錯誤導致公司每年損失 25,000 美元。華盛頓郵局的儲物倉裡一年堆積著 7,000,000 封尚未寄出去的信件,其中有 8,000 多封信上沒有寫位址,而很多信件都是企業

寄出去的。因粗心犯下這些錯誤的員工有機會獲得提拔嗎？

很多員工覺得向老闆撒謊的念頭是絕對不可取的，但他們卻在日常的工作中卻以馬虎敷衍、不誠實地工作，消磨工作時間，對老闆的利益漠不關心等行為欺騙著老闆。不誠實的工作，逃避工作的職責，其實與我們嘴上撒謊是沒有什麼區別的。我認識一位辦公室職員，你幾乎不可能誘惑他向老闆撒謊，但他卻在外出辦事時偷偷抽菸或偷懶。也許，他沒有意識到，行為上的撒謊其實要比嘴上的謊言造成更加嚴重的後果。

那些以敷衍態度對待工作之人，在銷售產品時對顧客撒謊的人，不僅是在欺騙自己，也是在欺騙自己的同事。這樣的行為必然會讓你失去自尊、品格與社會地位。

但是，我們到處可見一些人在工作時沒有投入品格與思想。第一次穿上去看起來比較時髦與富於魅力的衣服，很快就出現變形，就像穿了多年的舊衣服一樣，一碰到紐扣就掉落，衣服的針線稍微一摸就冒出來了。通常，只要你穿上 5 ～ 6 次，這件衣服就不能再穿了。

我們到處可見表面上豪華的家具，實際上這些家具卻全是漏洞與缺點，只不過用油漆遮掩住了。只要你稍微一摸，就會發現連接處的膠水脫落，椅子與床架都散架了，腳輪的輪子也飛出去了，手柄折斷了。總之，很多家具在看上去全新的情況，依然出現了「散架」的情況。

今天的許多製造商可能覺得「製造商品是要銷售的，而不是用來服務人的」這句話是最為通用的。

現在，要想找到品質過關、投入工人的品格、個性與細心的產品，已經很難了。很多產品都是臨時拼湊起來的。現在，這樣敷衍馬虎與欺騙顧客的行為如此之普遍，所以，真正用心為顧客服務的製造企業肯定能享受

世界級的聲譽，獲得最大的利潤。

現在，沒有比良好的名聲更好的廣告了。世界上最著名的製造企業都將良好的聲譽視為最重要的資產，絕對不允許出現劣質的產品影響自身的品牌聲譽。很多企業為了使用某個人的名字作為商標，還得支付一大筆錢，因為這些名字代表著正直與公平交易的名聲。

在過去某個時代裡，格雷厄姆與坦皮安的名字在鐘錶界裡就是造工最精緻與品質最優秀的保證。世界各地的顧客慕名前來購買他們製造的手錶，對與他們進行公平交易充滿了信心。

坦皮安與格雷厄姆現葬在西敏寺，就是因為他們工作的精確，拒絕對顧客撒謊。

在完成某項工作時，你應該對自己說：「我願意為這項工作作保證，這份工作可能做的不是最好，但我已經盡自己最大努力去做到圓滿。我願意為此負責，願意別人以此來評價我。」

永遠不要對「很好」、「相當不錯」或「足夠好了」這些評價感到滿意。永遠只能接受最好的自己。無論做什麼事情，都要全身心投入進去，讓別人能從中發現你的品格、個性與卓越的標幟。你的名聲與你所做的每件事都緊密連繫在一起，你的名聲就是你資本啊！你絕對無法承擔敷衍馬虎做某件事所帶來的後果，無法承受劣質與垃圾的產品從你手上經過所帶來的影響。無論你做的工作多麼卑微，都應該讓經過你手中的工作烙上卓越的痕跡，應該將任何經過你雙手的工作都做到最好，正如坦皮安對每一隻進入他店鋪的手錶都極為重視一樣。你必須做到最好，發揮你最大的潛能。

好與最好之間存在差距絕不是一點點，正是這點差距讓有的人成為藝術家，有的人則成為工匠。很多普通人也正因為沒有縮小這點差距，導致

一生默默無名。

在對待工作時，你就該像斯特拉迪瓦裡[01]對待小提琴一樣，彷彿小提琴就是「實現永恆的途徑」。他所製造的小提琴從沒有出現過品質的問題。斯特拉迪瓦裡不需要為自己製造的小提琴申請專利，因為沒有人願意為製造小提琴像他耗費如此之大的心血，或像他那樣在製造小提琴時追求卓越。現在流傳下來的「斯特拉迪瓦裡」製造的小提琴，每一把的價格都在 3,000 到 10,000 美元之間，這是同等重量金子價格的數倍。

想像一下，如果你能像斯特拉迪瓦裡與坦皮安那樣享有做事細心精確的聲譽，像他們那樣將熱情投入到工作中去，那麼你將會收穫什麼吧！世界上沒有比以追求精確、做事細緻、永遠追求卓越作為人生目標更加偉大的了。

在老闆眼中，員工做事認真仔細、不辭勞苦的品格能給他們帶來最強烈的印象。他知道如果一個年輕人出於原則的驅動，將良心投入到工作中去，而不是單純為了薪水或其他報酬，而是因為自己必須要做到最好，那麼他就知道這位年輕人是一位誠實之人，也是可塑之才。

我認識不少人，他們之所以能比其他人上升的更快，就是因為他們對比其他員工更加關注老闆的利益，不辭勞苦地將工作做得比其他員工更好一些。老闆不會將心中所想的話都說出來，但他們能迅速察覺哪位員工的工作有著卓越的烙印。他們會時刻關注那些工作追求卓越、有始有終與勤奮的員工，因為他知道這些員工有著美好的未來。

約翰‧D‧洛克斐勒二世曾說，「成功的祕密就在於將普通的工作做的不普通。」絕大多數的年輕人都沒有意識到，他們走向成功的階梯是在他

---

[01]　著名小提琴製造者。

們日常工作中透過誠實的努力，履行好本職工作一步步累積的。現在所做的工作可能為他們日後獲得提拔敞開了大門。

很多員工都希望能夠發生一些重大的事情，給予他們一展才華的機會。這些人經常說：「在日常枯燥、按部就班的工作裡，到底有什麼機會能幫助我發展呢？」但正是那些從日常普通的職責中看到機會，從普通或卑微的職位上看到機會的年輕人，才能在這個世界上有所作為。他們比你將事情做得更好一些，速度更快一些，更為準確一些，觀察更加細緻一些，才讓他們獲得了機會。他們能以全新的方法去做常規的事情，待人更有禮貌，為人更加隨和，做人更為圓滑，性情更為樂觀，結果得到了老闆或是其他企業老闆的賞識。

很多員工其實已經被老闆選中在更高位置上任職，而員工可能對此一無所知。這可能是一個月後，也可能是一年後。但是，那些明白「做的好」、「做好相當不錯」與「卓越」之間區別的人，更有機會獲得提拔。

如果你的本性要求你做到最好，不接受任何次級的工作；如果你無論做任何事情都堅持自己標準，再加上堅忍不拔，始終追隨某個目標，那麼你一定能在該領域中有所成就。

但如果你對自己馬虎敷衍、草草了事的工作感到滿意；如果你對自己的工作不用心，對所處的環境不滿或對個人的習慣不加注意，那麼你就無法做到最好，只能被別人拋下。

那些有所成就之人無不對工作有著崇高的理想。他們絕不滿足於平庸，不會局限於過去的老路，不會滿足於世人做事的方式，而是總想著做得更好一些。他們總是能將手頭上的工作做的更好一些。正是這比別人更好的部分，讓他們的人生得到了提升。要想達到卓越的高度，就必須要在

做任何事情上都要做到最好。

　　據說，丹尼爾・韋伯斯特做的雜膾[02]是他所在的州最美味的，因為他有一個人生原則，就是無論做任何事情都不能屈居第二。在步入社會時，要有堅定的決心，永遠都不要滿足於剛剛好的狀態。無論你做什麼，都要做到最好。絕對不要與低劣一詞搭上關係。做任何事情，都要全力以赴，做到最好。你要選擇最好的，然後做到最好。

　　我們到處可見平庸或二流的人物 —— 那些一輩子都無法擺脫碼尺的普通職員，那些做了多年還是手藝笨拙的機械師，還有各種無法從平庸中脫穎而出的人，這些人之所以無法擺脫普通的職位，就是因為他們不願意吃苦，不願意將精力投入到工作中去，不願意做到最好。

　　除了不願意做到最好的念頭之外，還有其他因素導致了這些人成為二流人物。放縱消沉、不良的習慣、不注重身體健康、缺乏教育，所有這些都是造就一大批二流人物的原因。一個人因為放縱而導致身體虛弱，自然會讓身心機能變得遲鈍，個人成長因為自我放縱而被壓制，最後只能成為二流人物，甚至有成為三流人物的危險。一個人在原本休閒的時光裡耗盡了身體活力與力量，毒害了自己的血液，直到身體四肢筋疲力盡的人，就像風中的葉子一樣顫抖。這樣的人只能是「半滿」的人，絕對不可能成為一流人物。

　　每個人都知道二流人物有著怎樣的品格。男孩模仿成年人抽菸，覺得自己很酷，然後他們染上了菸癮，製造了一種有害且不自然的刺激。酗酒之人總能找到各種理由，但無論他們找什麼藉口，他們都不可能在酗酒的情況下，還能成為一流人物。還有一些人追求其他形式的放縱行為以獲得

---

[02]　美國一種用鮮魚與鹹肉、洋蔥等煨成的菜餚。

刺激，但這肯定會導致他們成為二流人物，無法為實現某個目標而處在最佳狀態。

任由每個錯誤發展成為一種習慣，並讓這種習慣控制你，那麼你就有可能成為二流人物，讓你在追求榮譽、地位、財富與幸福的道路上被人落下。漠視健康讓很多人淪落到二流人物的行列。經濟學家經常談論的「被淹沒的人群」，就是指那些處在最高狀態「水位」之下的男女。有時，這些人會成為二流人物或三流人物，因為要是他們常年處在二流的水準，隨著自己所犯錯誤的增多，就會逐漸墮落到三流人物的行列。在我們這個國家裡，接受一定程度的教育，甚至接受良好的教育，都是每個人可以爭取的。在能力範圍內，無法獲得最好的教育 —— 無論是書本的知識或是商業技能方面的知識 —— 幾乎肯定會讓人淪落為二流人物的行列。

在這個充滿機遇的時代，你根本沒有理由為自己缺乏能力找藉口。在社會急需一流人才，而你也有能力成為一流人才時，卻選擇成為二流人物，這是毫無道理可言的。

只有在我們無法找到一流人物時，才會需要二流的人。如果你有足夠的經濟實力，肯定會買一流的衣服，吃最品質最好的奶油，肉質最好的肉或最好的麵包。如果你無法做到，你肯定也希望自己能夠做到。現在，這個世界並不需要二流人物，正如人們不需要二流產品一樣。只有在品質優秀的產品匱乏或價格太高時，人們才會考慮一些二流的產品。在一些重要的工作上，人們必然會選擇一流人物。如果你不管做什麼工作，都能做到一流，不管你是什麼膚色或是種族，你都是社會所需要的。如果你能牢牢遵循自己內心的呼喚，無論你的起點多麼低，也沒有什麼能夠阻擋你取得成功。

這個世界並沒有要求你一定去當醫生、律師、農民或商人，但要求你無論做什麼，都要全身心投入到工作中去，將事情做到最好。這個世界需要你成為所在領域的大師。

丹尼爾·韋伯斯特曾被人稱為他所處時代最富智慧的人，在別人要求他在議會閉會時就某個提出的主題發表演說時，他回答說：「我絕對不允許自己就某個不了解的話題發表觀點。我沒有時間去了解這個主題，所以我拒絕就這個話題發表演說。」

狄更斯在自己徹底了解要發表演說的主題前，絕對不會向聽眾進行講演。

法國著名小說家巴爾扎克有時甚至為了斟酌一個句子耗費一個星期。

麥克裡迪在到英格蘭、愛爾蘭與蘇格蘭的鄉村劇院進行演奏時，雖然觀眾人數不多，但他依然像在世界各大城市金碧輝煌的劇院裡進行表演，全情投入。

所有成功人士都有做事面面俱到的特質。天才不過是付出無數努力後所掌握的藝術。當代許多美國年輕人所犯的一個通病，就是覺得自己可以憑藉敷衍馬虎對待工作，以二流的工作製造出一流的產品。他們沒有意識到，所有偉大的成就都是成功人士耗盡心血、注重每一個細節後得來的。要是年輕人沒有養成做事全面細緻與精確的習慣，那麼他是不可能有所成就的。敷衍、懶散與半途而廢的做事習慣會摧毀一個有著如拿破崙這樣天才的人。

如果我們審視一份在世界歷史上留下痕跡的人的名單，就會發現很多人都不是在年輕時鋒芒畢露或展現天才的。相反，名單上很多人都是勤奮努力的人，可能年輕時的才氣並不引人注目，但他們卻能做好每天的工

作，堅持將每件事做到圓滿，憑藉著毅力、堅韌、常識與誠實，最終在歷史中留下了自己的名字。

一般為世人稱道的人都是做事全面細緻之人，他們通常要比那些自以為「聰明」而不願做事細緻的人身處更高的位置。現任美國參議員的艾利胡·魯特就是做事全面細緻的人。他小時候在紐約克林頓地區的語法學校學習，當時他就下定決心要將自己所學的知識爛記於心，直到可以自由運用。雖然他在學校並沒有被視為「聰明」的孩子，但老師很快就發現魯特對已學到的知識極為熟悉。他喜歡解決需要耐心與靈活運用知識的難題。有時，其他同學會稱他是一位努力用功的「蠻牛」，但他只是微笑置之，因為他知道自己在做著什麼。冬天的夜晚，其他的男孩都外出溜冰，但他卻依然留在教室裡計算著算術與代數的問題。最近，魯特在被問到小學計算難題是否給自己帶來了什麼好處時表示，這讓他不會妄下結論，每個問題都只有一個答案，要想得出這個答案，就要付出耐心。後來，他學習法律時依然秉持著這種「將事情做到圓滿」的原則，成為紐約法院最富盛名的法官之一。後來他被委以重任，成為了美國總統的內閣成員。

威廉·艾拉裡·坎寧，這位新英格蘭地區著名的牧師，在年輕時曾沒錢給自己買衣服，但他卻有著自我提升的強烈願望。「我想最大程度地提升自己，」他說，「我不滿足於一知半解或做事半途而廢，而想對自己研究的知識有全面深入的了解。」

德國現在之所以能在世界上占據如此重要的地位，與他們的國民具有做事認真細膩的特質是分不開的。這樣的特質幾乎讓德國年輕人在與美英的年輕人競爭時有很大的優勢。每一位老闆都在找尋著做事認真細緻的年輕人，而德國年輕人碰巧在這方面有著巨大的優勢。他們接受過高等教育，對商業知識有充分的了解，在英國的銀行與大型企業特別受歡迎。

一般來說，想要經商的德國年輕人都會商科學校進行為期四年的學習，畢業後進行三年無償的學徒生涯，然後在選擇自己的經商道路。

　　做事全面細心與為人可靠，這是德國人的品格。因此，德國人在文明世界裡扮演著越來越重要的地位。

　　我們現在最缺乏的就是做事細心的人。要想找到一位心甘情願忍受寂寞為人生事業做好充分準備的年輕人，真是太難了！他們想要的只是接受一點點教育，從書本中獲得一點知識，然後就準備迎接生活的挑戰了。

　　「等不了」、「沒時間做的更細緻」，這是美國年輕人的一個特性，幾乎在他們從事的每個領域中得到展現 —— 在商業、學校、社會或是教堂裡，都能看到這樣的情況。我們總想著迅速讀完高中、職中或大學。男孩總想著成為年輕人，年輕人總想成為成熟的男人。年輕人在沒有接受充分教育或培訓就想著參加工作了，當然他們的工作做得很糟糕，人到中年後整個人都垮掉了，很多人在 40 歲時就去世了。

　　也許，世界上沒有哪個國家像美國存在這麼多敷衍了事的工作了。一知半解的醫學專業學生在手術臺上拿病人的生命開玩笑，拿著手術刀盲目踐踏著病人神聖的生命，只是因為他們不願花時間接受更加充分的教育。尚未學成的律師在法庭上丟盡顏面，讓客戶為他們不好好在法學院裡學習付出代價。胸無點墨的牧師在講臺上東拉西扯進行著布道演說，讓教區裡富於智慧與修養的人反感。很多美國年輕人寧願在尚未完全接受充分訓練前就投入到工作中去，然後因為自己的失敗埋怨這個世界。

　　一位年輕人帶著許多名人的推薦信來找首席工程師帕爾森，想競爭紐約快速運輸委員會的一個職位。「你能做什麼？有什麼專長？」帕爾森問道。「我幾乎能做任何事情。」年輕人回答說。「嗯，」帕爾森站起來，

準備結束對話，說：「我這裡不需要『幾乎』能做任何事情的人，我寧願選擇在某方面有專長的人。」

世界上有太多人被排除在一技之長的大門之外了。他們只能將工作做好一半，卻無法將一件事情做到圓滿。他們之所以無法獲得重用，就是因為能力不過關，在掌握某項技能之前就停下腳步了。不知有多少人差點掌握一些語言了，但他們卻無法用這些語言書寫，也無法去交談；他們差點掌握了一些科學知識，但卻無法實際利用這些知識。

華盛頓的專利局裡有成百上千種各類毫無用處的發明，只是因為這些發明不夠實用，因為發明者缺乏堅持的特質、足夠的知識與能力讓這些發明為人們所用。

這個世界充斥著各種半途而廢的工作——這些工作之所以失敗，是因為當事人缺乏多一點的堅韌，缺乏更全面的技術培訓，缺乏更全面的教育，導致他們的工作對世人毫無價值。想像一下，要是愛迪生與貝爾這樣的人沒有將他們的工作做到圓滿，這個世界會出現什麼情形呢？

給自己立下一條人生法則：無論做什麼事，都要做到最好，將品格烙在你所做的工作上。讓卓越成為你的商標，讓你所做的工作都能代表你的品格。如果你能做到這點，那麼你就是老闆們所需要的人才。這能說明你具有富於智慧的大腦，這是天才最好的替代品，這是比現金更加重要的資本，這要比廣交朋友更能提升你的名氣，讓你獲得更大的影響力。

一位成功的製造商曾說：「如果你能製造品質優良的大頭針，那麼這要比做品質低劣的引擎更加賺錢。」「如果一個人能夠寫出更優秀的書籍，發表更出色的布道演說，或比他的鄰居製造出更好用的捕鼠器，」愛默生說，「那麼即便他住在深山裡，也會有人來找他。」

永遠不要允許自己沉浸在是否能從工作中獲得多少報酬的思想裡。因為，工作中存在著某種比薪水更為重要且富於價值的東西。你的榮譽、品格、未來的成功都將受到你是否有將良心投入到工作所影響。品格、為人氣概才是工作所代表的東西。相比之下，薪水簡直不值一提。

你所做的每件事都是你人生事業的一部分。如果經過你手上的工作是粗製濫造、敷衍了事，那麼你的品格將遭受損害。如果你的工作做得很糟糕，如果你弄虛作假，如果你欺騙顧客，那麼你的品格就會變得虛偽與不誠實。我們的品格與工作是緊密連繫的。在我們不斷消磨工作時間，欺騙老闆、欺騙顧客時，我們是不可能擁有誠實的品格與圓滿、不受玷汙的人生。

那些一生中不斷粗製濫造、敷衍對待工作的人肯定會意識到，自己其實並不是一個真正的人，因為他必然會意識到自己的人生事業就是一堆垃圾。

在工作中不斷兜售謊言，進行假冒偽劣產品的交易，或馬虎對待工作，這必然會摧毀構成高貴的每個元素。

比徹說過，在閱讀羅斯金的作品後，他就不再是之前的那個他了。在你將工作做得很差或敷衍對待工作時，那你就不再是之前的那個你了。要是你不能透過最優秀的工作來為老闆服務，那麼你怎麼可能為自己服務呢？如果你漠視工作，那麼這不僅會對你的工作效率造成致命打擊，而且會抹黑你的人格。如果你想成為一個圓滿、完整與公正的人，你需要誠實地對待工作。

如果你覺得自己是一個不誠實的人，那麼你肯定無法過得真正快樂。我們的本性就是這樣：每當你遠離了正義、原則，就會讓失去自尊，讓自

己快樂不起來。

每當我們遵循內心正義法則的聲音時，就能聽到內心給予的讚美，讓靈魂得到慰藉。每當我們違背這種聲音，內心就會出現反對的譴責聲音。

始終保持你對工作的高標準，這是極為重要的。因為你心中持怎樣的標準，那麼你的人生就按此複製。無論你從事什麼職業，都要讓卓越成為你人生的旗幟。

一位著名藝術家曾說，他絕對不允許自己觀看劣質的圖畫或畫作，也不會做任何貶低自身品格的事情，唯恐過分熟悉這些低俗的東西會影響他的理想，影響他的創作。

很多人藉口說缺乏時間，所以工作才會做的敷衍馬虎。但在日常的生活裡，每個人都有充足時間去將該做的事情做好。

無論做任何工作都能做到最好的人，身上的品格散發出一種難以言喻的卓越感，增強他們的為人氣概。他們身上透出一股圓滿、滿足感與安樂感，這是你在那些做事做不到最好的人身上感受不到的。做事圓滿之人不會受到半途而廢的「鬼魂」的縈繞，也不會因為過不了良心這一關而徹夜難眠。

在我們盡最大努力將工作做到最好之時，整個人的品格都得到了提升。在我們下坡時，一切事物似乎也都在走下坡路。心中的願望能提升人生，而卑躬屈膝只能降低人生的願景。

千萬不要覺得自己做事半途而廢或敷衍對待工作不會被人知道，這會永遠存在的。在你人生事業最不經意的時刻，這些錯誤會突然冒出來，讓你無比尷尬。這些錯誤就好比班柯的鬼魂，會在你最毫無察覺的時刻冒出來，讓你的幸福感徹底消失。一件衣服的某根斷裂的線可能追溯到製衣廠

某位女工的粗心大意，而造成的損失可能從她的薪酬裡扣。

成千上萬的人之所以停滯不前，不得不接受平庸的職位，就是因為他們無法完全克服早年生活養成的做事敷衍馬虎、做事不精確、三心二意的習慣，無法克服在學校時養成的跳過困難問題，模糊地一筆帶過的習慣，無法克服養成的半途而廢的習慣。「哦，那已經足夠好了，為什麼要做的那麼出格呢？」這樣的思想觀念為很多人造成了一生的障礙。

我在參觀某間著名企業時，看到的這句格言讓我印象尤為深刻：只有最好的，才是足夠好！這是多麼好的一句人生座右銘啊！要是每個人都能以此為座右銘，加以運用的話，那麼我們徹底改變人類文明。要是我們能下定決心，無論從事什麼工作，都要做到最好，只有最好才能讓我們感到滿足！

將這句話作為你的座右銘吧！將這句話掛在你的臥室，掛在你的辦公室或工作的地方，將這句話刻在你的錢包上。用這句話編織你的人生，那麼你的人生將會出現本該的模樣 —— 你就是一副傑作！

# 第二章　堅持的獎賞

每一項高貴的工作一開始都是看似不可能的。

—— 卡萊爾

勝利屬於最具堅持特質的人。

—— 拿破崙

絕大多數的成功都取決於知道成功要花多長時間。

—— 孟德斯鳩

堅持與自信能讓你漸漸克服困難，讓不可能漸漸變成可能。

—— 傑瑞米・寇里爾

「如水一樣善變，你永遠不可能成就卓越。」
永不倦怠的心，始終專注於目標的雙眼，永不分散的精力
　—— 這些特質能讓你獲得勝利。

—— 布林克

　　「我有機會到劇院表演了！」艾德蒙德・基恩飛奔回家，對被嚇到的妻子滿懷熱情地說，「瑪麗，你將有馬車坐了，我們的孩子查爾斯將要到伊頓上學了！」他潛心於藝術表演，在他那個時代烙下了鮮明的印記。他皮膚有點黑，聲音天然嘶啞，但他在年輕時就下定決心要扮演馬辛格戲劇中吉爾斯・奧弗里奇（Giles Alfridge）的角色，這個角色之前沒有人扮演過。他經過不斷努力，克服了重重困難，終於成功扮演了這個角色。在他首次演出後，整個倫敦都拜倒在他腳下。

　　「我很抱歉地說，我覺得你並不適合做這行，」夏麗丹首次在國會發表演說後，記者伍爾福德說，「你應該堅持做你之前的工作。」夏麗丹把手放

在頭上沉思了一下，然後抬頭說：「我可以做到，我一定能做到。」後來，夏麗丹在國會上與沃倫‧哈斯廷斯進行激烈的辯論演說，被演說家福克斯稱為是國會有史以來最為精彩的演說。

「除了天和地這兩本敞開的『書』，我沒有其他書本。」伯納德‧帕里斯在離開法國南部的家時說。那是西元 1828 年，他 18 歲。雖然他一開始只是玻璃塗漆工，但他有著一顆藝術家的心。在他看到一個義大利杯子後，整個人都似乎找到了人生的方向。從此，他決心要發現製造瓷釉的方法，這種狂熱的追求一直縈繞著他。為此，他進行了長達數年的實驗，只為掌握製造瓷釉的方法。他建造了一個火爐，但失敗了。後來，他又建造了一座火爐，燒了很多木柴，浪費了不少藥粉與陶器，耗費了大量時間，弄得自己家徒四壁，最後沒錢去買燃料進行實驗了。他多年的實驗依然是失敗的結果，但他依然下決心繼續實驗。沒過多久，他在對 300 枚陶器進行烘烤，終於其中一枚陶器出現了美麗的瓷釉。

為進一步完善他的製作方法，他建造了一個鍛造玻璃的熔爐，自己背磚頭進行實驗。雖然他連續加熱了 6 天，但他製造的瓷釉還是沒有熔化。此時，他的錢幾乎花光了，只能向別人借錢，再買幾個鍋與一些木材，想讓瓷釉更好地熔化。在他再次煅燒，直到燃料快要燒完時，依然沒有出現了奇蹟。他拆下花園柵欄的木材，扔進火爐，但依然沒有任何結果。放置餐具的木架都被他拆掉，丟進火爐，最後熊熊燃燒的火終於將瓷釉熔化掉了。最終，他掌握了這個方法。堅忍不拔的毅力贏得了勝利。

「如果你連續兩個星期都沒有賣出一本書，依然堅持的話」一位出版商對一位書籍推銷員說，「那麼你肯定能取得成功。」

「了解你的工作，將工作做好。」卡萊爾說，「要像大力神赫拉克勒斯

那樣去做。」

「無論是誰，要想在繪畫或其他藝術領域出類拔萃，」雷諾德斯說，「就一定要全身心投入到這個目標上，從早到晚為這個目標奮鬥。」

「除了努力工作，我沒有其他祕密。」著名畫家特納說。

「那些總是猶豫不決，不知道該先做哪一件事的人，」威廉・沃特說，「肯定是一件事都做不了。那些原本已經下決心要去做某事的人，在聽到某位朋友的勸告後卻改變了主意，在各種想法與計畫中搖擺，就像不定的風向標，只要有一點點風，馬上就改變方向了。這樣的人是永遠都無法成就大事或有所作為的。這些人肯定無法取得進步 —— 他們停滯不前已經是最好的結果，甚至很有可能會出現倒退。」

正是堅忍不拔讓埃及人在平原上建起金字塔，讓以色列人在耶路撒冷建造雄偉的廟宇，讓中國的百姓建造萬里長城，讓人類攀登白雪皚皚的阿爾卑斯山脈，讓人類在大西洋海底鋪設電纜，開闢荒野，創造全新的世界，建立民族與國家。堅忍不拔能讓大理石呈現天才的傑作，讓帆布上出現對大自然細緻描述的畫作，將陰影中的無形物質刻畫出來。堅韌不拔讓紡錠機轉動起來，讓飛梭進編織衣服，讓鋼鐵變成火車，往返於城鎮，往返於國家。堅忍不拔讓我們鑿開花崗岩，以光速消除時空的距離。堅忍不拔讓我們穿越海洋，探索新的世界，穿越大洋，探索未知的大陸。堅忍不拔讓以數千種形式呈現出來的大自然分歸為多門科學知識，讓我們了解自然規律，預知自然未來的動向，探索她未知的時空，了解未知的世界，了解她的未知、方位與速率。

每一分錢慢慢地累積，很快就能成為一美元了。慢跑者要比一開始速度快的人走的更遠。天才容易曇花一現，分散專注力，容易疲倦。但是堅

忍不拔能讓我們堅持，取得最後的勝利。勤奮的馬匹才能取得賽跑的勝利。疲憊之人很容易躺在榮譽簿上睡大覺，只有堅持到最後的人才能一錘定音。

「你的發明都是極為實用的嗎？」一位記者向湯瑪斯・A・愛迪生提問，「這些發明創意是在你晚上徹夜未眠時想出的嗎？」

「我從沒有靠運氣發明出任何有價值的東西，」愛迪生說，「我的發明也沒有一個是一開始就實用的，當然留聲機除外。在我知道某項發明是富於價值時，我會全身心投入到研究發明中，不斷去實驗，直到完善這項發明。我一直嚴謹遵循著商業價值的路線去進行發明工作。我沒有花時間去研究電學方面的發明，我不想發明一些新奇卻毫無使用價值的東西去吸引大眾的眼球。我喜歡實用的東西。除此之外，沒有其他原因了。每當我開始研究發明心中所想的東西，就會一直堅持到發明這樣東西為止。」

一個全身心投入到工作中的人肯定能有所收穫。如果他還具備一定的能力與常識，那麼他的成功會更加偉大。

布林・維爾與命運之神進行了多麼艱苦的鬥爭，最終改變了他看上去無法改變的命運！他創作的第一本小說徹底失敗了，早期創作的詩歌也失敗了。他年輕時進行的演說受到反對者的嘲笑。但他就是在嘲笑與失敗中不斷前進，最後取得了勝利。

吉本花了 20 年時間創作《羅馬帝國衰亡史》。諾亞・韋伯斯特耗費 36 年編纂字典。他在收集單字與為每個單字釋義時展現了多麼巨大的耐心！喬治・班克羅夫特花費 26 年時間創作《美國歷史》。牛頓的《古代國家編年史》重寫了 15 次之多。提香在寫信給查理五世說：「我為陛下創作了〈最後的晚餐〉，這幅畫耗費了我 7 年的時間。」他在創作〈彼得羅・馬丁〉時

耗費了 8 年。喬治‧史蒂文生耗費了 15 年時間改進火車頭。詹姆斯‧瓦特耗費 20 年去改良蒸汽機。哈威耗費 8 年時間，發現了人體血液循環理論。哈威一開始曾被同行稱為冒名頂替的騙子，但他就是在嘲笑與譏諷中研究了 25 年，最後作出了重要的發現，獲得了同行的尊敬。

牛頓發現引力法則時還不到 21 歲，但他對地球圓周計算的一個錯誤影響了他理論推斷的正確性。20 年後，他修正了這個錯誤，向世界宣布，地球是圍著軌道運轉的，受到的引力與讓蘋果掉地上的引力是一樣的。

著名演說家薩森曾說，在他的早年戲劇生涯裡，經常因為表演差勁而被趕下臺。

約翰‧羅斯金對約書亞‧雷諾德斯說：「千萬不要依賴你的天才。如果你有才華，勤奮能助你進一步提升。如果你沒有天賦，那麼勤奮至少能讓你有一技之長。」

薩維奇相信，在戰勝敵軍後的勝利精神會進入每名士兵的腦海裡，為之後繼續打勝仗提供思想保證。所以，一旦勝利的決心進入思想，那麼我們就有力量去贏得下一次的勝利。

布魯切爾可能昨天在利尼被打敗，但今天你卻能看到他在滑鐵盧將拿破崙打敗，導致拿破崙的下臺與流亡。

逆境能激發力量。逆境能賜給我們強大的反抗力。每當克服一個困難，就給我們克服接下來的困難提供了更大的力量。

西元 1492 年 2 月的某天，一位貧窮的灰髮男人，騎在毛驢上，情緒沮喪到了極點，低著頭，只差沒有碰到了毛驢的背部，緩緩離開了阿爾罕布拉宮殿恢宏的大門。他從小就被一個觀點縈繞，即地球是圓的。他相信在葡萄牙海岸邊發現的雕刻物與兩具與他們面貌完全不同的人是來自另一

片大陸的。他想要獲得資助，進行環球探索的最後夢想都破滅了。葡萄牙國王約翰表面上要資助他，但暗地裡卻已經派出一支探險船隊了。

有時，他要向別人乞討麵包，靠幫別人繪圖與地圖混飯吃。他失去了妻子，他的朋友都稱他是瘋子，慢慢地遺棄了他。被斐迪南與伊莉莎白稱為智囊團的人都嘲笑他靠著西風能到達東邊的理論。

「但是，太陽與月亮都是圓的啊！」哥倫布說，「那為什麼地球不是呢？」

「如果地球是一個圓形，那是什麼力量防止另一半不掉下去呢？」妻子反問。

「那又是什麼托起太陽與月亮呢？」哥倫布反駁道。

「人怎麼可能雙腳朝天走路呢？就像蒼蠅在天花板上亂飛嗎？」一位博學的醫生問道，「樹木怎麼可能以空氣為土壤，然後生長呢？」

「如果地球是圓的，那池塘的水都會朝天空方向流走了，我們也無法站在地球上了。」另一位哲學家問道。

「地球是圓的學說與《聖經》是相悖的。《聖經》說：『天空就像一個帳篷』，當然，地球也是方的。說地球是圓的，這簡直就是異端邪說。」一位牧師說。

哥倫布絕望地離開阿爾罕布拉宮殿，想回去為查理七世服務，但聽見有人叫他。一位老朋友對伊莉莎白女王說，要是能夠證明地球是圓的，這將大大提升她的聲望。「那好吧！」伊莉莎白女王說，「我會賣掉一些珠寶去籌些錢，叫他回來吧！」

哥倫布與這位老朋友回頭了，接下來就改變世界了。當時，沒有一位水手自願前往，所以國王與女王必須強迫這些水手出發。三天後，哥倫

布駕駛者只比縱帆船大一點的船隻出發了，這艘名叫「平塔」的船有點破舊，船上的方向舵都快掉了。哥倫布為水手們描繪出印度到處是黃金的景象，以安撫水手們的恐懼與不安。出發到離迦納利海港 100 公里處，指南針不再指向北極星了。水手們準備叛變了，但哥倫布告訴水手北極星並不完全指向北方。在他們離開港口 2,300 海里後，他跟水手們說，他們只航行了 1,700 海里，附近就有一處漿果樹，還有鳥在鳴叫，他們在那裡發現一塊雕刻奇怪形狀的木頭。10 月 12 日，哥倫布終於在這片「西方」的世界，升起了卡斯提爾王國的國旗。

「我為盡可能縮短篇幅，付出了巨大的努力。我所有的進步都與此相關。」狄更斯說，「我會在人生的此時此刻進一步完善我的作品，只有靠著耐心與持續的能量，這些作品才能成熟起來。」

賽勒斯・W・菲爾德（Cyrus West Field）從商界退休時，賺到了一大筆財富。年輕時，他有一個想法，就是透過在大西洋的海底鋪設電纜，透過電報連同美洲與歐洲的資訊傳遞。他全身心投入到這項事業中去。初期的工作包括進行 500 公里電纜的鋪設，距離相當於從紐約到紐芬蘭。為了經過幾乎無法穿越的 200 公里長的森林，他們不得不要建造一條通往紐芬蘭的道路。另一條長達 70 公里的電纜則經過布雷頓海島，這段工程耗費了大量的人力物力，堪比在聖・勞倫斯地區埋設電纜的巨大工程量。

他經過艱苦的努力，終於獲得英國政府的資助。但他的提議在美國國會遭受強烈的反對，因為強大的遊說團隊準備阻撓他的計畫，但最後還是通過了。英國貨船「阿伽門農號」貨船運載電纜，掛英國的國旗，經過塞瓦斯托波爾，然後經過尼亞加拉河，最後利用美軍全新的護衛艦進行鋪設。但是，在 2.5 公里長的電纜鋪設在海底時，電纜斷裂了。在第二次嘗試將 100 公里長的電纜鋪設在海底時，突然失去了電流，船上的人緊張地

踱著步，一臉悲傷，似乎自己的末日快到了。正當菲爾德準備下令切斷電纜時，電流突然神奇回來了，就如之前莫名消失了一樣。在接下來的一晚，該船的時速只有四海里，電纜的鋪設速度是每小時三公里。汽船突然猛地傾斜，導致突然降速，結果電纜斷裂了。

　　菲爾德不是容易放棄的人。他下令繼續鋪設長達 350 公里的電纜，派遣了一位熟練的技術人員前往指導工作，設計出鋪設長線的裝置。為此，美英聯合起來發明一種裝置。最後，大洋兩端的電纜連線起來了，船隻開始朝相反的方向前進，一艘船駛往愛爾蘭，一艘船駛向紐芬蘭，每艘船攜帶著長長的電纜，希望電纜能將兩個大洲連接起來。在兩艘船駛到距離 3 海里的位置，電纜分離了。菲爾德不得不派人繼續將電纜連線上。但在兩艘船駛到相隔 80 海里時，電流消失了。在兩艘船駛到 200 海里時，電纜再次出現分離，菲爾德第三次派人將電纜連線上，當時「阿伽門農」號剛剛返回愛爾蘭的海岸。

　　當時的調度人員感到非常沮喪，大眾都在持懷疑的態度，很多資本家都不敢投資到這個項目。要是沒有菲爾德憑不可動搖的意志與堅韌，日以繼夜、廢寢忘食地工作，這個專案可能早就被放棄了。在他們進行第三次的鋪設時，電纜沒有出現斷裂，終於取得了成功。鋪設的電纜迅速發送了幾條電報，但沒過多久，電流就消失了。

　　此時，一般人心中的信念早就被擊垮了，但在賽勒斯・W・菲爾德及他幾位朋友的心中，信念依然不滅，努力說服資本家投資這個項目，再進行一次看似違背常識的投資。全新的電纜裝在「大東邊」號貨輪上，輪船緩慢駛出了港口，一邊前進一邊鋪設電纜。一切都進展的很順利，直到距離紐芬蘭 600 海里處，電纜出線了斷裂，下沉了。經過多次努力的維修，最終這個項目被擱置了一年。

菲爾德並沒有被接二連三的打擊所挫敗，繼續憑藉著堅定的意志重組團隊，製造了當時品質最好的電纜。西元 1866 年 7 月 3 日，他又開始進行實驗。這次實驗的結果是下面這封發到紐約的電報：

「7 月 27 日，心情無比激動。我們早晨 9 點到達了這裡，一切安好。感謝上帝！電纜鋪設完畢，一切運轉良好！——賽勒斯·W·菲爾德」

之前鋪設的電纜被打撈起來，進行重新接合，然後繼續鋪設到紐芬蘭，這兩段的電纜依然在運轉，還可以為我們服務好多年。

《啟示錄》曾這樣寫道：「克服萬難之人，吾邀其坐於吾旁，共用王座。」

據說，成功之人一般都將他們的成功歸功於堅忍不拔，很少會歸功於天賦、朋友的幫助或身邊的人的影響力。在艱苦奮鬥之際，天才可能會被耗光，能力強大之人也會被勤奮之人落下。擁有才華固然值得欣喜，但堅忍不拔的精神才是更加寶貴。

「你花多長時間練習小提琴？」一位年輕人問著名小提琴家傑拉蒂尼。傑拉蒂尼回答：「每天練習 12 個小時，連續堅持 20 年。」萊曼·比徹（Lyman Beecher）在被人問道花了多長時間寫出《上帝的管理》這篇著名布道演說時回答說：「大約 40 年。」

一位學生在歷經多次失敗後感覺極度沮喪，絕望扔掉了所有的書。之後，他看見一位老婦人在河邊用一塊石頭磨針。這位老婦人的耐心讓他立即擁有了學習的全新決心。後來，他成為了最為著名的三大詩人之一。

馬里布蘭說：「如果我有一天不練習，那麼在歌唱時就會感覺生疏。如果我兩天不練習，我朋友就能聽出來。如果一週不練習，那麼全世界都知道我唱得很垃圾。」持續不斷的練習讓她獲得了世界性的聲譽。

一位來自東印度的男孩想要學習箭術，但他要連續三個月憑藉聽覺畫出弓弦，然後他才被允許接觸弓箭。

班傑明‧富蘭克林對目標的堅韌度達到了讓人震撼的程度。在他剛到費城開始從事印刷行業時，他每天推著獨輪手推車經過大街小巷，推銷報紙。他租了一間房，這間房既是他的辦公室、工作間又是臥室。他在費城有一位強大的對手，於是他邀請這位對手參觀他的住所。富蘭克林指著他晚餐吃剩的一塊麵包說：「除非你能過得比我更節儉，否則你是不可能將我餓死。」

所有人都知道，在卡萊爾創作《法國大革命史》時所遭遇的不幸。在他完成第一卷的寫作，準備交付出版時，他將手稿借給鄰居看，結果這位鄰居將手稿落在地上，而僕人竟然將這些手稿當成廢紙燒了。這讓卡萊爾深受打擊，但他絕對不是容易放棄的人。經過了幾個月的努力，他重新創作出被僕人幾分鐘燒掉的手稿。

自然學家奧杜邦耗費兩年深入美國的叢林，攜帶步槍與筆記本，準備進行鳥類的繪畫。他將這些圖畫全部放在一個盒子裡，然後就出去度假了。在他度假回來後，發現褐鼠已經啃掉了他的畫稿。這讓他深受打擊。但他還是重新背起步槍，拿著筆記本重回森林，重新對鳥類進行繪畫，這次的繪畫要比第一次更好。

在人們要求狄更斯在公共場合朗讀他作品的某個節選時，他說自己沒有時間，因為在他向大眾朗讀之前，已經習慣在半年的時間裡每天練習同一章的朗讀。「我可以向你保證，」他說，「我的作品都是平日養成的耐心與勤勉的結果。」

艾迪森在創辦《旁觀者》前，已經寫下了三大卷的手稿。

所有人都讚賞意志堅定與富於堅持的人。馬庫斯‧莫頓（Marcus Morton）曾 16 次競選麻薩諸塞州州長。最後，連他的競爭對手都因為讚賞他的毅力與勇氣投他一票。最後他以高票當選為州長！可見，堅忍不拔總能讓人取得最終的勝利。

韋伯斯特曾說，在他就讀於菲力浦斯‧艾克賽特學院時，絕對不敢在學生面前發表演說。他說自己總是在一個房間裡默默地排練演說稿，輪到他演說時，之前所記住的內容全部都消失了。即便如此，現在的韋伯斯特還是成為了美國著名的演說家。誠然，要是狄摩西尼還活著，他是否能超越美國參議員韋伯斯特的演說能力還不好說。韋伯斯特的毅力可從他在那所學院時發生的一個例子得到證明。當時的院長因為韋伯斯特射殺了一隻鴿子而罰他背誦維吉爾的 100 行詩。他知道院長下午要搭火車出差，於是他就回到房間默默記下了 700 行詩。他在院長出發前，背誦了這 100 行詩。在背誦了 100 行詩後，他接著又背誦了 100 行詩。院長不耐煩看著手錶，開始有點緊張，但韋伯斯特繼續背誦。最後，院長不得不要讓他停下來，問他到底背住了多少行詩。「大約 700 行吧！」韋伯斯特說，然後接著繼續背誦。

「你今天可以不受懲罰了！」院長說。

偉大的作家都以他們對目標的堅持而稱著。他們的作品很多時候都不是靈光閃現的產物，而是在平日裡不斷打磨與潤色，讓作品獲得一種美感，直到他們努力的痕跡都被掩蓋掉。

巴特勒主教耗費 20 年創作了《類比法》。即便如此，他還是對這本書感到不滿，然後燒掉重寫。盧梭說，他的作品之所以讓人覺得優美與淡然，是因為他時刻都在修改著作品中粗糙與不細緻的內容。維吉爾耗費 7

年時間創作了敘事詩〈埃涅阿斯紀〉。諸如霍桑與愛默生這樣著名的作家的筆記本上，都寫滿了他們日常耗費巨大心力收集的創作素材，然後再從這些素材提煉出精華，創作出版，讀者花費幾個小時就看完了。孟德斯鳩耗費 25 年創作《論法的精神》，而讀者花費一個小時就能讀完。亞當斯密耗費 10 年創作《國富論》。尤里比底斯的一位競爭對手曾嘲笑他花三天時間才創作出三行詩，而他在三天時間裡就創作了 500 行詩。對此，尤里比底斯回應：「但你在三天內創作的 500 詩會被世人遺忘，我花費三天時間創作的三行詩卻會永遠被記住。」

阿里奧斯托（Ludovico Ariosto）曾用 16 種不同的方法創作《騷亂的描述》，耗費 10 年時間創作《奧蘭多‧弗裡奧沙》，出版時只賣了 100 本，而且每本的價格是只有 5 便士。布林克《給高貴爵士的信》的手稿因為到處都是修改的痕跡，出版商拒絕出版這本書，布林克不得不重新抄寫一遍。梭羅的新英格蘭牧歌〈在康科特與梅裡麥克的一週〉出版後銷售並不理想，印刷了 1,000 冊，有 700 冊因為賣不出去被退回。梭羅在日記裡曾這樣寫：「我的圖書館裡有 900 本書，其中 700 本是我寫的。」但是，他沒有因為一時的沮喪而放棄，而是懷著決心重新拾起了筆。

滾石不生苔。堅忍不拔的烏龜最終要比野兔率先衝過終點。一天投入一個小時，連續堅持 12 年相等於你在大學四年的時光。反覆閱讀同一本書，造就了很多偉人。「耐心，」布林‧維爾說，「是統治者的勇氣。耐心是最卓越的美德，讓人改變命運 —— 改變這個世界，改變心靈對世界的看法。因此，耐心是福音書所宣揚的勇氣。無論從社會角度、人類發展與文化進步，耐心的重要性都是難以估量的。」

做事半途而廢是很多人失敗的根源，讓很多原本可成為百萬富翁的人現在成為淪落街頭的乞丐。每一個真正的成功都是堅忍不拔的結果，如果

有特例的話，你可以告訴我。提香聞名於世的一幅畫作是他耗費 8 年心血創作的，另一幅傳世的畫作也耗費了 7 年。一些作家為什麼能獲得如此大的名氣呢？因為他們多年來忍受著匱乏與痛苦，憑藉著堅忍不拔的決心去創作，不斷修改作品。這些作家投入半生的精力，像奴隸一樣投入文學創作，不為錢，只為了獲得一個補償 —— 名氣。

「永遠不要絕望。」布林克說。「如果你真感到絕望，那就在絕望中工作吧！」

宙斯之子赫拉克勒斯的形象是這樣的：獅子的皮膚，兩隻爪子在下顎位置。這個形象說明當我們克服了不幸，不幸就成為我們的幫手。哦，不可征服的意志無上光榮！

# 第三章
## 膽量 —— 振作與勇氣

「永遠不要放棄，因為最具智慧的人是最勇敢的人。

深信冥冥中自有天命。

在所有格言中，最古老又最具生命力的是：『永遠不要放棄！』」

要堅定！幸運的一個永恆要素就是真誠、堅持與永不屈服的毅力。

堅持你的目標，分散目標會讓你失敗。

只有始終堅定於一個目標，

雖然看似渺遠，若能堅持不懈，終能成就大業。

—— 霍姆斯

「士兵們，你們可是法國人啊！」在將領們對征戰義大利感到不滿時，拿破崙冷靜地說。「沒人能夠將你們殺光，也沒人能夠恐嚇我。」「他多麼勇敢啊！」準備叛變的元凶說，然後默默順從了拿破崙的命令。

「馬克斯維爾‧泰勒將軍誓死不會投降的。」在桑塔‧安納率領 20,000 軍隊準備去解救泰勒將軍被圍困的 4,000 士兵時說。這場戰役雖極其艱苦，但泰勒將軍還是堅持下來了。最後，墨西哥軍隊透過戰略撤退避免了進一步的失敗。在林肯被問到格蘭特將軍最讓他印象的特質時，他說：「格蘭特將軍最偉大的一點，就是他為實現一個目標所具有的堅韌與冷靜。他有著野狗一樣的膽量。一旦他較緊牙關去做一件事，就沒有任何事能夠動搖他。」正是格蘭特將軍發出「向里士滿」進軍的口號與「如何必須，我寧願讓戰鬥持續到夏天結束」，的氣概，注定了南部反叛軍隊失敗的命運。

「我的劍太短了！」一位斯巴達少年對父親說。「那麼，你就要往前走一步。」父親說。

據說，在鱉的頭被切下來後，依然不會退縮。下定決心勇往直前的人，即便死，也要死得轟轟烈烈。正是無所畏懼的膽量讓人取得成功，因

為世人稱之為運氣的東西一般是具備勇敢之心的人特權。只有無所畏懼的勇敢才讓我們最終獲得勝利。只有在咬緊牙關，使出最後的力氣划動槳櫓，才讓牛津的皮艇隊員被稱為「強壯的傢伙」。

格蘭特將軍在夏洛伊[03]戰役中首次戰敗後，共和民主兩黨的報紙都一致批評格蘭特，國會的每位議員、大眾輿論都要求總統撤換格蘭特。林肯總統的幕僚也要求他撤換格蘭特，稱這不僅對林肯有利，對國家也是好事。一晚，林肯靜靜聆了幾個小時他們的談話，罕見地打斷了他們的話，講了一個含蓄的故事，此時時鐘已經指向凌晨一點。「我不能撤換格蘭特，他能作戰！」正是林肯驚人的洞擦力與睿智拯救了處於輿論漩渦中的格蘭特，同時也讓格蘭特成為內戰最偉大的英雄。

正是勇往直前的鬥志最終贏得人生戰鬥的勝利。

格蘭特永遠不會後退。一次，在經過多天艱苦的戰役，戰局依然不明朗時，他召開了一場戰爭會議。會上，一位將軍談到了撤退的路線，一位將軍認為採取應另一種作戰方式，之後還有幾位將軍談到如何撤退、戰略轉移與到後方選擇更有利的地形。最後，諸位將軍的目光都停留在已經沉默了數個小時的格蘭特身上。格蘭特站起來，從衣服的口袋掏出幾張紙，遞給每位將軍，然後說：「將軍們，明早你們要執行這些命令。」每張紙上都寫明瞭軍隊前進的方向。第二天早上，格蘭特率軍取得了戰役的勝利。

馬塞納率領的 18,000 名士兵進攻熱那亞，因為戰鬥與飢餓，士兵人數減少到 8,000 人。他們在戰鬥中已殺死與俘虜了 15,000 名奧地利士兵，但軍隊的補給完全消耗完了。馬塞納的士兵面臨著飢餓的危險，此時敵軍又是他們的四倍之多。他們似乎只能任由敵軍宰割了。奧特將軍要求馬塞

---

[03]　美國田納西州一國家公園，南北戰爭時的戰場。

納無條件投降，但馬塞納回應說：「我的士兵一定要掛上勝利的旗幟，扛著武器，昂首挺胸前進，絕對不能成為戰俘。我們一定要戰鬥到底。我會揮著劍，指揮軍隊從熱那亞出發。雖然我們的士兵在忍受飢餓，但我們抱著必死的信念會衝向你們的軍營，一定要殺出一條血路。」奧特知道馬塞納的性格，就提出同意馬塞納投降的條件，同意他可以乘船離開熱那亞，避免他聯繫援軍。馬塞納對此的回應是：「接受我的建議，否則我肯定會殺出一條血路的。」奧特最後同意了。此時，馬塞納說：「我要告訴你，15天內，我肯定會再來熱那亞的。」結果，馬塞納遵守了自己的諾言。

拿破崙談到馬塞納這位從小失去父母，最後殺出一條人生「血路」的將領時說：「馬塞納在失敗後，總想著再次作戰，似乎他才是真正的征服者。」

拿破崙在馬倫戈詢問德塞戰況如何，德塞看了一下手錶說：「我們徹底失敗了。」「但現在只是下午兩點，我們還有時間挽回敗局。」然後，拿破崙指揮麾下精銳的騎兵部隊，扭轉了敗局。就在幾分鐘前，法國士兵還在等待著撤退的命令。

西元 1841 年，巴爾南對他的一位朋友說：「我準備買下一座美國博物館。」「買博物館？」朋友驚訝地問，因為他知道巴爾南當時沒有錢。「那你打算用什麼去買呢？」「黃銅。」巴爾南說，「因為我沒有金子與銀子。」

紐約每一位對公共娛樂活動感興趣的人都知道巴爾南的名字，也知道他當時的經濟狀況。這座博物館的所有者法蘭西斯‧歐姆斯特德經過多方了解，得知「巴爾南是一位有著良好聲譽的人，能夠遵守自己的諾言」，於是，他提出一份保證契約。歐姆斯特德派一位收錢人到博物館門口，要求巴爾南在支付完相關費用後，還要向他的妻子與三個孩子每個月提供 50

美元的生活費用。巴爾南女士同意了這個安排，將每天的生活費用降低到1美元。6個月後的某天，歐姆斯特德在中午時分走進售票處，發現巴爾南正在吃晚餐剩下的麵包屑與一些醃製的牛肉。「你就吃這些食物嗎？」他問道。

「自從我買了博物館，我就沒有吃過一頓熱食，安息日除外。在我還清債務前，一定要省吃儉用。」「啊！你很安全！你肯定能在年內還清所有債務的。」歐姆斯特德一邊說一邊拍著這位年輕人的肩膀。他說得對，巴爾南在不到一年就還清了所有債務。

「將軍們，猛烈的炮火，」威靈頓在滑鐵盧戰場上對軍官們說，「不是看誰打得最響亮，而是看誰能打得最久。」

「他們真好人，給我們送來信件！」朱諾特在奧軍的炮彈落在身旁不遠處冷靜地說。此時，他正按照最高指揮官的指令發出信件。他的話吸引了拿破崙的關注，獲得了提拔。

「在更高處總有充足的空間。」韋伯斯特對一位猶豫著是否要學習法律的年輕人說，因為年輕人說現在學法律的人太多了。年輕人要想獲得成功，就必須不斷前進，勇於進取。在走進過成功大門的人，你都可從他們身上發現「前進」的標籤。

英文中有另外一個重要的詞語：勇氣的完美表現就是勇於說「不」，說得要語氣鏗鏘，不給人任何反駁的空間。你要學會以堅強的鬥志去應對艱難的處境，處境越是艱難，你的鬥志要越加旺盛。有著「蘆葦」一樣天性的人遇到困難就會倒下，我們必須要像橡樹一樣有著堅定的心。很多出身貧窮、沒有朋友、沒有背景的男孩最終贏得了名氣與財富，完全憑藉著他們無所畏懼的勇氣與不可戰勝的目標。

　　堅定的品格、良好的習慣與勤勉的努力能讓我們無堅不摧。愚蠢之人只能幻想輕易獲得命運的青睞。對不專注於目標、內心缺乏強烈鬥志的人來說，單靠運氣是絕對不可能取得成功的。被我們稱之為「幸運」的發現，無一不是那些想有所追求的人做出的。一個人要是只等待運氣就好比被閃電擊中一樣危險。也許，每個成功人士都或多或少有運氣的成分存在，但我們發現他們的運氣是建立在專注於某個具體目標之上，憑藉不可動搖的堅持實現的。在某件事情上，可能運氣會占上風，但從長遠的角度來看，勝利屬於具有強烈鬥志與勇往直前的人。有兩位技術差不多的採珠人在狀態相等的情況下，一人能夠採到珍珠，另一人卻是兩手空空。若這兩人能堅持5年、10年或20年去做一件事，那麼他們肯定能夠取得成功，而且成功的程度與他們技術與勤奮的程度成正比。

　　「我活得越久，過往的人事讓我明白一個道理，」赫胥黎說，「就是不要太看重聰明的價值，要更加重要勤奮與堅持的重要性。誠然，我個人傾向於認為，一個人的堅持是所有特質中最重要的。當然，我們要保持健康的身體，如果身體不行，即便勤奮也很難實現目標。只有在懶散、欺騙與懦弱中結束人生，那麼這樣的人生才是毫無價值的。要想人生富於價值，就要誠實地努力，勇敢地迎接命運的海浪。」

　　運氣是否讓傻瓜說出過睿智的話呢？運氣是否讓無知之人說出一些具有科學道理的話呢？運氣是否讓目不識丁的人創作了《奧德賽》、《埃涅阿斯紀》、《失落園》或是《哈姆雷特》這樣的作品呢？運氣是否讓遊手好閒者成為吉拉德、阿斯特、羅斯柴爾德、斯圖瓦特、范德比爾特、菲爾德、高爾德或洛克斐勒這樣的商業巨擘呢？運氣是否讓懦弱的將軍在約克鎮、韋格拉姆 [04]、滑鐵盧或里士滿取得勝利呢？運氣是否讓粗心的切石工雕刻

---

[04]　奧地利東北部城鎮，在維也納附近，西元 1809 年拿破崙打敗奧地利人的地方。

出〈阿波羅〉、〈密涅瓦〉、〈維納斯〉這些作品呢？那位希臘奴隸卻憑藉著勤奮與天賦雕刻出來了。勤勞的農民在到處都是野草、荊棘的田野上開荒種地，收穫豐收，這是運氣的作用嗎？運氣會讓酒鬼成為受人歡迎與富於魅力的人嗎？運氣會讓酗酒之人的家庭溫馨，讓節制之人忍受著匱乏與痛苦嗎？運氣會讓誠實的勞動者飢餓，讓遊手好閒的懶人吃的很飽嗎？運氣會讓常識打折，讓愚蠢占上風嗎？運氣會將智慧之人放逐在貧民區裡，讓無知之人身處高位嗎？運氣會幫助瓦特改良蒸汽機，幫助富蘭克林收集閃電，幫助惠特尼發明軋棉機，讓富爾頓發明汽船，讓莫斯發明電報，讓布蘭查德發明車床，讓豪發明縫紉機，讓固特異發現橡膠，讓貝爾發明電話，讓愛迪生發明留聲機嗎？

如果你聽說過有人因為無法忍受內分泌失調的痛苦折磨，曾想過要自殺，最後因為割去了體內的腫瘤，結果獲得了痊癒的故事；如果你聽說過一位說話口齒不清的波斯人在一場糟糕的手術後，說話竟流暢起來的故事；如果你聽說過一位畫家出於憤怒一氣呵成完成了心中盼望已久的畫作的故事；如果你聽說過某位音樂家歷經重重失敗後，懷著悲憤的心情從琴鍵創作的故事 —— 請你記住一點，即便「運氣」也是光顧那些勇於去行動的人，絕對不會光臨不去行動的人。

「運氣總是在等待某些事情出現轉機，」科布登說，「勤勉工作，認真觀察與強大的意志，則能讓事情出現轉機。運氣讓人躺在床上，希望郵遞員能傳來天大的好消息。工作讓你在早上 6 點起床，勤奮筆耕或用錘頭為成功打下堅實的基礎。運氣會讓人抱怨，工作會讓人放聲歌唱。運氣依賴於機遇，工作能造就品格。」

堅持一個目標，圓滿完成這個目標。相信你天生有屬於自己的位置，沒人能夠替代你的位置。全身心投入到你的工作中去，保持清醒的頭腦，

燃起內心的熱情，朝著目標前進。只有在你圓滿順利完成了一件事情後，你才能真正成為一名英雄。你會對自己有更好的看法，別人也會更加看好你。世人發自內心崇拜意志堅定的行動者。

「我讚賞能直面人生的人，

他們腳步輕盈，心中洋溢著愉悅。

每天毫無恐懼地與生活作鬥爭，

看到希望破滅後，依然無所畏懼，

深信上帝永遠存在，深信真理與正義。

深信上帝的計畫適用於凡人。

在世人讚美他的財富時，他未曾欣喜落淚。

他寧可永葆愛意，每天只吃麵包屑，

也不願懷著恥辱度日，不去羨慕別人的生活。

他從不失去對人的信念，總是做到最好。

他從不埋怨命運多舛

始終笑看人生，說出充滿希望的話，

熱情對待每一位勞動者，

單憑他戰勝命運的英雄氣概，

他就是一個偉大之人。」

# 第四章
勇往直前的膽量

即便命運對我不公，我依然有一顆堅強的心，去勇敢承受這一切。

—— 德萊頓

那是一個勇敢的人！那是一個有膽量的人！

他不羞於說出心中所想，雖然全世界的人都在反對他。

—— 朗費羅

最偉大的榮耀不在於永不跌倒，而在於每次跌倒後都能爬起來。

—— 戈德史密斯

對有志成才的人來說，命運的藩籬還沒有豎起來。僅此而已。

—— 貝多芬

「朋友們，」皮薩羅用劍在沙地上劃出一條線，指出東邊與西邊。「這一邊充滿了飢餓、辛勞與匱乏，要面對狂風暴雨、無盡的沙漠與死亡；這一邊則是安樂與自在。這邊是富饒的祕魯，這一邊是貧窮的巴拿馬。你們選擇吧！選擇哪條路才最能讓你們成為勇敢的西班牙人。我個人會往南方前進。」說完後，他就走過自己劃的線，有 13 名全副武裝的西班牙士兵追隨他。在太平洋那個屬於法國的小島上，士兵們都吵著要前往巴拿馬，但皮薩羅與追隨他的士兵則朝著印加帝國方向前進，進行著一場絕望的戰鬥。此時，他們甚至沒有一艘船去征服印加帝國。在面對如此艱巨的使命時，堅定的決心難道不是很有必要的嗎？

「堅忍不拔是羅馬人的美德，
讓你憑藉勇氣取得成功。
即便面對著危險，也無所畏懼。」

「當你來到一個狹隘的地方，所處的環境都在與你作對，你一定要比別人多堅持一分鐘，」哈里特‧伊莉莎白‧比徹‧斯托（Harriet Elizabeth Beecher Stowe）說，「永遠不要放棄，因為你肯定會闖出一番天地。」

查爾斯‧索姆奈說：「塑造堅強的品格，有三樣東西是必須的：第一，骨氣；第二，骨氣；第三，骨氣。」

在挖掘龐貝古城的廢墟時，人們發現這座在西元 79 年因為維蘇威火山噴發而被淹沒的城市裡的一個哨崗，發現一名羅馬士兵的屍骸。從屍骸所處的位置可知，這位士兵原本可以躲在附近的岩石來避難。但在面對死亡時，他依然堅守崗位，沉默堅持自己的職責，直到生命最後一刻依然堅守使命。正是忠於職守的使命感讓羅馬軍團成為世界聞名的軍隊。

世人讚賞不在突如其來的困難面前不低頭的人，欣賞冷靜、耐心與充滿勇氣與命運作鬥爭的人。即便面對死亡，也要死在實現目標的道路上。

「勇往直前的膽量」總能讓我們贏得別人的尊敬。正是這種特質讓我們有所成就，獲得世人的讚美。在這個複雜紛擾的世界裡，缺乏智慧但有膽量的人要超越有智慧但缺乏膽量的人。你無法讓別人保持沉默，讓他默認你的想法。在這場關乎人生原則的鬥爭裡，他的名字可能在傷亡人數中找不到，可能永遠被世人遺忘了。

沃特創辦的《倫敦時報》一開始是份不起眼的報紙，出現了連續虧損的情況。沃特的兒子約翰‧沃特當時只有 27 歲，他央求父親讓他負責這份報紙的經營。父親雖然對此感到不安，但最終還是同意了。這位年輕的報人開始重組報社內部的結構，從全球各地收集全新的新聞。這份報紙的出發點不是試圖去影響輿論，因為當時該報也缺乏一定的立場與原則。這位勇敢的年輕編輯無所畏懼，堅決抨擊社會的醜惡現象，勇於抨擊政府

出現的腐敗的現象。因此，出版印刷與政府的廣告都不願意與這份報紙合作。沃特的父親對此感到極為失望，覺得兒子肯定會毀掉這份報紙與自己的。但是，外界的任何指責都無法讓他偏離要給世人帶來一份充滿品格、個性與獨立自主的報紙的目標。

大眾很快就發現《倫敦時報》有了不一樣的作為，它所刊登的新聞是認真的，各種專題報導為這份之前不起眼的報紙注入了全新的血液與新思想。因此，一位富於智慧、勇氣與堅定目標的人正在掌控著這份報紙 —— 這個人能在沒有路的情況下，能殺出一條路來。他在報紙上開辦了全新的欄目，包括國外報導，這個欄目出現了幾天，但後來遭到了政府審查。其中，該報發表的主題報導也遭到了政府的審查。這位激進的編輯惹惱了政府，報紙上的國外報導不准發表，只能刊登政府部門的通稿。但是，沒有什麼能夠阻擋這位勇敢的年輕人。他耗費鉅資派遣特別通訊員，收集世界各地的新聞。政府給他製造的麻煩與挫折，只能讓他更有成功的決心。這份《倫敦時報》背後有一種動力、進取與勇氣，任何外在的壓力都無法阻擋著這份報紙的進步。年輕的沃特是這份報紙的靈魂，他的個性在這份報紙的每個細節都展現無遺。在那個時代，即便最好的印刷機一個小時也只能印刷 300 份時報。沃特不得不拿這些印出來的報紙去複印或印成三份。為此，沃特不得不動腦筋去思考。最後沃特的印刷廠每小時能夠印刷 17,000 份報紙了，而且還是雙面印刷的。西元 1814 年，世界第一臺蒸汽推動的印刷機面世了。

「本性卑鄙之人在偉大之人面前都會感到一股恐懼。在高尚之人面前，這些小人很多的卑鄙想法不敢表露，很多偷偷摸摸的行為不敢做。」一般來說，勇往直前的膽量與品格才能讓你朝著正道前進。在具有膽量與品格的人面前，卑鄙與低俗自然會消失不見。卑鄙之人讓人感覺不適，他

們的偽善讓人顫抖，他們的虛偽讓人噁心。

　　林肯在被一位不安的來訪者問到，如果過了 3～4 年，叛亂還沒有平息該怎麼辦時說：「哦，除了繼續與叛軍作戰之外，沒有其他辦法了。」

　　「我有演說的天賦，這種天賦肯定會顯現出來的。」謝立丹在第一次國會演說搞砸後，別人說他永遠都不可能成為演說家時說。後來，他成為美國歷史上最偉大的演說之一。

　　亨利‧克萊小時候極為害羞與冷漠，甚至不敢在同學面前背誦課文，但他決心要成為一名演說家。於是，他潛心演說的練習，在麥田上背誦演說，或面對著馬欄裡的馬匹與羊群發表演說。

　　按照大眾的說法，如果「不可能」真的存在，那麼在基多的一生裡，肯定會發現「不可能」的影子。這位雙耳失聰的窮小子後來成為了研究東方學問的專家。但是，基多一生都沒有找到「不可能」的影子。在他不可動搖的決心與充沛的能量面前，這些「不可能」都消失遁形了。他懇求父親讓他離開貧窮的家庭，即便他日後要像霍屯督人那樣生活也在所不惜。他對父親說，要是將書本賣了，拿手帕去典當，就能存到 12 先令了。他說自己能靠吃黑莓、堅果與大頭菜來充飢，晚上可以睡在草堆上。這就是他的膽量。對這樣一位擁有堅定決心、不可動搖意志的人來說，世上還有什麼不可能呢？

　　膽量是一種持久與堅定的特質，進入你的心靈。可以說，膽量就是構成我們的一個基本元素。

　　美國內戰時期，很多將軍都展現出英雄主義與毅力。不少將軍都展現出了堅定的決心，但只有格蘭特展現出最讓人印象深刻的膽量。沒有人能夠動搖他的立場，他顯得那麼專注，歸然不動。「如果你試圖用花言巧語去讓他改變作戰計畫，他只會顧著抽菸。如果你稱他是低能兒或魯莽者，

他會溫柔地點燃另一根香菸；如果你稱讚他是世界上最偉大的將軍，他會輕輕呼出菸氣；如果你告訴他應該去競選總統，依然無法影響他的神色，他只顧著呼出菸氣，讓這些菸氣消散無形。在你對這樣一個不善言辭的人無法理解時，你突然會聽到他指揮軍隊取勝的消息。在他點燃香菸時，在他一臉嚴肅的臉色背後，是那位擁有著最富智慧與最強心臟的將軍。」

　　林肯有勇往直前的膽量。在全國各地的報紙都在諷刺他，在輿論將他批的體無完膚時，在他的決定被共和民主兩黨一致反對時，在當時戰場的將軍指責他「愚蠢」地相信格蘭特，希望他能撤換格蘭特時，這位偉大的總統依然悠然淡定，堅持自己的選擇。

　　林肯與格蘭特都有著強大的神經，能夠不去理會別人的嘲笑，不受公共輿論的影響，能抵禦別人的傷害與仇恨。他們都相信真理的力量，相信強大的信念與無比的自信能戰勝一切。他們都相信真理的力量，相信信念與信心能讓人最終獲勝。

　　勇往直前的膽量是品格重要的組成部分，讓人能以鋼鐵般的意志專注於一個目標，擁抱希望，無畏地朝著目標前進。無論是陽光或雨水，無論是颶風或暴雨，無論是冰雪或下雨，無論船隻是否漏水，船員是否叛變，這些人都依然堅韌。事實上，世界上只有死亡才能讓他們屈服。他們會永遠為著目標前進，直到死亡才能讓他們休息。

　　膽量之人能讓他有一種受人尊敬的力量。他不需要向別人介紹自己，因為他身上的膽量從他的舉止散發出來。這種膽量並非心血來潮，而是他人生的一部分。膽量能讓我們變得勇敢，以英雄般的勇氣去面對人生。很多人之所以失敗，是因為他們缺乏膽量與強韌的神經。對年輕人來說，在步入社會時身上依然保持著軟弱與屈服的個性，缺乏果斷與骨氣，沒有堅持自己目標的勇氣，這不得不說是一種遺憾。他們沒有能力語氣鏗鏘地說

出「不」，被人說服去投資一項毫無希望的投資。這一切的原因很簡單，他們不願意得罪朋友，所以在那張有問題的支票上簽下了自己的名字。

　　一個小男孩在被問到如何學會滑冰時，他說：「每次跌倒後，我爬起來繼續滑。」

　　惠普勒講了一個有關馬塞納將軍的故事，闡述了堅定的目標是如此讓他逃離失敗的爪牙，取得勝利的。「拿破崙在埃斯靈戰敗後，之所以能成功撤退軍隊，完全依賴於拿破崙對馬塞納品格的信任。拿破崙派人給馬塞納送去一封信，要求馬塞納在阿斯潘恩這個地方多堅持兩個小時。拿破崙的這個命令有點讓馬塞納做好犧牲準備的意思，因為馬塞納幾乎無法執行這個命令。但拿破崙知道馬塞納擁有不可動搖的堅韌，一定能夠做到的。信使發現馬塞納坐在一堆垃圾上，眼睛流著血，身體因為一場持續了 40 個小時的戰役後虛弱不堪，他當時的身體狀態顯然應該在醫院休息，而不是繼續在戰場上浴血奮戰。但是，塞納堅定的意志似乎不受身體的影響。雖然他感到無盡的疲憊，還是忍著痛苦爬起來，勇敢地說：『告訴陛下，我能堅持兩個小時。』最後，馬塞納兌現了諾言。」

　　麥考利在談到亞歷山大大帝時說：「他經常作戰失敗，但他總能取得最後戰爭的勝利。」

　　在馬倫戈一役，奧軍認為他們的勝利指日可待。當時法軍的人數處於劣勢，而且基本放棄了抵抗。奧軍將力量主要分散在左右二翼，追殺著法軍。法國士兵也覺得這一仗必敗無疑，奧軍自信滿滿，覺得必然勝利。就在此時，拿破崙下令發炮，朝著奧軍中部力量薄弱的地帶發動進攻，將奧軍截成一半，最後逐個擊破，贏得了勝利。

　　某次，內依元帥準備作戰時，低頭看著自己受傷的膝蓋說：「你們可

能抖動的很厲害，但要是知道我帶你們去哪，你們會抖動的更厲害。」

正是士兵們乘勝追擊，正是學者們不斷總結教訓，正是勞動者艱苦工作，正是農民種植莊稼，正是畫家不斷創作，正是旅者不斷前進，才讓我們達到了心中所願 —— 成功。

哈佛大學一名很有前途的年輕人因為癱瘓，雙腿無法行走。醫生說他這個沒希望治好了。但是，這位年輕人希望繼續大學學業。最後，他在病床上完成了大學畢業考試，拿到了畢業證書。他決心對但丁進行研究，為此他必須要掌握義大利語與德語。雖然忍受著疾病與視力失常的打擊，但他依然堅持不懈。他想競爭大學獎金，想像一下這樣一位癱瘓的年輕人，還有決心去競爭獎學金，與死神做著艱苦的鬥爭！這對我們是一個多麼大的激勵！在手稿出版前，他去世了，無法領取頒給他的獎學金。但他的人生是成功的。

國會議員威廉・W・克雷伯（William W. Creber）一路半工半讀上完大學。當時，他沒錢買字典，就從位於麻薩諸塞州的達特茅斯的村莊的家步行到貝德福德鎮上的圖書館，親自抄寫了一本字典。

統治者那不可動搖的精神是多麼偉大啊！正是這種偉大精神讓富蘭克林能在狹小的印刷間裡以一塊小麵包做晚餐，一手拿著書來看。正是這種偉大精神讓洛克以麵包和水為生，在荷蘭一間小閣樓裡刻苦攻讀。正是這種偉大精神讓吉迪安・李赤腳在雪中走路，忍受著飢餓與寒冷。正是這種偉大精神讓林肯與加菲爾從出生的小木屋一直走到白宮。

查德伯恩校長在心臟出現問題後，憑著無盡膽量，多活了 35 年，雖然當時他的葬禮已經準備好了。

亨利・法維賽特在視力出現問題後，憑著無限膽量，成為英國首位雙

目失明的郵政大臣。

皮雷斯科特在雙目失明後，憑著無限膽量，成為美國歷史上最偉大的歷史學家之一。法蘭西斯·派克曼在市區健康與視力後，憑著無盡膽量，成為美國歷史上著名的歷史學家。成千上萬的人在失去了健康、視力、雙手、雙腳後，憑著膽量，最終取得了讓世人震驚的成就。事實上，世界上最偉大的成功都是憑藉膽量與毅力去成就的。你無法讓一位擁有如此特質的人失敗。這樣的人一定會將絆腳石變成上升的臺階，讓自己獲得成功。

巴爾南在 50 歲時身體出現了嚴重問題，欠下了別人的債務。他依然重返工作，與厄運作鬥爭，最後還清了所有債務。他的身體後來又出現了多次問題，但他就像鳳凰，每次總能涅槃重生，獲得更大的成功。

查爾斯·J·福克斯（Charles J. Fox）說：「一個年輕人首次演說就取得了成功，這很好。他可能會繼續進步，也可能安於現狀。但讓我觀察那位一開始失敗，依然無所畏懼，最後取得成功的年輕人。我肯定後者要比第一次就取得成功的人會有更大的成就。」

科布登第一次在曼徹斯特發表演說時，完全沒有發揮出水準。當時的主持人還為此向他道歉。但他不是容易放棄的人，為了讓每一位英國都能吃到更大、更優質與更廉價的麵包，他從未終止過努力。

看看年輕的迪斯雷利吧！他來自一個受人憎恨與被迫害的民族，但他沒有自暴自棄，而是奮起向前。他在毫無機會的情況，讓自己成為了中產階級，最後提升到上流社會，直到他能鎮定自若地站在英國政治與社會權力的巔峰。一開始，他在眾議院受到其他人的嘲笑、謾罵與指責，他只是低調地說：「你們遲早會聽我說話的。」這個時候終於帶來了。這位一開始毫無機會的男孩擔任了大英帝國 25 年的首相。

迪斯雷利的例子可以說是人類歷史上最具說服力的了。他面對著別人對他極深的偏見，依然無所畏懼。雖然當時的人們都鄙視這位白手起家的人闖入英國權力的中心，但他依然保持著本色。想像一下，當英國人發現他們的財政大臣竟然是一位猶太人時的驚訝表情吧！他冷靜地面對著別人各種言語上的折磨與打擊，最後讓那些最惡毒的謾罵之人都對此感到疲倦了。迪斯雷利能讓格萊斯頓失去控制，但他還能顯得鎮定自若。你能看到這位年輕人一心想要在這個世界上有所作為的決心。他的臉上就寫著堅毅決心的字樣。在他經過三次議會選舉失敗後，這位血液裡流淌著猶太人血統的年輕人沒有放棄，因為他知道自己肯定能勝利的。英國首相墨爾本爵士在別人引薦當時還年輕的迪斯雷利時，問他以後想做什麼。迪斯雷利毫不猶疑地說：「英國首相。」

威廉‧亨利‧西華德（William H. Seward）在剛上大學時，父親給他1,000美元，這是父親的全部積蓄。在他第一年從大學回來後，因為自己奢侈的生活習慣，結果一分錢都用光了。父親拒絕給他一分錢，告訴他不能住在家裡。年輕的斯沃德發現自己一下子沒有經濟來源了，必須要自食其力。他身無分文地離開家，回到了大學，最後以優異的成績畢業。他研究法律，後來當選為紐約州州長。內戰期間，他成為林肯政府的國務卿。

加菲爾說：「如果克服困難的力量不是智慧，那麼膽量是智慧的最好替代品。」勤奮與膽量的能讓人戰勝卑微的出身，在美國這個國度裡獲得財富與地位。在這片機遇之土，拿命運做賭注的人都應該感到無地自容，那些毫無目標、隨波逐流與失敗之人以缺乏機會為藉口，這真是最大的恥辱。

在西元1812年冬天的一場戰役裡，傑克遜率領的士兵因為缺糧忍受飢餓，不少士兵嘩變，準備從前線回家。但是傑克遜拿橡子充飢，為士兵

們作出了榜樣。然後，他騎馬跑到準備叛逃的士兵前面，威脅他們說，要是離開，他將立即處死這些士兵。

　　人生賽跑的勝者並不一定總屬於速度最快的人，戰爭的勝利也不一定總是實力強的一方。馬匹有時負載過重，導致最後失掉比賽，這些都是需要考慮的影響因素。所以，在人生這場賽跑裡，路程本身並不能決定我們是否能獲獎。我們必須要考慮所有的阻礙因素，考慮我們背負的重量，審視我們在教育、教養、培訓與環境等方面所具有的優劣。不知有多少年輕人因為深陷債務，處於貧窮的境地，還要殘疾的父母、哥哥妹妹與朋友去幫助？不知有多少人因為無知或惡劣環境的影響而受到束縛？不知有多少年輕人因為父母的不理解而無法掙脫，始終走不出自己的天地？不知有多少性格「方圓」的人走進了「正方形」的洞口裡？不知有多少年輕人停滯不前，就是因為沒人相信他們，沒人鼓勵他們，沒人憐憫他們，最後因為從事與自身本性完全相反的工作而失敗？不知有多少人因為無知與缺乏經驗，永遠也無法到達他們的目標？不知有多少人因為早年缺乏自律與工作訓練，最後一事無成呢？不知有多少人必須要依賴別人，因為他們從未想過要自立，因為他們習慣了父親的財富或母親的溺愛？不知有多少人因為自我放縱、自暴自棄而讓人生陷入悲劇？不知多少人因為疾病、孱弱的身體及受傷的視力與聽力而無法前進。

　　在人生最後頒獎的時候，我們所走的路程，所背負的重擔，所克服的困難，都將會被統計在內。我們走過多少路並不重要，我們克服了多少困難，在逆境奮起的鬥爭才是最重要的。那位忍受著寂寞，抵制各種誘惑的貧苦之人，那位內心默默忍受著苦難，在日常的生活裡緩步前進，感受著悲傷依然無所畏懼的女人，這些人可能不被他們同儕所賞識，但最終獲得獎賞的可能正是他們。

「富於智慧與膽量之人憑藉無所畏懼，

　征服困難，戰而勝之。

　懶散與愚蠢之人在艱苦與苦難面前，

　踟躕不行，覺得無力面對。」

「我做不到，這是不可能的。」一位遭受挫敗的上尉對亞歷山大大帝說。「滾開！」這位馬其頓的國王大聲叱喝。「對具有膽量的人來說，世上沒有不可能。」

　　要是讓我用一個詞說出那些一開始充滿理想，但最後卻失敗之人的祕密，我會毫不猶豫地說，這些人缺乏「意志力」。意志不堅強之人是不可能取得最終的勝利。要是一個人缺乏意志力，他還是人嗎？人缺乏意志力，就像沒有了蒸汽的蒸汽機，只能讓船隨風飄蕩，任由海浪的折騰。我寧願將意志的力量稱為對年輕人潛能的一種考驗。他是否足夠強大，能否以鋼鐵般的意志面對他的事業？正是堅強的意志讓我們能勇敢地面對人生。在這個競爭激烈、自私與貪欲的世界裡，每個人都處在爾虞我詐的鬥爭，對缺乏意志力與掌控力的年輕人來說，人生還有什麼指望呢？拿破崙說：「真正的智慧，就是堅定的決心。」鋼鐵般的意志在缺乏原則指引的情況下，能造就拿破崙式的人物。但鋼鐵般的意志加上品格的指引，就能產生威靈頓與格蘭特這樣的人物，讓才華不被野心與貪欲所控制。

「不可動搖的意志，

　讓我們變得專注，

　讓人類從冷漠的空氣裡，

　感覺到美妙的音樂。」

# 第五章
## 超越逆境的勝利

容易獲得的勝利是廉價的。

真正具有價值的勝利都是艱苦奮鬥之後所獲得的。

—— 比徹

心智軟弱之人在遭受困境後容易屈服，

但偉大的心靈總能超越困境，一往直前。

—— 華盛頓・歐文（Washington Irving）

「我要帶領三支隊伍前往斯塔騰島，」西元 1806 年某天，一位只有 12 歲的男孩對紐澤西州南安博伊的一位飯店主人說。「如果你能幫我們到那裡的話，我就在 48 小時之內給你支付 6 美元，我拿這匹馬做抵押，如果到時還不了，那麼這匹馬就是你的了。」

旅館主人詢問這位男孩為什麼要提出這麼「新穎」的建議，後來他才得知這位男孩的父親負責處理擱淺在桑迪海灘的船隻，需要用駁船運輸貨物。這位男孩帶領三架馬車與 6 匹馬，還有三個人，去用駁船搬運擱淺在沙洲上的貨物。這個任務最後完成了。男孩口袋裡只有 6 美元，從澤西的海灘到南安博伊之後，他身上的錢已經花光了。「我答應你。」旅館主人看到這位男孩明亮的眼神後說。最後，這匹馬屬於了這位旅館主人。

母親跟他說：「兒子，如果你能在一月的 27 天內完成 10 公頃堅硬、布滿石頭的田野的犁地、鬆土與種植玉米的工作，就能滿足你的願望。」范德比爾特在 27 天前就圓滿完成了工作。在他 17 歲生日那天，他買了一艘船。范德比爾特就是從一開始小本生意做起，最後累積了巨大的財富。

西元 1818 年，范德比爾特已擁有了 2～3 艘當時設備最精良的縱帆船，這些船停泊在紐約港口。當時，范德比爾特的資產只有 9,000 美元。

他看到了蒸汽船在運輸貨物方面所具有的優勢，就放棄了自己原先的事業，去當年薪只有 1,000 美元的蒸汽船長。在接下來的 12 年時間裡，他經常在紐約市與紐約州的新布倫茲維克之間來回往返。1829 年，他開始從事蒸汽船的事業，但面對過分激烈的競爭，他幾乎失去了全部身家。但是時運終於扭轉了，他最終擁有了 100 艘蒸汽船，迅速累積起了財富。他很早就意識到鐵路在運輸方面所具有的巨大潛力，又投入到鐵路的建設，最後，他成為那個時代美國最富有的人。

巴爾南初入商界時，甚至連一雙鞋子都沒有。在他 15 歲那年，他在參加父親葬禮時，還得要向人借錢買一雙鞋子。他取得的成功就是戰勝逆境的最佳例子。任何挫折都不能讓他低頭，任何困難都無法讓他退縮。

「你肯定有演說的天賦，」一位朋友對 J・P・庫蘭說。「我親愛的朋友，事實上，我並沒有什麼天賦。」庫蘭說，「我到了 20 幾歲才真正掌握演說的技能。」庫蘭在談到自己第一次在演說俱樂部發表演說時的情景說：「我站起來，身上的每處細胞都在顫抖。但我清楚記得，當時我想模仿圖裡的演說風格。我鼓起勇氣，開始準備按照之前背過的演說稿說：『各位先進』。但就在此時，我發現所有人的眼睛都投在我身上。雖然當時只有 6～7 個人在場，因為房間就那麼大。但是，我渾身都在顫抖，內心全是一副恐怖的景象，似乎自己成為關注的焦點，數百萬人都在注視著我，全神貫注地聆聽著我的演說。我感覺自己開始語無倫次。我的朋友大聲說：『聽他演說吧！』但是我一句話都說不出來。後來，別人給我去一個綽號『沉默的演說家』。」只有在庫蘭勇於在別人的嘲笑，在他人稱他是「這個荒謬時代最缺乏口才的演說家」後，他依然能無所畏懼，才可能成為真正的演說家。「我並不這樣認為，」一位感到惱怒的演講者說，「那位『沉默的演說家』擁有優秀的演說天賦，但我建議他能夠以大眾更容易接受的

方式去演說，而不是保持沉默。」庫蘭在遭受別人的諷刺後，懷著憤怒的心情，流暢地進行演說。這次演說最後取得了成功。受此鼓舞，他耗費了巨大精力練習如何成為優秀的演說家。他透過每天大聲慢速朗讀自己最喜歡的篇章，逐漸改變了說話結巴的習慣。同時，他抓住每一次演說的機會，進行演說的訓練。

　　班楊用獄卒給他端來飯菜時順便帶來的紙巾創作了《天路歷程》。吉福德在補鞋鋪裡當學徒，利用閒暇時間在皮革的碎屑上運算數學題。天文學家裡滕豪斯一開始在犁柄上計算日蝕出現的時間。

　　大衛・李文斯頓 10 歲時就到格拉斯哥附近的棉花廠工作。他利用第一個星期的薪水買了一本拉丁語法書，利用晚上的閒暇時間學習，一直堅持了數年。他坐在床上，一直學習到深夜，直到母親強迫他去睡覺，他第二天早上 6 點鐘還要到棉花廠去工作。他就是這樣學習了維吉爾與霍勒斯的著作。他的閱讀非常廣泛，除了閱讀著名作品，還研究了植物學。他如飢似渴追求著知識，有時他會將書本放在珍妮紡機前，在機器發出震耳欲聾的聲音時，翻閱著書本。

　　詹森說：「人類所有能讓人讚美與驚嘆的藝術，都是堅忍不拔的毅力造就的結晶。正是憑藉著這種堅忍不拔的毅力，人類讓露天礦場的石頭壘成了金字塔，讓各國能透過運河來進行商船運輸。如果一個人看到一把尖鋤或鐵鏟一開始的設計與最後產生實現的功用，就會驚訝地發現，這兩者存在著巨大的差異。人類就是利用這些不起眼的工具，經過持續的努力，克服了難以置信的困難，推平了高山，連接了海洋。這一切都是人類力量的見證。」

　　偉人從不等待機會，他們創造機會。偉人不會等待時機的到來，也不

會等待順境的光臨，他們會利用手上的資源，掌控整個局勢。一位有志氣與理想的年輕人肯定能闖出一番天地。富蘭克林這樣的人物並不需要別人給予的各種幫助，他能想到利用一隻普通的風箏從雲層中收集閃電。

偉人從來沒想過什麼捷徑去取得成功。他們總是沿著勤奮與堅韌的老路，朝著最後的勝利前進。

伊萊休‧班傑明‧沃什伯恩（Elihu Benjamin Washburne）是農民的孩子，他曾在一間學校教書，月薪只有 10 美元。他很小就明白了 100 美分就能變成 1 美元的道理。後來他擔任議員，對國會的每項預算都進行過認真的審核，被稱為「財政部的監察人」。

埃利亞斯‧豪在倫敦備受匱乏與悲傷的困擾時，依然憑藉毅力完成了第一架縫紉機的發明。他經常要向人借錢才能度日。他還向人借錢送他的妻子回到美國。他以 5 美元賣掉了第一架縫紉機，雖然這架機器的價值在 50 美元左右。後來，他還售賣了一些手稿，以賺取生活費用。

奧科萊特從小就在地下室裡做理髮師，但在他去世時，卻留下了 1,500,000 美元的巨大財富。這個世界對待新鮮事物的態度，就像對待所有人對待新穎的創意一樣 —— 一開始總是無盡地阻撓，讓這些觀念新穎的人忍受著各種無形的壓力。但是，奧科萊特握緊拳頭，積極面對各種挫折，最後成為受人尊敬與富有的人物。

在面對別人的誹謗、中傷時，要想獲得大眾的認可，除了排出萬難，勇於前進之外，沒有別人的選擇。

幾乎每一項有益於人類進步的發明或發現，都是發明者與探索者經過無限努力，最後才獲得世人認可的。即便是一些當時最為進步的人士，都可能會反對這些發明與發現。

　　威廉・H・皮雷斯科特就是一位「毫無機會」的男孩最後成就大事的最佳例子。他上大學時，在一場「餅乾遊戲」裡，被別人扔過來的一塊堅硬的餅乾砸到了眼睛，結果失去了一隻眼睛。但他決心自己不能過著毫無意義的生活。他決定成為一名歷史學家，將全部的精力都投入到這方面的研究與學習。他利用別人的眼睛，耗費了 10 年時間，決定了自己第一本著作的寫作方向。然後，他再耗費 10 年時間研究各類文獻與手稿，最後出版了《斐迪南與伊莉莎白》。他的人生故事對年輕人是一個多麼深刻的啟發啊！對那些浪費機會與消磨人生的年輕人來說，又是多麼大的諷刺啊！

　　「伽利略利用一個觀劇鏡，」愛默生說，「要比其他人利用精良的望遠鏡發現更多的宇宙星體。哥倫布就是駕駛者一艘沒有甲板的船隻，最後發現了新大陸。」

　　人們稱之為逆境的形勢，並不能阻擋你發揮自身的潛能。在美國到處都是岩石的新罕布什爾州，出了一位美國歷史上最偉大的演說家與政治家丹尼爾・韋伯斯特。正是那些默默忍受苦難，不斷奮鬥，正是那些出生於茅茨之屋的男孩，最後成為人類的領袖與文明的推動者。

　　還有誰能比亞伯拉罕・林肯的例子更讓人印象深刻呢？林肯的一生、事業與死亡可能會被人像希臘詩歌那樣吟誦，成為美國當代最嘹亮的歌曲的前奏與結尾。身為上帝的兒子，林肯出生在一個貧窮的家庭，在一個小木屋成長。對當時的他來說，身處這樣的環境，沒有任何人的幫助，深陷貧窮的深淵，過著貧窮的生活，人生幾乎可以說是失去了所有的光明。但是，年輕的林肯心懷大志，對未來有著美好的憧憬，雖然他缺乏一種自然的優雅，舉止有些笨拙，總之，外在的形象無法為他加分。但是，林肯憑藉著讓人信服的品格，在後半段的人生裡，從過往的寂寂無聞，一躍成為美國歷史的中心人物，引領著這個國家的前進。他所在政黨的其他領袖都

不得不在他面前讓路，即便當時最著名的人物，諸如斯沃德、查斯、索姆奈等久經政壇的風雲人物，都被林肯的光芒所掩蓋。林肯似乎被一雙無形的手推到了前臺，在歷史上留下了濃重的一筆。

通往成功大門，沒有哪一扇是可以輕易打開的。每個人在進入成功大門後，這扇門就會自然關閉，不允許成功人士的子女進入。

即便是名流薈萃的沙龍、裝飾豪華的圖書館或舒適與自在的環境，也不能培育真正的天才。相反，天才經常是在逆境與匱乏中，承受著各種磨練，住在家徒四壁的閣樓裡，甚至沒有蠟燭可以點。正是在艱難困苦、讓人呼天搶地的淒苦環境，天才們不得不與命運抗爭，去學習，去錘鍊自己，直到從芸芸眾生中脫穎而出，成為他們所處時代最耀眼的明星，成為國王的朋友，成為別人的指明燈與老師，在思想界發揮著巨大的影響力。

一位聖人說：「沒有經歷過苦難的人，能懂得什麼呢？」席勒在身體遭受疾病的折磨時，創作了最著名的悲劇。韓德爾在身處麻痺狀態，即將死亡時，才顯出最偉大的一面。他與痛苦的疾病作鬥爭，坐下來創作偉大的音樂，最後名垂千古。莫札特在深陷債務，與疾病做著殊死搏鬥時，創作出了多出歌劇，最著名的當屬〈安魂曲〉。貝多芬在雙耳完全失聰時忍受著巨大的悲痛，創作出了偉大的音樂作品。

也許，歷史上沒有誰能像德摩斯梯尼那樣克服讓絕大多數人感到沮喪的困難，最後取得成功的例子了。他的聲音天生就很微弱，這對演說是一個致命的缺點，還有他天生氣短，每說幾句話就要歇一會。他第一次發表演說時受到了了潮水般的噓聲、諷刺與訕笑。他與欺騙他的監護人進行了一場辯論，結果失敗了，不得不償還一部分錢。當時，他感到沮喪至極，想永遠放棄演說的這個夢想。但是，一位聽眾覺得他很有天賦，鼓勵他要

堅持下去。他聽從了建議，繼續在公共場合發表演說，但還是像之前那樣收穫別人的噓聲。就在他站在講臺上茫然無措之時，正準備退場時，一位名叫薩提魯斯的著名演員鼓勵他要繼續努力，克服當前的困難。當時，他說話口吃很嚴重，幾乎不能完整說出一句話。最後，他決心無論付出怎樣的代價，都要成為一名演說家。他來到海邊，對著洶湧的海浪，嘴裡含著一塊鵝卵石進行練習。這樣做是為了克服口吃與習慣聽眾發出的噓聲。他透過在海邊陡峭的地方進行跑步鍛鍊，克服了氣短。他透過在鏡子面前進行訓練，克服了笨拙的動作與手勢。

　　哥倫布在許多國家的宮殿裡都被嘲笑為愚蠢的人，但他在面對世人的嘲諷與懷疑時，依然堅持自己的觀點，始終沒有偏離心中那個不可動搖的目標。「新大陸」這個詞語深深鑴刻在他的靈魂裡，為了發現「新大陸」，他寧願犧牲名譽、安樂、愉悅、地位，甚至是生命。他人的威脅、嘲笑、放逐、暴風雨、漏水的船、水手的嘩變，都不能動搖他這個堅定的目標。

　　你無法阻擋一個意志堅定的人取得成功。若是你將絆腳石放在他前進的路上，他會將此視為前進的臺階，攀登到偉大的位置。奪去他的金錢，讓他深陷貧窮，他依然能奮起前進。讓他不斷跌倒，他能創作出《韋弗利小說》。

　　世界歷史上所有偉大、高尚與真正的人，都是不斷奮鬥，不斷前進，每天不斷做好自己職責的人。

　　羅傑‧培根，這位世界上最具思想的思想家，曾因為研究自然哲學遭受迫害，但他依然堅韌不屈，最後獲得了成功。他的書籍被指控為「妖言惑眾」，在公共場合被焚燒，他也在監獄裡待了 10 年。即便是我們尊敬的華盛頓也曾被人譴責，因為他不願意迎合大眾的意見，堅決反對傑伊與英

國簽訂的契約。但是，華盛頓沒有動搖，最後人們認可了他所持的觀點。威靈頓公爵也曾在倫敦的大街上被人嘲笑。在他妻子晚上睡覺時，有人砸碎了他家的窗戶。但這位「鐵血公爵」是絕對不會退讓的，始終堅持自己的目標。

威廉·菲力浦斯年輕時在波士頓大街上聽到幾名水手談論著一艘西班牙船隻在巴哈馬島海域失事的故事，據說船上裝載著金幣。菲力浦斯立即決心找到這筆財富。他立即前往巴哈馬島，最後找到這筆遺失的財富。後來，他又聽到一艘船多年前在德·拉·普拉塔島海域失事，他立即乘船前往英格蘭，懇求查理二世給予幫助。讓他高興的是，國王答應給他提供「阿爾基耶玫瑰號」商船。他耗費了很長時間去搜尋，但始終無功而返，最後只能返回英國，修理船隻。當時，詹姆斯二世在位，菲力浦斯不得不等待四年，因為他需要利用這段時間去籌錢。後來，他的船員發生嘩變，威脅要將他扔到大海，但他最後還是控制住了局勢。某天，一位印第安的水手在潛水找尋某種奇怪的海草植物時，發現了海底有幾門加農炮，最後此處被證實就是沉船的地方。菲力浦斯除了堅毅的決心之外，沒有其他的優點，但就是這個優點，讓他帶著 1,500,000 英鎊的財富回到了英國。

不管面對任何困難，都要不斷奮鬥，為成功去努力，這是取得成就所必須付出的代價。

那些沒有為自己的麵包奮鬥過的人，沒有忍受過身處絕望掙扎所帶來的傷疤的人，是永遠都無法理解成功的最高含義。

那些不斷奮鬥，最後取得成功的人所擁有的金錢，並不是他們唯一與主要的獎賞。賽勒斯·W·菲爾德經過多年的艱苦努力，克服了重重困難，應對著別人的嘲笑與屢次失敗，最後成功地將電纜鋪在大西洋的海

底，成功實現了電報的傳遞。想像一下，當他的手指第一次感受到電流時的興奮感吧！在湯瑪斯・A・愛迪生宣稱電燈的發明已經發展成具有商業價值時，你還會覺得電燈發出明亮的光線不足以照亮他的靈魂深處嗎？

第六章
化困難為優勢

在自然給我們增添困難時，她也在為我們的大腦增添智慧。

—— 愛默生

很多人都將他們成功的人生歸功於巨大的困難。

—— 斯珀傑翁

不幸讓我們變得更好，正如從挫折中奮起的名聲更加響亮。

—— 塞繆爾‧羅傑斯（Samuel Rogers）

雖然失敗與挫折等待著你，穿過後，你能收穫智慧，這就是人生。

—— 勞勃‧伯恩斯

「多年前，」哈里特在談到她父親經商失敗時說，「要不是失去了金錢，我們肯定會按照淑女的標準過著可以預見的生活，省吃儉用，平時縫紉衣服，人生的視野越來越狹隘。但是，在我們必須完全依賴自己時，就只能努力工作，憑藉自身的能力去維持生計。這讓我們贏得了友誼與名聲，生活更加獨立自主，看到了外面的世界，過上了真正的生活，不像之前那樣過著單調的生活。」

世界歷史上最偉大的兩位詩人 —— 荷馬與米爾頓 —— 都是瞎子，還有一位詩人 —— 但丁，在晚年時也接近雙目失明。這些偉人似乎都存在某方面身體的缺陷，讓他們不會輕易地浪費能量，從而專注於某方面的事業。

科學界一位著名的研究者說，當他遇到看似不可逾越的困難時，他通常是處在重大發現的邊緣了。

「懷著感恩的心態」去面對困難，造就了很多著名作家。失敗通常能

喚醒一個人的潛能，點燃他們沉睡的目標，挖掘潛在的能量，讓人取得最後的成功。很多有本事的人將逆境視為磨練他們意志的試金石，好比牡蠣經過沙子的砥礪，最後形成珍珠。

「別人對你猛烈的批評，就像桅杆面對暴風雨的吹襲，總能讓你不斷前進。」

風箏要是沒有線繫住，就不可能飛在天空上。人生也是如此。那些身背重任，要對父母與妻兒子女負責的男人，要比身無牽掛，到處亂晃的單身漢走的更高更遠。

在拿破崙的同學取笑他卑微的出身與貧窮時，他全身心投入到學習中去，很快獲得了獎學金，贏得了同學的尊敬。很快，他就被視為所在班級的驕傲。

「年輕人要想成為著名的律師，」一位著名的法理學家說，「必須要像隱士那樣低調，像馬匹那麼勤快。沒有比始終保持半飢餓的狀態對一名律師更好的了。」

成千上萬有天賦的人之所以在這個世界上迷失，是因為他們從未與挫折進行鬥爭，從未在艱難困苦的條件下奮鬥，從未喚醒過他們沉睡的心靈。在有助於實現人生事業的道路上，我們應該勇於付出。

貧窮與出身卑微可能會影響我們前進的腳步，但這就像河中冰塊與碎片的阻礙，只能暫時讓河水處於緩慢流淌的狀態，一旦積蓄了足夠的能量，最終會衝過障礙，流向大海的。貧窮與卑微的出身並非不可逾越的障礙，反而會刺激我們遠離懶惰，發展更加堅實的品格，讓我們的身體肌肉更健壯，精力更充沛。

如果種子努力穿透石塊與堅硬的草地，為獲得陽光與空氣而努力，最

後還要與暴風雨雪作抗爭，那麼樹木的軀幹會更結實與牢固。

有一句哲學名言說得好：「要愛你的敵人」。因為他們其實是你最好的朋友。在朋友恭維你時，這些敵人告訴你真相。他們毫不留情的諷刺與指責就像一面鏡子，讓我們能看到自身的缺點。不友善的話語就像釘子一樣刺痛著我們，讓我們為更大的成功與更高尚的目標前進。朋友們一般都會掩蓋我們的缺點，很少會指責我們，敵人卻會毫不留情攻擊我們的弱點。我們害怕敵人的攻擊，就彷彿害怕醫生的手術刀，但這最終卻能讓我們變得更好。敵人能觸動我們從未想到過的地方，在他們的嘲笑與打擊中，我們不斷進步。

我們之所以能夠勝利，都要多虧了困難與挫折。正是在克服困難的過程中，我們獲得了更大的能力。要是沒有挫折，我們很難全身心投入到工作中去，很難提升自己，正如橡樹在與暴風雨進行數千次對抗中，變得堅不可摧。我們面對的考驗、悲傷與痛苦，也能以相似的方式讓我們獲得提升。

那些戰勝困難，最後取得勝利的人，臉上必然掛著勝利者的笑容。他們的每個舉止都能透出勝利者的氣質。

約翰‧加爾文在整理 17 ～ 18 世紀的宗教理論時，忍受著多年疾病的折磨。羅伯特‧霍爾在創作時也同樣飽受疾病的困擾。那些將人類文明提升到另一個層次的偉人，幾乎都是在艱難困苦的環境下，努力奮鬥，克服重重困難，最後獲得勝利的。

「在上帝眼中，沒有比一個誠實之人在與逆境的搏鬥，最後取得勝利更讓人動容的情景了。」

「我一定要唱的更好！」在一個男孩嘲笑他唱的不好時，安納西曼

德說。

堅強的品格就像棕櫚樹，似乎在最惡劣的環境下才能最迅速地成長。那些長年與艱難困難的環境作鬥爭的人，通常在順境中無法取得那樣的成就。順境會消磨他們的意志，正如炎熱的氣候會讓身處赤道的人民失去活力一樣。一些人只有在別人的嘲笑、諷刺，在遭受失敗與打擊後，才能找到真正的自我。考驗能夠讓他們找到自身的美德，失敗讓他們走向成功。

正是失敗讓石塊變成燧石，正是失敗讓軟骨變成肌肉，正是失敗讓人變得不可戰勝，正是失敗讓具有英雄氣質的人獲得勝利，讓他們享受美好的自由，而不是在別人的壓制中感到痛苦。

困難能喚醒我們偉大的特質，讓我們有成就偉大的可能。數百年的和平年代能夠催生出一位格蘭特式的人物嗎？直到內戰爆發後，世人才真正了解林肯所具有的堅強品格。一個世紀的和平決定不可能造就俾斯麥這樣的人物。也許，要是沒有奴隸制的存在，菲力浦斯與加里森這樣的人物就不會名留史冊。

「他能夠成為一名偉大的畫家嗎？」某人指著一位剛從義大利學藝回來的畫家的畫作問道。「不可能，永遠不可能。」諾斯科特回答說。「為什麼呢？」「因為他一年的收入有 6,000 英鎊。」一般來說，一位富有的畫家是不可能創作出真正具有價值的畫作。真正的畫家要克服重重困難，最後才能創作出佳作。只有逆境的「暴風雨雪」才能真正鍛鍊人的才華，讓人獲得質的飛躍。

工具只有在經過烈火的淬煉，經過打磨才能變得鋒利。最高尚的品格也只能透過類似的方式得到鍛鍊。鑽石越堅硬，那麼色澤越明亮，就越需要打磨才能將其光輝展現出來。只有除去鑽石外面的雜質，才能完全展現

其美感。

要是沒有摩擦，燧石永遠都不可能激發出火星。一個人的潛能在沒有外界的激發，也不可能得到展現。

一輛電車突然發出刺耳的聲音，停在了路邊。一輛笨重的卡車朝著相反方向前進，想要將電車拉出來。但是，卡車的車輪在雨後的溼地上打滑，無法前進。卡車司機用力向前推，加上馬匹牽引，都無法阻止卡車打滑 —— 直到一位司機用鏟子將沙子倒在卡車輪子下面的輪胎上，卡車才緩緩前進了。一位路過的人說：「摩擦是不錯的東西。」

哲學家康得在觀察鴿子時發現，鴿子飛行時唯一要克服的障礙就是空氣阻力，要是空氣的氣流與鴿子飛行的路線是相反的話，那麼鴿子就能以更快的速度，更自在地飛行在天空。要是天空沒有風，鴿子就不得不在靜風狀態下風行，就有可能掉落在地面。可見，在飛行中遇到阻力，才讓鳥類得以在空中飛翔。

突如其來的緊急情況能造就偉人。要是美國沒有發生內戰，那麼許多戰爭英雄的名字就不會印在歷史的名冊上。

努力朝著人生更高目標前進，能讓我們獲得力量與自尊。在努力的過程中，必然會讓我們變得更加強大，雖然我們可能永遠無法達到某個位置或獲得追尋的獎賞。

在我們毫無目標、無所事事時，緊急情況通常能喚醒我們的力量與美德。我們經常看到一些年輕人在父母去世、失去財富或遇到一些災難時，迸發出驚人的能量與才華。監獄的生活激發了很多心靈高尚之人沉睡的潛能。《魯賓遜漂流記》是笛福在監獄裡創作的，《天路歷程》是班楊在貝德福德監獄創作的。華特‧雷利爵士（Sir Walter Raleigh）在 13 年牢獄時光

裡，創作了《世界歷史》。路德在被囚禁在沃德堡裡，翻譯了《聖經》。但丁在在流放的歲月裡堅持創作，甚至在面臨死刑時，依然無所畏懼，堅持寫作。

從一棵橡樹取下兩顆盡可能相似的橡子，將一棵橡子埋在山丘上，另一顆埋在茂密的樹林裡，觀察它們的成長。那棵獨自在山丘上成長的橡樹每天都經歷風雨的洗禮，它的根系朝著四面八方前進，牢牢抓住岩石，穿透了地面。它的每個根系都能成長為一顆巨大的橡樹，彷彿環境的磨練造就了它們頑強的生命力。有時，它的生長似乎在幾年時間裡停頓了，那是因為橡樹將能量都放在牢牢抓住岩石，以建立一個更為穩固的根基。之後，它就會像迅速生長，成為懸崖的一道風景。猛烈的狂風吹動著它的枝葉，只能讓它的樹幹變得更加堅強與牢固。

那棵種在茂密森林裡的橡樹，卻成長為一棵矮小脆弱的樹苗。因為森林其他樹木的保護，它不需要耗費多大力氣去穩固根基，因為它有其他樹木的幫助。

讓我們拿兩位性情品格盡可能相似的男孩作比較吧！讓其中一位男孩到鄉村生活，遠離城市喧囂的環境與繁華，在一個只有一間小學、主日學校與幾本書的鄉村裡生活。讓他缺乏金錢，沒有各種外界的幫助。如果他是一個真正有能力的人，他一樣能取得成功。在這樣的環境裡，他每克服一個困難就能讓他更有力量去面對下一個挑戰。如果他跌倒了，也能比之前懷著更大的信心去繼續面對。他會像一顆橡皮球，遇到的困難越大，反彈起來的高度就越高。障礙與困難只不過是鍛鍊為人品格的工具罷了。那些之前嘲笑他貧窮的人會反過來尊敬與認同他。讓第二個孩子出生在范德比爾特（Vanderbilt）的家庭吧！讓法國與德國的保姆整天侍候他，滿足他的每一個願望，讓著名的導師親自對他進行輔導，最後送他到哈佛大學讀

書，每年給他數千美元作為生活費，讓他周遊世界。

　　這對兄弟後來相遇了。那位在城市成長的男孩為那位在農村成長的弟弟感到羞恥。弟弟穿著樸素的衣服，一雙粗糙的手，褐黃色的臉，笨拙的舉止，都與他那彬彬有禮的哥哥形成了鮮明的對比。這位身處貧窮的男孩哀怨自己的命運，感嘆為什麼自己「沒有好運氣」，羨慕在城市長大的哥哥。他覺得上天在跟他開一個惡意的玩笑，造成了他們兄弟巨大的差距。

　　後來，他們再次相遇了，事情似乎發生了 180 度的轉彎。那位曾經身材健碩、自力更生的男孩與那位從小生活在富裕環境下成長的哥哥形成了鮮明的對比，這種對比就好比那棵在岩石上生長的巨大橡樹與森林中那棵幼小的樹苗。

　　當上帝想教育一個人時，祂不會將人放到安逸的環境下，相反，祂會讓人身處逆境。約瑟夫就是經過挖煤與地牢的生涯後，最後坐上皇位寶座的。我們都沒有意識到自身所具有的神性，沒有意識到心中的上帝在我們心中製造了一些「溝壑」，需要我們去填補，沒有意識到不幸是上帝需要我們奮發的一個信號。聖保羅曾被關在羅馬的監獄，約翰‧胡斯曾被關押在康斯坦茨湖，廷代爾死在阿姆斯特丹的監獄裡，米爾頓在大革命帶來的陣痛時，只能到阿爾蓋特大街輔導兩位男孩的功課。大衛‧李文斯頓一生甘願默默無聞，最後孤身一人死在中非一間黑人的小屋裡 —— 在他們眼中，自己的人生就是一場徹底的失敗，但是上帝為了讓他們成就盛名，又是多麼用心良苦啊！

　　兩位強盜碰巧路過一個絞架臺，其中一名強盜說：「要是世界上沒有絞架臺，那我們這一行就完美了！」「哼，你的智商真是堪憂啊！」另一名強盜不屑地說，「絞架臺就是為我們製造的，因為要是沒有絞架臺，每個

人都會去做強盜。」同樣的道理適用於每一門手藝、行業與追求。正是困難嚇退了絕大多數沒有能力的人。

「成功源於努力克服困難。」斯邁爾斯說，「如果沒有困難挫折，世上也就沒有成功可言了。正是在克服困難的過程中，我們找到了人類進步的主要原因 —— 無論是個人的進步或是國家的前進，都有賴於克服前行中的困難。正是遇到的困難，才讓我們發明了絕大多數的發明，不斷推動者人類的進步。」

「狠狠地打擊我吧！」費利克斯·孟德爾頌（Felix Mendelssohn）在一位評論家進入伯明罕合唱團時說。「不要告訴你喜歡的部分，直接說你不滿意的地方。」

約翰·亨特曾說，除非專業人士有勇氣向世人展現他們失敗與成功的案例，否則醫生就很難提高手術的技能。

「年輕人不要覺得世上有實現目標與理想的坦途，」皮博迪博士說，「一個人要是沒有遇到一些困難與挫折，即便取得成功，也無法感到愉悅。要是他們能以正確的態度面對挫折，那麼挫折也變成一種幫助。沒有比超越障礙與挫折讓我們更好地成長，獲得更大的好處了。」

塞凡提斯正是在馬德里的監獄裡創作了《唐吉訶德》。當時，他身無分文，最後差點連紙都沒有了，不得不要寫在皮帶上。有人要求一位富商向塞凡提斯伸出援助之手，但富商回答說：「上天在磨練他，讓他深陷困境。正是他的貧窮讓世界獲得寶貴的財富。」

貝多芬對羅西尼說：「有音樂天賦的人孩子如果從小生活在困境，那麼他就有可能成為優秀的音樂家。但如果他生活在安逸的環境，那麼他的才華就會被破壞。」

為了實現心中的目標進行絕望的鬥爭，我們才能收穫到最好的東西。

沃特斯曾說，努力獲得知識，不斷提升自己，鍛鍊心智，讓我們更加自律，讓我們的判斷更加正確，有助於我們獨立自主地生活，擁有自主的思想與品格的力量。

柯索斯曾這樣評價自己「一顆飽受風雨洗禮的靈魂，雙眼因為磨練而變得更加銳利」。

一旦雛鷹能像老鷹那樣飛起來，遠離了之前的巢穴，就能展翅藍天。牠在飛翔中遇到的挫折讓牠成為鳥中之王，擅長捕捉獵物。

那些早年遭受打擊、挫折與失望的男孩通常能「有所作為」，而那些從小沒有遇到什麼挫折的男孩，通常很難有所成就。

「真正讓我變得更加強大的，不是勝利，而是人生的失敗。」斯丹汗・波因茨年老時說。

在人類文明的開端，猶太人幾乎就開始遭受著壓迫，但他們卻為這個世界貢獻了最優秀的詩歌，最睿智的格言與美妙的音樂。他們遭受的迫害似乎讓他們不斷取得成功。他們能在別人挨餓的地方過著富足的生活。他們掌控著許多國家的經濟命脈。對他們來說，挫折就像是「春天的早晨，雖然到處一片迷霧，但很友善。徹骨的寒冷能夠殺死病毒，讓植物茁壯成長。」

克裡米亞戰爭期間，一顆加農炮彈落在一座城堡內，摧毀了美麗的花園。但在冒煙的地面上，出現了一道清泉，流著活水。正是讓我們痛哭流淚的悲傷與不幸讓我們的心更加堅強，獲得人生的經驗，感受全新的人生樂趣。

不要為失去的財富感到悲傷。造物主可能想看到你身上更為宏大與美

好的一面。但在你擁有財富時，這些是展現不出來的。你必須在失去財富、別人的幫助後，靠著自己的奮鬥，經過長時間的努力，才能成就真正的為人氣概。上帝可能知道你是一顆璞玉，但只有貧窮與苦難的錘鍊，才能讓你展現出真正的價值。

上帝知道我們人生最美妙的樂章在哪裡，祂深知只有不斷的磨練與砥礪，才能讓我們創作出美妙的「樂章」。暴風雨雪與轟轟雷鳴只能讓弱小的橡樹成長為堅固的橡樹。嚴寒的冬天與漫長的夏季一樣是必要的。橡樹只有在經過半個世紀的風雨，才能讓木頭足夠堅固到可以造船，實現其價值。要是沒有奮鬥，人就會缺乏品格、動力與力量，無法進一步前進。世界上最美麗與最堅固的樹木一般都不在熱帶地區，而生長在嚴寒地帶，因為那裡的樹木必須與風雪作戰，抵抗冬天的嚴寒。

很多人都是在失去一切後，才重新發現自己的。逆境讓他呼天搶地，只為了讓他發現自我。挫折、困難就像是鑿子與木槌，讓我們的人生變得更加堅強與具有美感。山丘上的岩石「抱怨」世人的開採，鑿子的聲響打破了它們數個世紀的「平靜」。採石工人用火藥去炸開岩石，用錘子敲打，弄成方形運輸出去。但是請你注意一下：看看那尊雄壯的雕像，在鑿子的雕琢下充滿了美感，向後世人述說著英勇的故事。

命運的急遽轉向或一些痛苦的挫折，不知讓多少原先一事無成的人擁有了耐心、堅韌的耐力及可愛的特質。

不知有多少商人在時運扭轉，失去一切財富；在疾病讓他們失去了珍視的健康後，才真正找到了自己的品格，成為真正具有美德的人。一般來說，在人生的「礦場」上，我們看不到雕像中天使的模樣，品格的雕塑，直到他們遇到不幸，困難與挫折讓他們不得不用鑿子在花崗岩上雕刻出富

於美感的塑像。

很多人在遭受磨難時獲得了救贖。閃電後騰起的濃煙可能讓他最珍視的希望窒息，但卻讓他黑暗的人生看到了一線光亮，得以窺探之前從未見到過的景象。他心中可能已經埋葬了最珍視的願望，卻讓他看到了本性中的耐心、堅韌與從未想到過的希望。

「逆境是嚴苛的老師，」艾德蒙德‧布林克說，「它是一位比我們還了解我們的人，也是一位比我們更愛我們的人。它與我們搏鬥，鍛鍊我們的神經，增強我們的能力。讓我們失望的事情正是幫助我們前進的動力。與困難挫折的搏鬥能讓我們更接近目標，強迫我們思考人生的各種關係，讓我們不再那麼膚淺。」

真材實料的人必然會展現自身的個性，克服重重困難，最後取得勝利的。你無法讓這些人失敗。每一次挫折似乎只能增強他們繼續前進的動力。

史上最偉大的人幾乎都是從逆境中奮鬥出來的。據說，從農村出來的人在擁有天才、天賦及美德方面的機率，是那些從小過著富裕生活的人的10,000 倍。

逆境讓蠢人惱怒，讓懦夫畏縮不前。但是，逆境能激發出聰明與勤奮之人的潛能，讓羞澀之人變得開放，讓富有之人變得謙遜，讓懶惰之人變得勤奮。逆境就像一場大海上的狂風巨浪，考驗著船員的能耐，激發他們的創造力、機能，磨練他們的韌性。一個始終一帆風順，從未遇到困難的人就像是 8 月分的地球，被陽光烤焦了，土地變得乾燥，無法種植莊稼。從逆境中成長起來的人，吸收著成就偉大的元素。

貝多芬在雙耳完全失聰，忍受著巨大悲痛時，創作了他人生最偉大的

作品。席勒在身體遭受疾病折磨時創作出了最傑出的悲劇，忍受了疾病15 年的折磨。米爾頓在雙目失明、貧窮潦倒與身體虛弱時，創作了《失落園》。他曾說：「誰最能忍受痛苦，誰能做的最好。」班楊曾說，如果可以的話，他會祈禱遭遇更大的挫折，因為這能帶給他更大的舒適。

一場奪取 100,000 人生命的瘟疫加上一場大火讓倫敦這座城市奄奄一息，但倫敦就像涅槃的鳳凰，在大火中獲得重生。今天，倫敦成為了世界上最美麗與具有力量的城市。

真正的火蛇能在熔爐的高溫下安然無恙。

我們很多偉大的詩人「出生在貧窮的環境，體味著痛苦，然後將它們寫成詩歌。」

拜倫 19 歲時出版了第一本書《慵懶的時光》，這本書招到了很多讀者的嚴苛批評，這激發了他要成為偉大作家的念頭。麥考利說：「歷史上，沒有誰能像拜倫這樣突然發出耀眼的光芒，達到那樣高度的人物。」短短幾年後，拜倫就達到了斯科特、騷塞與托馬斯・坎貝爾（Thomas Campbell）這些著名詩人的高度。他在 37 歲時去世，這個年齡對很多天才來說都是致命的。很多演說家都曾被說成是「結巴的傑克・庫蘭」或是「沉默的演說家」，正是別人的嘲諷激發他們最後成為優秀的演說家。

這是一個到處都需要「幫助」的時代。找尋「幫助」與「關係」的人到處都有。我們有學院、大學、老師、書本、圖書館、新聞報紙與雜誌等途徑去獲得知識。很多時候，我們都不需要去思考，因為我們的很多疑問都能找到「答案」了。很多學生在學校裡掌握了很多書本知識，卻沒有深入研究過某方面的知識。找尋「捷徑」與「快速的方法」是這個世紀的一大特徵。我們到處可見人們想破腦子讓大學學習如何變得更加輕鬆。新聞報紙

給我們灌輸政治觀點，向我們布道宗教的含義。自助與自我獨立似乎已經過時了。大自然似乎從一開始就明白延遲的幸福的含義，讓人首先面臨逆境，經過奮鬥，最後感受到勝利的喜悅，否則她從伊甸園開始就可以讓人類遠離負累，獲得解放。

但是，絕對不要誤解她的法令。她讓我們從低處獲得解放，只是想讓我們朝更高的位置前進。在她工作時，並不希望世人與她一樣。她讓我們的身體獲得解放，只為讓我們更好的利用智慧與心靈。

具有最強韌與堅定的品格的人是很難在居住在溫暖地帶的人身上找到的，因為那裡的人很容易從樹上獲得食物。這樣的品格只有在為了生存付出巨大努力，在嚴苛的環境下積極耕種貧瘠的土壤，最後獲得豐收的人才能找到。印度的佃農一天只能賺 1 分錢，美國農民一天能賺 1 美元，這絕對不是偶然。墨西哥蘊藏著豐富的礦產，但到處都是窮人；新英格蘭地區到處都是岩石，大部分地區冰雪覆蓋，人們卻過得很富有，這絕對不是偶然。正是為了維持生計，為了獲得財富，正是貧窮的激勵，才塑造了我們的為人品格，才讓人類擺脫了野蠻狀態。富於智慧的勞動者即便來到一個雜草叢生的世界，也能將它變成一個花園。

雕刻家只關心大理石中隱藏的天使形象，大自然也同樣只關心我們為人的品格。雕刻家並不太注重使用什麼石頭，大自然也對只會呼吸的人不大關心。雕刻家會削去所有多餘的材料，讓天使的形象得到展現。大自然也會不斷地削去我們多餘的東西，給予我們沉重的打擊，激發我們的潛能。她會讓我們失去財富，失去榮耀，打擊我們的夢想，讓我們從名聲的階梯上跌倒。總之，她會用各種方法去磨練我們，只為塑造我們的品格。為了獲得品格，人必須要放棄所有不必要的一切。

「英雄不是吃糖長大的，
而是每天都在用心動腦。
宮殿對他來說是一所監獄，
只有逆風揚帆才能讓他心舒暢。」

歡迎別人的每次指責，
讓柔軟的部位變得堅硬。
每個讓你坐立不安的傷痛，
都會讓你不斷前進。

—— 白朗寧

# 第七章　決心

下定決心，那麼你將獲得自由。

　　　　　　　　　　　　　　　　　　　　　　── 朗費羅

　　在我們的語言中，最具分量的詞語也通常是最為簡短的：「是」與「不」，其中一個表示贊同某事，另一個則表示反對某事。一個表示對某事滿意，另一個則彰顯自身品格。堅決說出「不」，意味著堅定的品格。違心地說出「是」，無論如何掩飾，都遮掩不住我們的軟弱。

　　　　　　　　　　　　　　　　　　　　　── T・T・蒙戈

　　這個世界就像一個大賣場，所有東西都有一個固定的價格，我們可能投入時間、創造力去購買。無論你是否身處富裕、安逸的環境，是否為人正直與具有知識，我們都必須要堅持自身的決定。不要為我們沒有別人所有的東西而抱怨。

　　　　　　　　　　　　　　　　　　　── 馬修・羅塞因斯基

　　人必須要能掌控自己的人生，不能讓人生掌控他。
　　他必須有能力立即決定如何去處理出現的錯誤。

　　　　　　　　　　　　　　　　　　　　　── P・D・阿莫爾

　　羅馬在共和國時期曾被高盧人圍困。羅馬人在被圍困一段時間後，想透過金子換取高盧人的撤退。據某個傳說故事，當卡米盧斯來到戰場，看見一些羅馬人正在用天平稱金子的重量。他立即用劍斬斷了天平，大聲宣布，羅馬人絕對不能用金錢去換和平，只能用刀劍去取得勝利。他的這種大無畏的英勇決心激發了羅馬人的鬥志，最後戰勝了高盧人，實現了和平。

　　遇到緊急情況，某位做事果斷、雷厲風行的人的出現，肯定會採取一

些對策，即便這些對策可能是錯誤的，但也能立即改變當前的狀況。這些人的出現就像從山頂上吹來的一縷清風，激勵著那些猶豫不決、不知該怎麼辦的人前進。

安泰阿卡斯‧埃皮法納在入侵當時受到羅馬保護的埃及時，羅馬派出一位大使到亞歷山大裡亞與埃皮法納會面，要求他立即撤兵，但埃皮法納給出一個模棱兩可的回答。這位勇敢的羅馬使者拔出劍，在埃皮法納身邊走了一圈，要求他給出明確回答，否則就同歸於盡。這位無畏的使者正是憑著堅定的決心，讓埃皮法納最後撤軍，避免了戰爭的發生。羅馬人的行事果斷，讓他們贏得了許多戰役，成為世界的征服者。世界歷史上所有偉大的成就都是果斷決定與雷屬風行之人取得了。

那些在人類歷史上留下印記的人，幾乎都是行事果斷的人。一個猶豫不決、舉棋不定，不知道該怎麼辦的人，連自己都無法控制，只能受別人的控制。這樣的人不是真正的人，只是一個追隨別人的走狗罷了。行事果斷之人並不會坐等順境的出現，他不會向環境屈服，會讓環境向他屈服。

猶豫不決之人總受到最後與他談論的人的影響。他可能知道哪條路是正確的，但卻漸漸偏離了正確軌道，往錯誤的道路走去了。如果他往某條路走下去時，遇到別人的反對，他也會經不起反對，然後改變方向。

在凱撒即將進入義大利國境的盧比孔河時，即便是他這樣一位意志堅定的人也曾猶豫再三，因為要是沒有羅馬議院的同意，任何羅馬將軍都不得進入義大利。但是，他當時面臨著「要麼摧毀我自己，要麼摧毀我的祖國」的選擇，此時，他勇敢的心沒有半點猶豫了。他說：「大局已定了！」，然後騎馬率領軍團朝義大利方向進軍。人類的歷史就因為他的果斷而徹底改變了模樣。凱撒曾說：「我來了，我看了，我統治了！」，他做

事從不猶豫，當機立斷。他就像拿破崙，擁有一種堅持選擇某個方向的能力，然後為了某個目標可以犧牲其他一切的東西。在凱撒的軍隊入侵英格蘭時，當地居民下決心死不投降。凱撒馬上意識到，他一定要讓士兵有不勝利便成仁的決心。為斬斷士兵們的後路，他燒毀了裝載他們前往英格蘭的船隻，以斷後路。凱撒的個性品格，最讓他取得了勝利。

在《失樂園》裡，撒旦從天堂裡被無情放逐後，依然保持堅定的決心，這甚至激發了讀者一種近乎崇敬的心理。在他度過了痛苦的幾分鐘後，擁有不可戰勝精神的他說出了這樣莊嚴的話：「如果我始終保持自我，去哪裡又有什麼所謂呢？」

選擇最適合的追尋目標，為了這個目標放棄所有其他無關緊要的想法，一旦犧牲這些想法後就永遠讓這些想法不再泛起，不受這些影響的分心，這是一種讓你可以獲得最後勝利的能力。有時，猶豫不決就意味你已經失敗了。事實上，那些總轉彎抹角、猶豫不決、拖延時間、再三權衡、糾纏於無關緊要事情、被一些細小的事情所影響的人，是永遠都不可能有大的成就。這樣的人做事不夠積極，心中充滿了負面情緒，所以必然難有作為。消極的人無法讓人獲得自信，只能招致別人的不信任。但是，積極樂觀、做事果斷的人，始終充滿了力量，能夠有所堅持。你能夠去權衡與打量他，你能夠估計他的工作與精力所能取得的成就。

據說，亞歷山大大帝在別人問他如何征服世界時回答：「我從不動搖。」

在定期郵船「斯蒂芬‧惠特尼」號在午夜時分撞到愛爾蘭海岸的懸崖上，那些趁郵船尚未沉沒，立即跳到懸崖邊上的乘客獲救了。他們在那一刻憑藉堅定的決心獲得重生。但是，那些在船上猶豫不決的乘客因為一個

回頭浪的衝擊，被永遠地沖走了。

　　猶豫不決之人永遠不可能成為做事果斷之人。要是我們無法做到做事果斷，那麼成功幾乎是不可能的。即便對那些最幸運的人來說，良機也不會時常光顧，即便光顧，也是轉瞬即逝。

　　「一個缺乏決斷的人」約翰‧福斯特‧達勒斯（John Foster Dulles）說，「永遠都不可能真正掌握自己。即便他勇於自己堅持的事業，一旦遇到微不足道的事情，都可能讓他在下一分鐘改變主意。然後，他會毫無廉恥地展現決心的毫無用處，以證明自己真正的決心與獨立。他屬於那種隨波逐流的人，只要一有風吹草動，他就會改變心意，正如河裡的樹枝，一旦被截住後，就會被捲入漩渦裡。」

　　果斷之人做事不會三心二意，不會拖延，從而省了很多時間，同時要比那些總是在與人辯論，權衡再三的人節省了許多能量與精力。果斷之人有一個占據主要地位的目標，他始終處在一個穩固的地位。那些做事猶豫不決的人很少會按照心意去做事，很容易會遵循別人的想法。

　　如果一個人學會了如何做事果斷，那麼他必然是一位做事有決心與速度的人。做事準時與決斷的人，要比猶豫不決、拖延時間與不知道該做什麼的人多做一倍的工作。迅速的行動讓拿破崙與格蘭特各自率領的軍隊抓住重要的作戰時機，從而避免了致命的失敗。拿破崙曾說，雖然一場戰役可能持續一整天，但真正重要的只是幾個重要戰機的把握，對這些時機的把握就是戰役的決定時刻。他之所以能夠征服歐洲，就是因為他在指揮的每場戰役中都行事果斷，注重每一個作戰細節。

　　目標的堅定與迅速的行動讓拿破崙取得了驚人的成就，震驚了全世界。他似乎能立即趕到所有地方。他在一天時間內取得的成就讓那些熟悉

他的人都覺得不可思議。他似乎能讓身邊的所有人都充滿了熱情，他不可戰勝的能量激發了法軍的作戰鬥志。他能立即激發士氣最低落的軍隊，鼓舞最愚蠢的軍隊行動起來作戰。他說：「所以假設性的問題都是不合時宜的，最重要的是做事要有速度。」要是必須的話，他寧願徹夜不眠，審閱稿件，做人事調動與安排作戰細節。拿破崙的人生對那些做事猶豫、缺乏目標與三心二意的人來說，是一個多大的啟發啊！

「查理五世的疑惑，」莫特裡說，「改變了文明世界的前途。」

華盛頓總統在決定人們的行動上具有多麼強大的影響力啊！在國會休會時，傑弗遜寫信給在巴黎的門羅說：「你可以從他們的行動看到一個我經常告訴你的事實──那就是，一個人的影響力要比所有人的影響力加起來都更大。華盛頓總統堅持自己的觀點，不顧國會議員的反對。共和政治這艘船的命運取決於掌舵者。」

每份工作或職業都會遇到很多困難，有時甚至看似無法克服的困難。要是年輕人在面對這些困難時，猶豫不決或選擇逃避，那他是不可能取得成功的。沒有堅定的決心，是不可能有足夠的專注力。要想取得成功，人就必須有專注力。

猶豫不決之人是不可能專心去做一件事的。他會在猶豫的權衡中浪費寶貴的精力，分散專注力，最後一事無成。他沒有足夠毅力去長時間堅持做一件事，所以成功無從談起。每當看到一份工作顯露出美好的一面，他就想去做這件事，覺得自己肯定能充滿熱情地去做，並覺得這就是自己人生的事業。沒過幾天，一旦工作出現了困難，他的熱情就消散了，他還奇怪為什麼自己會這麼愚蠢，選擇這樣的工作當成人生的事業。他覺得朋友選擇的工作更加適合自己，於是就放棄了這份工作，去做朋友那樣的工

作。他就這樣在舉棋不定中度過了一生，總是受一時看上去不錯的工作的誘惑，從未發揮過自身的判斷力與常識去思考，總是受到一時的興致影響。這樣的人不是按照自身的原則去做事，而是任著性子。你很難找到他，因為他今天在這裡做，明天又到其他地方做了，放棄了原先已經熟練的技能，不願為達到大師的水準付出代價。事實上，他很難度過每份工作的艱難期，從未覺得那份工作是真正適合自己，從未熟練從事某項工作。他們將時間都耗在了工作的初期階段，因為這段時間，困難還沒有遇到困難，所以他們也覺得很自在。這些人很難真正具有競爭力，也很難過上舒適自在的生活。

有一個故事是這樣的：一位具有神奇能力的人向一位美麗的少女承諾，要是她在穿過玉米地時能夠選擇最大最成熟的玉米時，就能給予她一件極為珍貴的禮物，但前提是只能向前走，不能回頭，也不能一路閒逛，只能沿著直線前進。她路過了很多既大又成熟的玉米，但她想採集最大的玉米，於是就沒有採摘。她越往前走，發現玉米越來越小。最後的玉米都沒有結穗。她羞於選擇其中任何一個玉米，最後兩手空空走出來玉米地，一無所獲。

亞歷山大大帝的心時刻被偉大的目標所激蕩。漢尼拔對羅馬人的仇恨激勵著他前進，甚至不惜穿越阿爾卑斯山脈去實現自己的作戰計畫。在士兵都在抱怨前路的困難，想要逃避危險與障礙，準備選擇一條更加穩妥的路線時，漢尼拔沒有說話，踏出了第一步，最後他們穿越了阿爾卑斯山脈，闖出了一條血路。做人要有堅強的意志，行事果斷，不要隨波逐流，不再像一根到處漂浮的稻草那樣隨風蕩漾。毫無主見的人就像那個站在博覽會十字轉門前始終進不去的人，別人都可以進去，就他不知道怎麼進入。

「成就大事的祕密是，」阿莫斯‧羅倫斯說，「成功人士養成了迅速果斷的習慣，因此能抓住時機。但是，一些人則總是再拖延時機，等時機已過了，才準備出發，結果一無所獲。」

絕大多數迷失在大城市的年輕男女之所以無所作為，是因他們缺乏對大千世界的誘惑說「不」的能力，受制於自身軟弱性情的局限。如果他們能在一開始下定決心，堅決地說「不」，就可能讓誘惑你的人永遠閉上嘴。但是，他們為人軟弱，害怕冒犯別人。他們不願意說「不」，因此失去了自我保護，很快就走上了毀滅自己的道路。在人生早期要是多一點自律，就能讓你踏上正途，取得成功。

一個古老的傳說是這樣的：一個蠢人與智者一起前進，他們來到了一條岔路 —— 一條是寬闊與平坦的大道，一條是狹隘崎嶇的小路。蠢人希望能走那條順暢的大道，但智者知道那條崎嶇的小路可能更快達到目標，而且也更加安全。但是，蠢人在最後的爭論中占據上風，於是他們就選擇了那條順暢的大道，結果很快就遭遇了強盜的搶劫，搶去了他們的財物，將他們當成人質。後來，他們與強盜都被員警捉住了，被帶到法官面前。智者辯稱這一切都要怪蠢人，因為是蠢人要選擇那條錯誤的道路的。蠢人辯稱說，自己是一個蠢人，每個有常識的人都不應該理會他的建議。最後，法官給予兩人同樣的處罰。法官說：「如果罪者慫恿你，你就該拒絕。」

沒有比猶豫不決更迅速在心靈中生根發芽了。在某人意識到自己真正做了什麼之前，他已經將人生遊戲完了。這都是因為他從未下決心認真做某事。很多失敗者的墓誌銘上都寫著這樣的字眼：「他做事三心二意」、「他做事總是慢一步」、「他為人拖延」、「他做事急躁」、「他缺乏目標」、「他缺乏毅力」與「他總是不守時間」。在人生的海岸邊，停靠著太多失事的船隻

了。這些船隻上的旗幟掛著「差點成功了」與「幸福的道路那邊」。

韋伯斯特曾這樣評價猶豫不決之人:「這些人就像大海的浪潮。他們從不前進,也不後退。他們只是在徘徊不前。」猶豫不決之人總受某些事情的控制,無法掌握自己的人生。他們的人生「都在為過往逝去的日子而抱怨」中流逝了。他們沒有能力當機立斷利用當前的機會,好好加以利用。

對那些懶散、缺乏目標與急躁的人來說,人生只不過是一場權宜之計的遊戲。他們沒有意識到,凡事拖延的習慣會讓他們失去品格,失去能力與遠離成功。他們的這種習慣會傳染到他們身邊的人。斯科特曾經告誡年輕人要遠離做事三心二意的習慣,因為這種習慣總是在你不經意的時候進入心靈,最後毀掉你美好的人生。「你的人生座右銘應該是:立即去做。」這是讓我們避免養成拖延習慣的唯一方法。不知有多少的時光消耗在賴床上,消耗在輾轉反側,不願起床上!很多人之所以一事無成,就是因為白白浪費了這些寶貴時光!巴爾頓無法克服這個壞習慣,但他知道這樣的習慣會毀掉他的一生,於是就命令僕人在早上某個時候一定要叫醒他。第二天早上,僕人過來叫他,但他一直說再等等。僕人第二次叫的時候,他說再睡一會。僕人知道,要是自己無法讓巴爾頓起床的話,他就要被扣掉1先令了。於是,他就打了一桶冷水,朝巴爾頓睡覺的被子澆過去,巴爾頓立即醒過來了。有人曾問一位精神有點問題的年輕人為什麼要睡那麼久,年輕人說:「每天早上,我都要召開會議。『勤奮』建議我立即起床,但『懶惰』建議我多睡一會。它們各列舉了20條理由。我身為公正無私的法官,聆聽了它們的陳述。當我聽完後,晚飯時間到了。」

一般而言,具有行事果斷品格的人都具有健壯的身體。那些以堅強品格著稱的人一般都有強健的體魄。軟弱的身軀是很難擁有堅強品格的,這

在那些擁有果斷能力的人身上更是如此。因為身體的疾病或缺陷通常會影響我們的決斷。總的來說，身體強壯的人顯得更有力量與氣勢。身體的虛弱、困乏或說話缺乏力氣，首先會削弱我們做決定的能力。

沒有比享有行事果斷的聲譽，更能讓你給銀行或朋友帶來更多的自信，帶來更大的幫助了。世人知道行事果斷的人會按時償還債務，並相信他們會準時做到。「你的第一項工作就是告訴這個世界，你不是木頭與牆頭草，而是一個具有堅強品格的人。」「讓世人知道你說話算話，知道你一旦做出決定，就是最後的決定 —— 絕不允許動搖。一旦你下定決心，就不會受其他的引誘或恐嚇。」

一些人一旦必須承擔重任，就覺得手足無措，不知道該怎麼辦。他們對決定事情有著天然的恐懼。要他們立即作出果斷的決定，就好比要他們面對各種疑惑、困難與恐懼，他們似乎沒有足夠的智慧與勇氣去超越這些障礙。他們知道猶豫不決對自身的進步有致命的打擊，但不知為何，他們沉浸在某種病態的反省中，似乎整個人都處於一種停頓狀態。他們的精力只夠去分析各種做事的動機，但沒有精力以實際行動去做好這些事情。他們總是分析完了繼續分析，研究完了再研究，就是不行動。不知多少人將他們失敗的根源追溯到未能在某個恰當時刻抓住機遇，未能在好的時刻抓住扭轉命運的千載一遇的良機。

據說，拿破崙手下的一名將領在戰術方面要比拿破崙更加精通，但這位將領缺乏迅速果斷的決定與高度專注力這些歷史上著名將領所必要的能力。格蘭特手下的好幾位將軍在戰術方面的能力不差於他，對國家的形勢也有深刻的了解，他們都接受過良好的教育，但他們缺乏格蘭特果斷決定的能力。無論格蘭特率兵到哪裡作戰，都要敵軍無條件的投降。格蘭特的決定彷彿是不可逆轉的命運，讓人沒有後路可退，沒有任何迴旋的餘地。

正是他不可動搖的決定讓「要是必須的話，打到夏天結束也在所不惜」的話語在荒原上回蕩，讓他在布克納將軍詢問有條件投降時說出：「必須要無條件投降」的鏗鏘話語。這大大提升了北方政府軍的士氣，決定了南方聯盟的失敗。林肯終於有了一位有果斷決定的將軍，政府軍首次在戰場上取得了主動權。

在這個競爭激烈的年代，那些走在時代前列的人無不是行事迅速果斷之人。這些人就像凱撒，破釜沉舟，自斷後路。在他拔出劍後，就將劍鞘扔掉，唯恐在沮喪與意志不堅定時將劍收回。成功人士必須要像納爾遜一樣，將旗幟高掛在桅杆上，不是取得勝利，就是與戰艦一起沉入大海。行事果斷與無所畏懼幫助很多成功人士安然度過危機，在這個過程中，稍有猶豫，就可能全盤皆輸。

第七章 決心

# 第八章
## 觀察是成功的因素

亨利・沃德・比徹沒有愚蠢到認為自己在缺乏系統學習、未對書本知識有全面深刻的了解時，依然能繼續前進。「在我第一次到布魯克林時，」他說，「人們還在懷疑我是否能養活自己。我回答說：『每天 9 點前，讓我有不受別人打擾的時間，我就不擔心接下來發生什麼事情。』」

比徹每天早上利用四個小時勤奮工作。那些看見他的人都以為他是到大街上收集布道演說的素材。

事實上，在比徹的布道演說，最為重要的素材都是他在大街上收集到的。

「比徹是在哪裡收集布道演說的素材呢？」每一位有志成為牧師的年輕人都會提出這樣的問題。比徹在某個場合回答：「我始終睜開雙眼，認真觀察事物，並積極提出問題。」

這是很多人成功的祕密所在 —— 他們始終認真觀察事物，提出各種問題。雖然比徹是一位閱讀廣泛的人，但他對神學著作並不是太關心。耶穌基督就是他的榜樣，他知道耶穌並不需要從古猶太最高評議會與最高法院的判決書上找尋布道的素材，而是在祂漫步在約旦河岸邊，觀察山丘、草地與加利利的村莊時發現的。祂能從偉大的主身上看到極其簡樸與自然的布道。

比徹的布道演說簡單，但振奮人心，讓人變得強大。他的布道演說充滿了生命活力，彷彿流淌著鮮紅的血液。他就像耶穌基督，走出家門，從大自然與生活中找到教義。他在集市、華爾街與商店等地方，透過細心的觀察，找到了布道的素材。他能從與刹車工、機械工、鐵匠、勞工、報童、列車員、職員、律師、醫生及商人的交談中，得到他想要的知識。

他並不像其他牧師那樣過分關心過去發生的戰役，也沒有從中汲取太

多的素材。他想親身經歷這個世界，親自感受人生的冷暖。在人生這場戰役最激烈的時候，遇到問題最多的地方，就有他的身影。現在，我們遇到的奴隸制問題，政府管理、商業與教育方面的問題。凡是深深影響人們生活的問題，都是比徹認真觀察與研究的問題。他總是把手按照時代發展的脈搏上，與時俱進。形形色色的大千世界，才是他真正關心與認真觀察的。

　　一旦他嘗到了研究日常鮮活的人生所帶來的力量與裨益，就投入更多的精力去研究真實的人生故事。除了研究《聖經》之外，他翻閱人生這本大書，從日常生活中遇到的每個人身上汲取新鮮的養分。

　　比徹認為，如果一場布道演說不能驅除異端邪說，無法讓聽眾懷著更大的決心不斷前進，無法讓他們將工作做的更好，以更加飽滿的精神投入到工作中去，無法讓他們決心為這個世界做出一份貢獻，那麼這場布道演說就是失敗的。

　　比徹不僅是洞察人性的高手，也是觀察自然的能人。我曾多次聆聽比徹的演說，完全沉浸在他說描述的自然風光，皚皚的雪山所具有的壯麗與雄偉讓我神往。他非常喜歡雪山，在那裡度過了多個夏季。

　　每個週六，他總是在下榻的酒店進行布道演說。很多人從四面八方趕過來聽他演說。他的演說中有一種能打動所有人的因素。演說中描述了壯麗的山川、遼闊的大海與讓人著迷的日落，還會談到白雲、雨雪、陽光與風暴。在他的演說裡，鮮花、田野、小溪或記錄歲月痕跡的岩石與高山，還有河上穿行的汽艇、蒸汽船。他也會談到失去父母的孤兒、災難與事故，還有生活的各種瑣事。他的演說貫穿著幸福與陽光、小鳥與花草，也有貧民窟的匱乏，躺在醫院病床上奄奄一息的人，參加葬禮的遊行隊伍。

成功與失敗之人的人生畫像，沮喪與鬱悶，快樂與歡欣，樂觀與悲觀，都從他的口中娓娓道來，讓聽眾如痴如醉。

　　無論到哪裡，比徹都在認真觀察生活。他覺得沒有比觀察生活更有意思的事情了。對他來說，人是世界上最值得研究的。他覺得牧師最重要的成就，就是適當地評價人的價值，強調人性的美好，區分人的真誠與虛偽，穿透人性的面具，讀懂真正的人性。

　　與從魚類及沙子的觀察中獲得知識的阿加西教授類似的是，比徹也有一雙銳利的眼睛，能從平常事物中看到美感。他能在別人只看到醜惡與紛爭時，看到美感與和諧，因為他能讀懂事物的內在含義。在這方面，比徹有點像羅斯金，能在最卑微的事物中看到讓人驚訝的哲學與神性計畫。他能從造物主創造的所有事物中感受到神性的存在。

　　「細緻入微的觀察，」赫伯特・史賓賽（Herbert Spencer）說，「是獲得偉大的必要元素。」敏銳的觀察能力是人生成就偉業的重要因素。

　　「還是交給奧斯勒吧！」某位醫生就一位命懸一線的病人的研討會上說。然後，約翰・霍普金斯教授開始檢查病人的身體。他沒有詢問病人的情況，因為過往的經驗已經讓他知道了病人到底是處於怎樣的狀態。他仔細觀察病人的症狀、呼吸、眼睛的神色 —— 這一切表面的特徵都在說明著病人的情況。他能像閱讀一本翻開的書那樣一一看清。他能看到其他醫生看不到的症狀。他建議進行一系列手術，術後，病人就恢復了。雖然當時在場大多數醫生都不同意他的做法，但他深信自己觀察病人症狀的能力，因為其他醫生都沒有看到這些情況。最後，眾多醫生只能同意他的建議。奧斯勒教授被稱為「活著的 X 光機」，他對解剖學十分熟悉，甚至能觀察到其他醫生發現不了的微小病症。

天生具有神奇觀察能力具有無比重要的價值。比徹透過雙眼、雙耳觀察這個世界，吸收著各種知識。對他來說，觀察自然與世界要比接受大學教育給他帶來更多的知識。他不是一名著名學者，也不像他的一些同學身處高位，但他的心智能夠洞察事物的本質。

　　林肯就是透過對所觀察事物的反思，進行自我提升的最佳例子。他經常停下來思考觀察到的事情，然後從這些事情中汲取經驗與知識。無論到哪裡，他在心裡總是會提出一些問題。在他觀察研究某些事物時，必須要在發現其中的祕密後才會放手。他對知識充滿了熱情，他盼望知道事物的含義，知道日常發生的事情背後所具有的哲學含義。

　　羅斯金說：「能說會道的人很多，但能夠思考的人寥寥無幾。思考的人有很多，但能觀察的人只有一個。」

　　我曾與兩位年輕人一起出國旅行。其中一個年輕人觀察能力很強——任何事情似乎都無法逃過他的雙眼——另一人雖然視力很好，卻不善觀察。在離開一座城市後，後者幾乎回憶不起任何有意義的事情，但是前者則有觀察事物的天才。在他同伴看來瑣碎的事情，對他來說卻是意味深長。他是一位貧窮的學生，但他旅行回來後給家人帶來很多有趣的故事，另一位不善觀察的年輕人雖然家庭相對寬裕，但卻沒有給家人帶回任何有價值的東西。

　　最近，我到路德・布林班克——這位傳奇的園藝家美麗的花園進行參觀，對他神奇的觀察能力印象深刻。他對水果與花朵進行細緻入微的觀察，這讓他在栽培花卉與園藝方面取得巨大的成就。在他眼中，即便是耷拉與醜陋的花朵與水果，也會變成一種奇蹟，閃耀著美感。

　　不久前，喬治・W・科特柳（George W. Cortelyou）還是一位速錄師。

很多人覺得他一輩子只能做速錄師了，但他為人觀察細緻，總是在找尋著機會。後來，他獲得了提拔。他總是在為前進做好準備。他是一位細緻的觀察者。要是缺乏這種迅速吸收知識的能力，他是很難迅速前進的。

想要有所作為的年輕人必須要眼觀六路，耳聽八方，保持開放的心態。為人做事要迅速、敏捷，隨時保持積極的態度。

我認識一位年輕的土耳其人，他來美國只有一年，但他已能說出流暢的英文。他研究了美國的地圖，知道美國的地理狀況，也了解了美國的相關歷史，知道美國所具有的資源與存在的機會。他說，當他第一次來到美國時，發現美國一個街區存在的機會就要比整個土耳其還要多。他不明白為什麼我們美國的年輕人會顯得如此昏沉、缺乏活力與為人冷漠。

做事高效的人總是在不斷追求著進步，這些人總在累積著各種知識。他並不單純用雙眼審視這個世界。他會保持開放的心態，接受新穎與有價值的事情。

絕大多數人都沒有真正「觀察」事物，他們只是在「看」事物。敏銳的觀察力就說明了一種強大的心智慧力，因為真正讓我們洞察事物的，不是視覺神經，而是我們的心智。

大多數人的心智都太懶散，不願意仔細觀察事物。細緻入微的觀察力是一種重要的心靈過程。心靈總是在思考眼睛所見到的事物時，進行思考、形成觀點、仔細評估、權衡，然後在認真計算。

粗心冷漠的觀察並不能讓眼睛給心靈提供足夠多的思考素材。如果心智不能專注，那麼投射到心靈的鏡像就很模糊，也無法讓大腦全面細緻地進行審視，獲得精確的評估。

觀察能力對修養來說特別重要，因為這能培養成一種重要的能力。很

少人意識到眼睛作為觀察的媒介在獲取成功與幸福的過程中扮演了多麼重要的角色。

電報、縫紉機、電話、望遠鏡、電學的奇蹟，事實上，無論是過去還是未來，每一項偉大的發明、每一次節省勞力發明的勝利、科學與藝術領域每一次的發現，都是因為那些具有很強觀察力的人發現或發明的。

豐富大腦的祕密，就是要保持敏銳與警覺的專注力，保持全面的思考。冷漠、麻木、心靈的困乏與懶惰對有效地提升觀察力都是致命的。

要培養一種抓住事物主要特徵的觀察能力，其實並不需要耗費多長時間。

培養孩子的觀察能力，比較好的方法是，帶他們到大街或室外的任何地方，讓他們盡可能在規定時間內發現盡可能多的事物，並要求他們盡可能進行細緻的觀察。只需要看看他們能記住多少事物，就是對他們一種很好的鍛鍊方式。孩子們很快就會喜歡上這樣的遊戲，這對他們日後的人生具有無比重要的價值。

在其他條件都相等的情況下，觀察力強的人能更進一步。你要以一雙洞察事物的「鷹眼」進入這個社會，不要讓任何事情逃過你的雙眼。你要自問一下，為什麼那些 50 ～ 60 歲的老闆依然在營運著企業，本來 18 ～ 20 歲的年輕人應該做的更好一些才對啊！因為這些年紀較大的老闆會研究他的員工，知道如何分析局勢。你可能發現老闆從未發現員工擁有良好舉止所具有的價值。老闆可能覺得，如果一位職員為人誠實，那麼他就可能成為一名優秀的銷售員，但也許員工粗魯的舉止可能趕跑了老闆用廣告吸引過來的顧客。顧客可能在尚未進入商店前，看見櫥窗展示，就能看到裡面沒有幾個顧客。如果你能睜開雙眼認真觀察，就會發現這位老闆很難做

的很大。你會發現稍微對人性多些洞察，都能讓這位老闆生意在幾年內翻好幾倍。你會發現這位老闆不懂得研究人性，對人性缺乏足夠的了解。

　　無論你到哪裡，都要研究當下的形勢。試想一下，如果一個人做的不是很好，始終過著平庸的生活，原因到底出在哪裡呢？如果別人能取得不俗的成就，就要找出其中的原因。要做到眼觀六路耳聽八方，然後在慢慢對你所聽所見的事情進行提煉。你要學會研究困難到底難在哪裡，要找尋成功與失敗的原因。這將是你取得成功最為重要的因素之一。

# 第九章　自助

我的兒子，你要記住，最優秀的人都是靠自己的。

—— 派翠克·亨利

天生為奴隸的人，難道你不知道要想獲得自由必須要掙脫枷鎖嗎？

—— 拜倫

那些等待別人去完成他事業的人，

只能默默死去，無法實現心中所願。

—— 羅威爾

「克羅基特上校會為自己創造一條道路。」一位來自美國偏遠地區的眾議員在回答白宮發出的「為克羅基特上校創造一條道路」的口號時回答。這位勇敢的人不懼怕反對美國的總統。他寧願選擇過正確的生活，也不願昧著良心當總統。克羅基特雖然是一位教育程度不高、不拘小節的人，卻是一位勇敢與富於決心的人。

「貧窮是讓人感到痛苦的，這點我可以作證。」詹姆士·艾布拉姆·加菲爾說。「但對年輕人來說，最好的事情就是將他們扔到大海裡，讓他們學會游泳。在我所認識的人中，還沒有遇到一位因為不懂游泳而需要營救的人。」

加菲爾是美國歷史上最年輕的眾議員，他花了 60 天才讓其他議員認可他的能力。無論到哪裡，他都充滿自信。他能取得成功，是因為世人都無法阻擋他的前進。一旦他獲得前進的機會，就會懷著勇敢的心與從容的態度去面對，發揮自身潛能，展現自身的才華。

「展現出你的態度與才華，」愛默生說，「那麼人們自然認可你。這個世界是公平的，每個人都有改變自身命運的機會。」

「堅信自己能夠獲得成功的人，基本上一隻手觸摸到成功了。」李維說。

理查‧阿克萊特（Richard Arkwright）是家中的第 13 個小孩，出生在一間小屋。他從小沒接受過教育，也沒有什麼機會，但他發明了紡織機器的模型，對英國的工業革命產生了女王陛下都無法達到的影響力。

安德里亞‧索拉里（Andrea Solario），這位到處流浪的吉普賽修補匠，深愛著畫家科爾‧安東尼奧‧德‧菲奧里（Cole Antonio de Fiori）的女兒。後來他知道，想要娶他的女兒，他就必須成為一名畫家。「你能給我 10 年時間去學習繪畫嗎？到時候我回來迎娶你的女兒。」最後，菲奧里答應了。他覺得，以後這位讓人厭煩的吉普賽人就不會纏著他女兒了。

大約 10 年後，國王的姐妹向安東尼奧展示了一幅描繪聖母及她孩子的畫像，安東尼奧對這幅畫讚不絕口。後來，他才知道這幅畫的作者正是索拉里。最後，索拉里迎娶了安東尼奧的女兒。

路易士‧菲力浦說，他是歐洲唯一一位有能力統治國家的人，因為他懂得為自己擦鞋。

美國一位自學成才的總統在被人問道出身在哪個名門望族時說：「一個貧苦家庭。」

能爬到最高位置的，並不都是天賦秉異之人，但他們都擁有高尚的心靈與堅定的目標。相反，身處最高位置的人一開始都沒有什麼機會，最後卻贏得了財富。他們在與逆境的奮鬥中奮起，不斷前進。正所謂：

「盛名都在艱辛後獲得的。」

對勇於迎接挑戰的人來說，世界沒有什麼是不可能的。普通人透過誠實的努力，最終可能達到了天才所無法達到的高度，讓世人感受到他的

偉大。

　　你可能給子女留下了數百萬的財富，但你真正給他們剩下了什麼呢？你無法將讓你獲得成功的自律、經驗與力量遺傳給你的子女；你無法將成功的喜悅、成長的歡欣、勝利的自豪與做事精確、富於條理、敏捷、耐心、有始有終、誠實交易與禮貌等習慣所鍛造的品格遺傳給你的子女。你無法將財富背後隱藏的能力、睿智、耐心遠見遺傳給你的子女。這些東西對你來說極為重要，但子女卻始終無法感受到這些。在獲得財富的過程中，你鍛鍊了自身的肌肉、動力與力量，始終保持在高位，賺到百萬財富。你的能力完全源於過往的人生經歷，這種人生閱歷讓你能在高處始終保持清醒的頭腦。財富對你來說只是一種經歷，意味著歡悅、成長、自律與品格。對你的子女來說，財富是一種誘惑，讓他們感到不安，甚至可能將他們矮化。對你來說，財富可能讓你展翅高飛，對他們來說財富可能是壓死駱駝的一根稻草。對你來說，財富意味著教育與拓展自己；對他們來說意味著懶惰、軟弱與無知。你的財富讓子女失去了為了生計而奮鬥的動力，但這種動力讓人在世界歷史上取得豐功偉業。

　　你覺得命運從一開始讓你失去一切，所以你想讓子女能享受榮華富貴。你覺得自己從小生活在破舊的農場，希望日後能讓子女免於奮鬥、遠離負累與匱乏，獲得高等教育機會，並覺得為此付出是值得的。但是，這樣做其實是用一隻手扶持你的子女，而不是鍛鍊他們的能力，你已經剝奪了讓他們自我成長的機會，讓他們無法實現自我提升、自律與自助。若是沒有這些特質，成功是不可能的，人也不可能獲得真正的快樂，塑造偉大的品格更是無從談起。從小生活在衣食無憂的孩子的熱情可能會消散，他們的能量可能在放縱揮霍中耗盡，不願意為自我提升做出努力，最後只能默默死去。如果你替代子女去奮鬥，那麼他們在 21 歲時，只能還是一棵

「幼苗」。

「我的人生是一場悲劇，」賽勒斯‧W‧菲爾德說，「我的財富消散了，我的家庭充滿了恥辱。唉，在我覺得對兒子愛德華很好的時候，其實是在害了他。要是我有足夠的定力，就該讓他自己自食其力，他就能懂得金錢的價值了。」菲爾德的桌上堆滿了許多國家頒給他的獎章與榮譽證書，表彰他用電纜聯通兩大洲的思想交流所做的偉大貢獻。在他得知兒子為清白的家族帶來汙點時，感到極為悲傷，這種傷痛要比毒蛇的毒牙更讓他感到痛苦。

在西元 1857 年的金融危機時期，瑪利亞‧蜜雪兒訪問英國。她問一位英國女士，要是女孩們在父母去世後一無所有，她們該怎麼辦時，這位英國女士說：「她們依靠哥哥弟弟。」「那美國的女孩遇到這種情況會怎麼做呢？」英國女士問道。「她們會靠雙手養活自己。」蜜雪兒女士回答。

那些一輩子都在依賴別人的人是很難積極應對危機的。一旦不幸來臨，他們就必須找別人去依靠。如果他們找不到可以依靠的人，只能一直往下墜落。他們就像被傾覆的烏龜或從馬上摔下來的武士，再也無能為力了。很多出生在邊遠地區的男孩能取得出乎人們意料之外的成就，是因為他們從小就沒有什麼可以依靠，只能完全靠自己的努力前進。

「一個人最好的朋友就是他的 10 個指頭。」羅伯特‧柯依爾說。他曾與妻子一起乘坐最低票價的艙位來到美國。

世上沒有一種能必然鍛造為人品格的機器。你所說的「沒有機會」可能正是你唯一的機會。你要懂得自己去創造機會。不要等待別人拉你一把，要學會自己拉自己上來。亨利‧沃德‧比徹並沒有等待著到大教堂裡做牧師，沒有想著一開始就獲得高薪。他到辛辛那提附近的一個小鎮的教

區裡擔任牧師，基本負責了教堂大大小小的事務。他要裁剪燈芯，點燃蠟燭，打掃房間，按時打鈴。當時，他的年薪只有 200 美元，但他知道一開始到大教堂或領取高薪是不可能讓他成為優秀的牧師。他所需要的是工作與機會。他覺得要是自己真有能力，那麼必然會在工作中展現出來。

　　貝多芬在審視莫斯切利斯的作品，發現曲譜的最後寫著「終。感謝上帝相助」的字眼。貝多芬就在下面寫了「人需自助，後天能助也。」

　　一位年輕人急躁地站在橋上，看見一些釣魚者在橋上釣魚。他出生貧窮，找不到工作。最後，他看見一位釣魚者攜帶的籃子裝滿了魚，嘆了一口氣說：「要是我現在能擁有這些，我會感到很快樂。我會賣掉這些魚，去買食物，租房子住。」「我可以送這些魚給你，」釣魚者在聽到年輕人的感嘆後說，「如果你能幫我一個小忙。」「什麼小忙？」年輕人問。「幫我看著魚竿，直到我回來。我要去辦點小事。」年輕人愉快地接受了他的建議。釣魚者去了很長時間還沒有回來，年輕人開始感到不耐煩了。同時，魚在貪婪地咬著魚鉤，他感到一陣興奮，忘記了所有的鬱悶，將魚釣上來。那位釣魚者辦事回來後，年輕人已經釣上了很多條大魚。釣魚者數了一下籃子裡的魚，送給了年輕人。釣魚者說：「我兌現了承諾。我希望你能明白，無論什麼時候，當你看到別人得到某些東西時，你也應該去爭取，而不是將時間浪費在愚蠢的願望。你必須為自己的人生去釣魚。」

　　在蘇格蘭的一個湖，一艘船即將傾覆，船上乘客在大聲尖叫。就在危機當頭，一位身材魁梧的人滿懷恐懼地說：「讓我們祈禱吧！」另一位粗獷的老船員說：「不！不，我的乘客！讓這個小人祈禱吧！你們必須用槳櫓來划船。」

　　有史以來最偉大的財富都是那些一開始沒有資本，憑藉智慧與意志，

不斷奮鬥的人的結晶。從克羅伊斯到洛克斐勒，這些創造財富的故事都在訴說著同樣的道理。他們不僅僅獲得財富，還獲得了名聲。取得最大成功的人，基本都是那些最依賴自己的人。

「居住在『討厭工作』縣的『遊手好閒』區的男性居民。」一位畫家諷刺地說，「覺得沒有一條康莊大道讓他們遠離貧窮，獲得獨立。因此，他們請求政府向整個縣的人徵稅，用碎石鋪成一條寬闊與平坦的大道，讓他們可以越過山丘，到達更美好的地方。」

「每個人都是自身命運的控制者。」薩魯斯特說。

人不僅是自身命運的設計者，更需要為實現自身的目標添磚加瓦。貝亞德‧亨利‧泰勒（Bayard Henry Tyler）在 23 歲時寫道：「我要成為心靈雕塑的雕刻家。」他的自傳向我們展示了他是如何用「鑿子」與「錘子」雕刻心中的天使。

工作是世界上唯一通往真正成功的「法定貨幣」。上天只會接受你的勤勞努力，除此之外，其他都不會理會。你永遠也不會發現成功的「價格」打折了。通往成功的大門不是那麼容易就可以敞開的，每個想進去的人都只能親自打開，一旦進入後這所大門就會緊閉。

環境很少特別照顧那些偉人。他們的勝利是在戰勝困難與各種挫折後取得的。卑微的出身與貧窮的家庭並不是阻擋你取得偉大成功的障礙。農民的孩子占據了國會的多數議席。出生卑微的人作出了許多重要的發現，成為了許多銀行的行長，成為了學院的院長，大學的校長。貧窮出身的男女創作了許多優秀的文學作品，成為最優秀的老師與新聞記者。到我們的大城市詢問一下那些著名人物的出身，他們肯定會告訴你，他們都是出身在農場或小鄉村。大城市的大部分資本家都是來自農村的。

　　艾薩克‧里奇（Isaac Ricci），波士頓大學的創辦者，從科德角到波士頓的路上，身上只有 4 美元。他與霍勒斯‧格里利一樣，從小沒有獲得什麼機會，但這又有什麼關係呢？他自己創造機會。他找了一個落腳處，在街角的一處地方賣起了牡蠣。他向人借了一架獨輪車，到 1.5 公里外的養殖場批發了 3 蒲式耳的牡蠣，然後推車回到他的檔口。這樣的小生意讓他賺到了 130 美元，後來他買了馬匹與馬車。

　　自助幾乎讓人成就世界上所有偉大的事情。不知有多少年輕人停滯不前，始終無法實現目標，就是因為他們沒有開始的資本，一味等待著好運氣拉他們一把！但是，成功是負累與堅持的「孩子」，是絕不可能透過甜蜜的言語去哄騙或用金錢賄賂的。只要你能為成功付出相應的代價，你就能獲得它。現在那些談論自己沒有機會的男孩能跟艾利胡‧巴里特相比嗎？巴里特在一位鐵匠那裡當學徒，白天的時間都在熔爐邊度過，只能利用晚上時間，點起蠟燭去讀書。但是，他堅持在吃飯時看書，將一本書隨身放在口袋裡，抓住每個閒置時間閱讀，利用晚上與假期的時間去閱讀。他就是將其他人肆意浪費的時間利用起來，學習了很多知識。在那些富人子弟與懶惰者躺在床上睡大覺、伸懶腰，不想睜開惺忪睡眼時，年輕的巴里特在抓住每個機會提升自己。在他 30 歲時，已經掌握了歐洲幾乎每一門重要的語言，準備開始研究亞洲的語言。對於像巴里特這樣的男孩，原本有什麼獲得名聲的機會？

　　也許，正在閱讀這本書的年輕人都有取得成功的好機會呢！但年輕人要想取得成功，就必須渴望知識，有不斷提升自己的欲望，有勇氣克服前進道路上的障礙。

　　如果正與逆境作鬥爭，想出人頭地的美國年輕人能明白一點，即被世人稱之為天才的人，90% 都是憑藉堅持、決心，透過艱苦的努力，專注於

目標，最後獲得天才的稱號。這些「天才」給我們帶來了全新的希望。有趣的是，那些經常滿口談論天才的人一般都是最努力的人。越是懶惰的人，就越喜歡談論天才創造的豐功偉績。

最偉大的天才都是最偉大的勞動者。謝立丹曾被視為天才，但人們發現，他讓整個國會為之驚嘆的「名言」與「隨手拈來的睿智話語」，都是他平日裡精心收集、經過打磨與錘鍊的，然後記錄在備忘錄裡，以便能在關鍵時刻使用。

天才被定義為耗費巨大心力去克服困難的人，這個定義是很正確的。如果當代某些獲得巨大成功的人能向當代的年輕人說明，他們所獲的榮譽，是因他們勤懇的工作與不懈的努力獲得的。這對年輕人來說，將是多麼巨大的鼓舞啊！我經常在書中表達這樣的觀點：若是那些沮喪與處於奮鬥中的年輕人能明白一點，即心痛、頭痛與神經疲憊，或讓你沮喪的考驗，讓你鬱悶的時光，工作帶給你的恐懼與絕望，只能讓你贏得世人的讚賞，讓你發揮出最大的潛能。你可能心懷愉悅在幾分鐘或幾小時內讀完一首詩歌或看完一本書，但作者可能耗費數月去打磨書中的細節，期間的負累可能讓作者對自我產生懷疑。

歷史上最優秀的文學作品都是作家一再修改，一行行地審閱，一段段地打磨，最後甚至重寫 10 幾次後才面世的。作家在創作時付出的艱辛能讓他們的作品承受住時間的考驗。盧克雷提爾斯一生創作了一首詩歌，這首詩歌耗費了他一生的精力。據說，拜倫將《死亡觀》重寫了 100 次，即便如此，他還不是很滿意。約翰·福斯特·達勒斯有時會耗費一個星期思考一個句子。他會不斷斟酌、打磨、潤色句子，或對自己所寫的文字進行嚴格的審閱，直到滿意為止。查爾莫斯曾問福斯特在倫敦過得怎樣，福斯特回答說：「很艱難，一個星期只能寫出一行詩歌。」

即便培根爵士，這位被稱為偉大的天才，在去世時留下了很多頁的手稿，上面寫著「各種待用的奇思妙想」。休謨為了完成《英國的歷史》，每天工作 13 個小時。愛爾頓爵士的淵博的法學涵養震驚了世界，但他小時候甚至沒錢買書學習，不得不向人借來厚厚的法學著作，然後重新抄寫一遍。馬修‧海勒多年來每天堅持花費 16 個小時研究法律。在談到福克斯時，人們會很自然想起他創作的《點滴》。盧梭談到在創作流暢生動的文章所付出的辛勞時說：「我的手稿很凌亂，到處都有修改的痕跡，別人基本上都無法閱讀。文章裡每一行字都是我修改 4 ～ 5 次後才出版的。有時，我甚至會花費 5 ～ 6 個晚上去思考這些作品是否適合出版。」

貝多芬在創作音樂作品時所耗費的心力，也許遠遠超越其他音樂家。在他的音樂作品裡，每一個音符都是他至少修改了 10 幾次以上的。他最喜歡的格言是：「對勤奮與有志向的年輕人來說，藩籬還沒有豎起來呢，僅此而已。」吉本的自傳寫了 9 次。無論是早上或晚上，夏天或冬天，他都堅持早上 6 點起來創作。但是，現在那些浪費晚上時光的年輕人還在驚嘆著吉本創作出《羅馬帝國衰亡史》時所發揮的天才。殊不知，吉本耗費了 20 年的時間創作這本巨著。即便是歷史上最偉大作家之一的柏拉圖在寫《共和國》這本書時，第一句話就用了 9 種不同的寫法，最後才感到滿意。布林克為哈斯丁斯所作的辯護陳詞，修改了 16 次。巴特勒創作的著名《類比法》，修改了 20 次。維吉爾耗費 7 年時間創作〈田園詩〉，花費 12 年時間創作了〈埃涅阿斯紀〉，他甚至還對〈埃涅阿斯紀〉感到不滿，想從病床上爬起來，燒掉手稿。

海頓在一個貧窮的家庭成長，他父親是一名馬車夫。長大後，他沒有什麼朋友，過著孤單的生活，後來與一位女僕結婚。後來他離開家，去幫一位音樂老師做跑腿活。在此期間，他學習了很多有關音樂方面的知識，

但他一直遭到各種迫害，最後定居到維也納當一名理髮師，才算安定下來。在維也納，他曾為一名很有影響力的人擦鞋，此人後來成為他的朋友。西元 1798 年，這位貧窮家庭出身的孩子創作了宗教劇《造物主》，公演後給音樂界帶來了極大的震動，就像一顆之前永不落山的「太陽」。他受到了王子公孫的接待，與國王王后等人一起就餐。他終於為自己贏得了聲譽，從此再也不需要從事理髮的工作，也脫離了貧窮的生活。但在他一生創作的 800 多齣音樂劇裡，《造物主》始終是最優秀的。他死在拿破崙進攻維也納時，當時一顆炮彈落在他家的花園，導致他受傷去世。

像卡瓦納爵士這樣沒有手腳的人能夠當選為國會議員，像弗朗西斯・約瑟夫・坎貝爾爵士（Sir Francis Joseph Campbell）這樣雙目失明的人能夠成為著名的數學家、音樂家與慈善家，我們也應該從中吸取教訓，懂得如何最大限度地發揮潛能，利用機會。也許，99％的人在面對這樣的逆境時，都會感到極度無助，需要別人的幫忙。如果你的人生是不斷去累積財富，而不是發掘大腦潛能，如果你的天賦是從事商業經營，而不是專業方面的研究，那麼你都要加倍努力，做到最好。

蘇格蘭格拉斯哥一位手套製造商的學徒過著極為貧窮的生活，買不起蠟燭，無法在晚上學習。他只能到商店的櫥窗邊利用微弱的燈光學習。在商店關門後，他就爬上路燈，一手扶著路燈的登柱，另一手拿著書。這位貧窮的男孩要比絕大多數的美國男孩都缺乏機會，但他後來成為了蘇格蘭最著名的學者。

法蘭西斯・派克曼一隻眼睛失明，儘管遭受這樣的打擊，但他還是成為了美國歷史上最偉大的歷史學家之一，因為他沒有其他人可以依靠，只能靠自己。個人的價值就像一枚自己打造的硬幣，幣值多大，完全視乎自己的努力。富蘭克林一開始不過是一位貧窮的印刷工，要能在費城的大街

上吃上一塊價值 1 美分的麵包，已經覺得是一種奢侈了。

　　邁克爾‧法拉第出身於貧窮家庭，父親是一位鐵匠。13 歲那年，他到倫敦一位書籍裝訂商那當學徒。法拉第透過認真閱讀他所裝訂的書籍，學到了很多知識，為日後進一步的發展打下了基礎。騰特爾頓曾自豪地向兒子指出當年他理一次發只能賺 1 分錢的理髮店。一位法國醫生曾嘲笑尼斯密斯主教弗萊徹爾，只因為弗萊徹爾出生卑微，年輕時販賣過蠟燭。對此，弗萊切爾回答：「如果你出生在與我一樣的環境，你現在還以販賣蠟燭為生。」

　　愛德溫‧查德威克在一份遞交給英國國會的報告中指出，那些半工半讀的孩子（指那些一天學習三個小時，接著外出工作整天的孩子），在智力的進步方面領先其他孩子。那些商人在最忙碌的時候，依然能抽出 2 ～ 3 個小時閱讀或研究文學著作，通常能夠取得巨大的成功。

　　詹姆斯‧瓦特只接受過初等教育，因為他的身體虛弱，只能不定期到學校學習。但是，他在家裡透過勤奮的自學，彌補了學校教育的不足。亞歷山大五世曾是一位乞丐，他「出身貧苦家庭，最後卻被人雕成塑像」，受到世人的緬懷。威廉‧赫謝爾在 14 歲時就成為音樂家，入選為漢諾威樂隊的一員。雖然如此，他還是將閒暇時間投入到研究哲學上。他學習了很多方面的知識。他自學了天文學，發現了一系列的天文現象，成為史上最著名的天文學家之一。

　　喬治‧華盛頓的媽媽是一位寡婦，他出生在威斯特摩蘭郡的一個農民家庭。他剛出生就失去了父親。後來，他想進入大學學習，但沒有大學願意接納他。但是，華盛頓憑藉堅定的毅力，掌握了閱讀、寫作與算術方面的知識。莎士比亞在學校只學到了一點閱讀與寫作的知識，後來完全憑藉

自學成為著名的戲劇家。伯恩斯早年也沒有怎麼接受教育，更是在貧困潦倒的處境中度過了青春期。

詹姆斯‧弗格森，出生在三餐不繼的貧苦農民家庭，他從小只能透過聽哥哥背誦文章來學到少許知識。在他 10 歲時，發現了幾條機械定律，做出了磨坊與紡織輪子的模型。後來，他用繩索來衡量星體之間的相對距離，繪製出了天體的縮略圖。弗格森能用一把普通的小刀做出讓人驚訝的東西。不知有多少偉人都是靠這種「偏門」登上知識的殿堂的！吉福德用補鞋匠的錐子在一張皮革上進行運算。裡滕豪斯第第一次計算是在鋤頭柄上進行的。

哥倫布航海當水手時，成為了一名優秀的地理學家與天文學家。

彼得大帝 17 歲時成為了俄國絕對的統治者。當時，他的臣民只比野蠻人更開化一點。至於他自己，野蠻人殘存的特質展現的一覽無遺，這種特質在他一生都時常有所展現。但他決定接受教育，大刀闊斧進行改革。在他 26 歲時，懷著學習的態度參觀了其他歐洲國家，學習其他國家的藝術與學府。在荷蘭的薩爾丹，東印度造船廠的景象給他留下了極為深刻的印象。他脫下皇帝的長袍，穿上工人的衣服，在船廠當起了學徒，幫助製造「聖‧彼得」號。後來，他購買了這艘船。在學會了造船工藝後，他繼續行程，曾在英國的紙廠、裁縫廠、繩索廠、鐘錶廠及其他工廠工作，他像一位普通工人那樣工作與獲取薪酬。

在遊歷的過程中，他習慣事先搜集盡可能多的資料，而且他要「親身去看看」。每當在這樣的情況下，他總是手拿筆記本，將任何有價值的東西記錄下來。要是經過看見鄉村的農民在田間工作，他總是停車下來看看，就農業耕作方面向農民請教，而且會到農民的家裡拜訪，認真記錄畜

牧業所需要的知識。因此，他獲得了更為細緻與正確的知識，這為他日後改造國家打下了堅實的基礎。

古人說：「了解自己。」20世紀的人會說：「自助」。自我教育給予心靈第二次重生的機會。接受全面的教育能讓我們真正獲得進步。一旦人們接受了全面的教育，通常都能成為一個真正意義上的人，不會退化成一個「矮子」，也不會墮落成野蠻人。但如果人沒有接受過適當的教育，如果他只是將大學書本的知識填到腦海裡，如果他填鴨式地將書本知識灌輸到大腦，導致記憶力出現下降，那麼他就會逐漸倒退、萎縮，最後遠遠低於自身原先的水準，因為他失去了自信與自尊。生搬硬套的知識無法被他真正吸收，最後只能遺忘。

你所接受的每點教育都能讓你在人生的這場鬥爭中獲得一些優勢。望遠鏡並沒有創造任何新的東西，只是讓我們得以窺見神奇的世界。我們讓雙眼接受鍛鍊，能夠獲得神奇的能力，能在別人只看到醜陋的地方，看到其中的美感。接受過訓練的雙眼能從我們看到前所未有的世界，能從最尋常的事物中找到美感。阿加西教授的雙眼所看到的世界，是沒有接受過教育的人所無法想像的。接受過訓練的人能比懵懂無知的人多做很多工作。教育能讓我們舉止更為優雅，心智更加穩定，懂得如何保持健康身體與掌握技能。接受過訓練的心智能夠讓人牢牢抓住事物的根本，能讓我們擁有讓人難以阻擋的力量，成就超人般的事業。接受過訓練的品格能讓我們取得難以相信的成就。格萊斯頓富於邏輯的思考模式、深邃的思想與那些從未接受過教育的搬運工相比形成多麼鮮明的對比啊！後者只懂得如何攪拌灰泥與搬磚。

要警惕以犧牲道德力量為代價，過分追求心智鍛鍊的做法。美國一所大學某位善於觀察的教授說：「我們的心智應接受全面教育，讓心智始終

處於一種平衡的狀態，不要出現某方面功能過分強大的現象。心智尚未接受全面鍛鍊的人心中會有一種缺陷感，覺得知識的儲備出現了某個缺位，必須努力去彌補這個缺位。這樣的努力最後讓他們比舉止隨和與說話優雅的大學畢業生獲得更多的知識。他們最後能對自己有全面的了解，防止他們意識到自身的無知。雖然心智必須進行全面的訓練，但最好有 2 ～ 3 種比較強的能力。年輕人很容易忘記人生的目標，漠視了自己該成為怎樣的人與該做什麼。他們不需要為別人成為什麼樣的人或做了什麼而感到憂傷。」

盧梭說：「我一再重複，我的目標不是給學生灌輸知識，而是教他們在必要時如何去獲取知識。」

所有的學問都是必須自學的。學生的心智只有在真正吸收知識後，才能獲得進步。優秀的老師明白，重要的是掌握自學的能力。

「真正成就我們為人品格的，不是身體的發育，而是智慧的發育。」艾薩克・泰勒（Isaac Taylor）說。「因此，要習慣思考的過程。無論看到什麼或閱讀什麼書籍，都要進行批判性的思考。閱讀時記得思考，這是最為重要的，也是最容易執行的。」

「真正明白善於思考的人，太少了！
不知多少人在懵懵懂懂中，
虛耗了一生的青春韶華。」

第十章
自我提升的習慣

我們總是以困難為藉口為自身的懶惰開脫。

—— 金特里安

雕像之於大理石，就好比教育之於人類的心靈。

—— 艾丁森

若是不教育孩子，那麼還不如不生小孩。

—— 格萊斯頓

真正耗費我們生命的，是物質。真正挽救我們的，是知識。
沒有接受過教育的人始終會處於停滯狀態，最後默默死去。

—— Ｎ・Ｄ・西里斯

一旦我們渴望知識，就會認真審視現在利用時間的方式，
再也不會說自己沒有時間去學習了。

—— 馬修・阿諾德

　　按一般人的理解，教育就是透過書本與老師去開化孩子心靈的過程。
要是人們因為缺乏接受教育的機會或沒有好好利用教育的機會，那麼他接
受教育的唯一機會，就是自我學習。現在，我們到處都有自我學習與自我
提升的機會，可以獲得豐富的知識。在這個書籍廉價，到處都有免費閱讀
圖書館的時代，人們再也不能為自身心智無法成長找藉口了。

　　要是我們審視一下 50 年或 100 年前的情況，就會發現當時書籍很稀
少，也很昂貴，即便購買蠟燭也要花費不少錢，更別說以前那些人投入到
學習的時間是那麼少，加上他們在忙了整天的工作後，還要克服身體的疲
憊，投入心思去學習。綜合這些因素，我們就可發現，過去那個時代的學

者真是歷經重重困難才達到那樣的水準。要是我們考慮到一些人在接受教育方面的限制、身體的殘疾、雙目失明、健康不佳，忍受著飢餓與寒冷等因素，就會為我們不能充分利用當代這麼好的自我提升機會，浪費這麼寶貴的財富而感到羞愧。

自我提升代表著一種重要的情感：自我提升的願望。這種願望一旦在心靈扎根，通常伴隨著對自我的一種克制 —— 包括肉體上對娛樂與消遣的克制。言情小說、桌牌遊戲、撞球遊戲與無聊的故事讀本，都會被我們放在一邊。相反，我們會利用原先耗在這方面的時間投入到學習。因為追求「自我提升」的人都會遇到「前進道路上的獅子」，這頭「自我放縱的獅子」只有在被我們征服後，我們才能取得進步。

讓我觀察一位年輕人是如何利用晚上時間與閒暇時間，便能預測他的未來。他是否將極為寶貴重要的閒暇時間拿來為日後人生的成功打下基礎？還是將這些時間視為自我娛樂，尋歡作樂的時間呢？

一個人如何利用閒暇時間，將為他的一生打下基礎，便能知道他是一位認真的人，還是別人眼中的笑話。

他可能沒有察覺肆意浪費閒暇時間所帶來的嚴重後果。這種平日隨意浪費晚上時間與假期的做法，會漸漸削弱我們的意志，最後導致全面的墮落。

很多年輕人通常驚訝地發現，自己已經被競爭對手超越很遠的距離了。如果他們能認真審視自己，就能發現自己其實已經停止成長了。這是因為他們不再努力與時俱進了，不再進行廣泛的閱讀，不再像過去那樣透過不斷提升來豐富人生了。

只有正確利用閒暇時間進行閱讀與學習，才能讓我們出人頭地。很多

歷史資料談到的「利用閒暇時間」並不是指「消遣式地利用時間」。歷史偉人幾乎都極為珍惜時間，他們從睡眠、吃飯與娛樂活動中榨取時間，以獲得更多時間投入到學習與提升自我上。

今天的孩子在獲得機會上難道不比艾利胡‧巴里特多嗎？巴里特16時就到一間鐵匠鋪做學徒，每天都要工作一整天，有時甚至晚上點上蠟燭都還要工作。但他在這樣艱苦的情況下，依然能透過壓縮吃飯時間，隨身攜帶一本書，一有閒置時間救出來看，利用晚上的休息與平時的閒暇時間進行學習。大多數男孩隨意浪費的時間都被他利用起來了。在富家子弟與懶人都在床上打哈欠伸懶腰時，年輕的巴里特抓住機會，不斷提升自我。

巴里特對知識充滿了渴望，有著強烈的自我提升願望，這讓他克服了前進路上的各種困難。一位富有的商人提出要為他支付上哈佛大學的學費，但巴里特拒絕了，他說可以透過自學獲得知識。雖然他通常每天都要工作12～14個小時，但依然能從忙碌的一天榨出時間來進行學習。他是一位富有決心的人，在鐵板前，在熔爐邊，他像金子一樣對待閒置時間。他相信，只要自己能做到像格萊斯頓那樣珍惜時間，那麼多年後肯定能獲得回報。他知道浪費時間的嚴重後果，知道那樣會讓自己停滯不前。想像一下這樣一位每天在鐵匠鋪裡工作10多個小時的年輕人，竟然在一年內掌握了7門語言。

真正讓年輕人失敗的原因，不是他們缺乏能力，而是不夠勤奮。其實，在很多例子裡，一些員工的思考模式與智慧都比他們的老闆強，但他們沒有進一步去提升自己。他們喜歡抽菸，讓大腦變得混沌；他們將錢花在桌上遊戲、戲院或舞蹈上了。在這些人年齡漸漸增大時，就會對那些瑣碎的事情感到煩惱。他們會埋怨自己的一生缺乏運氣，沒有遇到生命中的貴人。

很多老闆認為員工是否有書寫能力或掌握基本的商業技能與原則並不重要，所以他們會大量招聘那些平庸的員工。在工廠、商店與辦公室等地方工作的年輕男女普遍都展現出他們的無知。在美國這一片機遇之土上，每個年輕人都理應接受良好的教育，竟然還出現這樣的狀況，真是讓人甚為遺憾。我們到處都能看到一些有能力的人在平庸的位置上打滾，因為他們認為在年輕時沒有必要去挖掘自身的潛能，沒有必要將精力投入到掌握更為豐富的知識上。

成千上萬的男女的人生停滯不前，是因為他們在早年沒有注重那些看似不起眼的事情。

很多具有天賦的女生將人生的韶華時光浪費在當一位普通的職員，或在平庸的職位上。她們從未認知到開發心智的重要性，沒有認真去抓住機會提升自己，以爭取更高的位置。很多女生突然間失去了所有的依靠，只能自食其力時，不知道該怎麼辦，因為她們年輕時沒有注意提升自己，相反還在那時冷漠地說：「我覺得那樣做沒有必要。」她們覺得在學校裡深入鑽研知識，培養計算精確的習慣或鍛鍊日後能夠謀生的能力，都是沒有什麼回報的。她們只希望能儘早嫁出去，從未想過要自食其力。一旦她們的婚姻出現問題，她們就失去了保障。

多數年輕人遇到的問題是，他們不願意全身心投入工作中去。他們希望工作的時間能更短一些，工作量能更少一些，希望娛樂的時間能更長一些。他們認為娛樂與消遣要比對培養人生的專業技能更重要。

很多員工都羨慕他們的老闆，希望自己做老闆。但想擺脫普通員工的身分，成為一名老闆，期間必須付出很大的努力。很多員工希望生活能過得安逸一點，希望能做一天和尚撞一天鐘。但我們要明白，要想身處更高

的位置或賺更多的錢，就必須要付出更大的努力與決心。

　　讓很多人覺得苦惱的原因，是他們不願為日後的美好放棄當下的安逸。他們寧願過一天算一天，不願花時間自我提升。他們心中有某種想要成就大事的渺茫願望，但真正能有堅定決心，驅使自己為了未來放棄當下安逸的人實在是太少了。願意多年專注於學習，為日後人生的成功打下堅實基礎的人，實在是太少了。很多人渴望著成功，但不願意為獲得成功付出努力與做出犧牲。

　　所以，大多數人在平庸的人生軌道上生活。他們原本有能力進行更高的追求，但卻沒有足夠精力與決心為此做好準備。他們不願意付出必要的努力，希望生活能過得更加安逸一些，不是為了追求更高的自我而作出努力，不願意為真正具有價值的事業付出努力。

　　無論男女，如果他們有了自我提升的願望，就能找到前進的機會，成為他們之前所不敢想像的人。下面這個從日常生活中選取的例子，就能很好地說明了這點。

　　一位年輕的愛爾蘭人在 19 ～ 20 歲時，還不會識字與寫字。他離開家是因為家裡的父親每天酗酒。後來，他透過學習公告板掌握了一點教育知識，在一艘軍艦裡當了一名籌備員。他選擇這個職位，是因為能在艦長身邊學習各種知識。他在口袋裡放了一本筆記本，每當他聽到別人說出從未聽過的單字，就把他記錄下來。某天，一位軍官發現他在筆記本上寫東西，立即懷疑他是一名間諜。其他軍官得知此事後，才發現這本筆記本的真正用途。後來，這位年輕人獲得了更多學習的機會，得到了晉升。最後，這位普通的籌備員在海軍擔任了重要的職位。他成功地履行了海軍軍官的職責，為他在其他領域內取得成功打下了基礎。

自助能讓人取得世界最偉大的成功。不知有多少年輕人停滯不前，猶豫不決，不敢朝著目標堅定地走下，是因為他們覺得自己沒有開始的資本，一而再再而三地等待良機，等待著某人能拉他們一把。但是，成功只能透過艱苦奮鬥與堅持不懈才能獲得。成功是不可能因為我們的甜言蜜語或用金錢能賄賂的。只要你能為成功付出代價，那麼你就能獲得成功。

　　我所在城市的一名市議員，他是一位很聰明的人，有著一顆寬容的心與大度的性情，很受所在選區選民的歡迎。然而，他一開口說話卻是讓人不忍卒聽，感到很難受。

　　在華盛頓，還有很多類似的例子。很多人因為出色的能力與良好的品格身處某個重要職位，但卻因為無知與缺乏早年的訓練，總讓人覺得尷尬與不安。

　　對人來說，最恥辱的一種人生體驗，就是意識到自己擁有比現在已展現的能力更強的潛力，卻因早年缺乏訓練導致身處低位，無法身處能夠真正展現自身能力的位置。要是某人早年接受充足的教育與訓練，那他就能發揮 80 ～ 90% 的潛能。如果他因為缺乏這樣的教育與訓練導致自身的無知，最後只能發揮出 25% 的潛能，這最讓人感到羞辱與尷尬的。換言之，要是我們在人生的某個階段意識到，因為早年缺乏足夠的教育與訓練導致無法發揮潛能，這是最讓人鬱悶的事情了。

　　除罪惡之外，沒有什麼比我們不為挖掘最大潛能做好準備，更讓人感到遺憾的事情了。在遇到良機時，卻因自己尚未準備充分而錯失，這最讓人感到痛苦了。

　　我知道這樣一例讓人感到可悲的例子。此人天生就有成為自然學家的天賦，但他的理想卻因年輕時沒有接受多少知識而遲遲無法實現。在他比

同時代其他自然學家都更加出色時，卻不能用符合語法結構的句子寫出研究成果，無法用語言表達心中的思想，無法透過書籍的方式讓自己的思想永遠流傳下去。這一切是因為他沒有接受過多少基礎教育。他早年掌握的詞彙量極少，導致語言貧瘠。現在，他強烈感受到自己受到語言不足的限制，無法充分表達思想。

不知有多少速錄師因為早年缺乏足夠的學習與訓練，使用了一些生僻的字眼或錯誤的詞語，讓自己尷尬不已。

在日常的信件傳達後，單純進行聽寫是不夠的，單純按部就班地完成工作是不夠的。有目標的速錄師肯定要為重要的時刻做好準備，必須要有足夠的知識儲備應對發生的緊急情況。

如果速錄師經常犯語法方面的錯誤或在面對超出日常的狀況就不知所措，老闆知道她的知識儲備不夠，接受的教育還不夠，她的前景也很有限。

一位年輕女士寫信給我說談到，她因為缺乏早年教育，導致現在她向接受過高等教育的人寫信，害怕在信中出現語法與拼寫的錯誤。她的來信展現出她有很高的天賦，但因缺乏早年教育導致受限，難以發揮水準。因為早年缺乏教育導致自己經常感到尷尬或停滯不前，很難想像出比這更讓人難受的事情了。

我經常收到一些讓我痛心的信件，特別是一些年輕人的信件。這些信件顯示出來信者有很高的天賦，心智慧力也很強，但他們大部分的潛能因為無知被掩蓋了，無法得到展現。

很多來信都顯示出作者就像一塊尚未雕琢的璞玉，只要稍微對它們進行「雕琢」，就足以展現它們隱藏的偉大一面。

我總是為那些過了上學年齡，具有天賦的人因為早年的無知導致無所作為而感到遺憾。要是他們認知到這點，加以克服，即便過了上學年齡，依然可以彌補過去的不足。

對有天賦，原本有機會出人頭地的年輕人來說，因為早年缺乏訓練、充分的準備，一輩子只能為別人工作，這實在讓人感到遺憾。要是他們能更好進行準備，接受更多的教育，他們的人生肯定大為不同。

我們在各行各業都能見到許多職員、機械師與員工，他們無法身處與天賦相稱的位置，是因為他們沒有接受過多少教育。他們無知，不會寫字，說出的話，簡直是在「謀殺」英文。他們的天賦得不到展現，只能一輩子過著平庸的生活。

天才們創作的寓言故事都說明了自然界最嚴苛的法則：對已有的人給予更多，對匱乏的人，最後一點都要剝奪。科學家將這條法則稱為叢林法則，適者生存。適者就是最大限度利用已有資源的人，無論遇到順境逆境，始終保持積極樂觀，不斷提升自己。

土壤、陽光與氣候都是極為慷慨的，它們為植物與樹木提供生長的營養，但植物必須全部利用所吸收的營養，結出花朵與水果，為葉子與枝幹提供養分，否則這種營養的輸送就會停止。換言之，土壤絕對不會向樹木輸送超過它所需的營養成分。植物利用營養成分的速度越快，生長也越快，最後長得枝繁葉茂。

同樣的法則對生存在大自然的其他生物都適用。大自然是很慷慨的，如果我們能利用她賜予的東西，那麼她就會持續供給。如果我們停止使用或無法將自然賜予的東西轉化自身力量，如果我們不能有所作為或將她賜予的東西加以利用，就會發現不但自然會停止供給，我們也會變得越來越

軟弱與低效。

自然界的一切事物都處於一種動態，不是朝這個方面就是朝另一個方向，不是走上坡，就是走下坡，不是前進就是倒退。要是不利用手頭上的資源，將無法挽留這些資源。

如果我們不鍛鍊肌肉與大腦，那麼自然就會讓肌肉變得軟弱，讓大腦變得遲鈍。一旦我們不再發揮能力，那麼自然就會收回這種能力。

大學畢業生從大學畢業多年後，通常發現能夠說明他們讀過大學的證明只有大學畢業證書了。他們在大學獲得的力量與能力已經因為多年沒有使用而漸漸失去了。他們覺得年輕時學到的知識會一直長存記憶。但是，他們不知道一旦不需要運用一些知識，那麼這些知識就會漸漸從腦海消失，只會剩下那部分必須用到的知識。很多大學畢業生在 10 年後都會發現，他們已經無法展現什麼能力，以證明他們是讀過大學的，因為他們已經用不上大學學到的知識了。他們總是這樣對自己說：「我接受過大學教育，那我肯定有些能力，在這個世界理應有所作為。」但是，大學學位證明並不能讓你始終留住學到的知識，正如放一張紙巾到煤氣燈口處，無法阻止煤氣的洩漏。

你不加以運用的任何東西，都將漸漸離你遠去。要麼使用，要麼失去。獲得力量的祕密就是去運用。一旦我們停止做某事，能力就會遠離我們，漸漸消失。

自我提升的工具就握在你的手上，使用它吧！如果斧頭很鈍，就要花大力氣砍下去。如果你沒什麼機會，就要耗費更多心力去學習。一開始，進步可能比較緩慢，但堅持定能讓你獲得成功。「一點一滴，一磚一瓦」，這是構築心靈「大廈」的基礎。只要你不放棄，不退縮，在某個時候，肯定能有所收穫。

# 第十一章　提升價值

「命運並不是關乎你怎樣，而是關乎你自身。你必須去創造自己的人生。」

「這個世界不再是一團泥了，成為了創造者手中的鋼鐵。」愛默生說。「人必須要利用手中的『錘子』，堅定持續地進行錘鍊，才能闖出一番天地。」

無論是製衣、煉鋼或塑造品格，你都要發揮自己最大的能力。將普通的「事物」提升到具有重要價值的地步，這是一種偉大的成功。

第一個將淬煉鋼鐵的人可能是鐵匠，他可能對鋼鐵的屬性只有部分的了解，沒有想過要更近一步。他覺得能將鋼鐵打造成馬蹄鐵就是最大的成功了，並為此沾沾自喜。他覺得一磅重的生鐵的價格只有 2 ～ 3 美分，花太多的心思與精力進去得不償失。他強壯的肌肉與不嫻熟的技術，只能讓他將每磅重的生鐵價值提升到 1 美元，最多也就 10 美元。

接著，是一位接受過比鐵匠更高教育的刀匠，他的目標要比鐵匠更高一些，對鋼鐵的屬性也了解更多，他對鐵匠說：「難道你就只能從鋼鐵裡看到這麼多利用價值嗎？給我一塊鐵，我能向你展示知識、技術與努力創造出來的東西。」刀匠從生鐵中看到了更多的價值。他研究過關於固化與錘鍊鋼鐵的技術，利用工具去碾光與打磨生鐵，然後放入熔爐裡進行退火處理。生鐵在裡面進行煅燒，碳化成鋼，再拿出來進行鍛造與錘鍊，加熱到讓鋼變白的狀態，然後投入到冷水或是油增強它的硬度，繼而細心地進行打磨。在完成這些工序後，他能向那位目瞪口呆的鐵匠展現價值達 2,000 美元的刀片。同樣的一塊生鐵，鐵匠只能看到做成價值 10 美元的馬蹄鐵。刀匠使用的這個精煉程序讓生鐵的價值得到了極大的提升。

「將生鐵做成刀片固然不錯。但還能做到更好。」在刀匠向另一位工匠

展現自己的成就時，工匠說。「但你還沒有將生鐵的價值完全發揮出來。我能更好地利用生鐵的價值，讓它獲得更大的價值。我研究過生鐵，知道鐵的組成元素，知道如何利用這些元素。」

這位工匠有著更為嫻熟的技術，更為敏銳的洞察力，更好的訓練，同時還有更高的理想與堅定的決心，這讓他能進一步利用生鐵所含的元素──製造出價值超越馬蹄鐵與刀片的東西。他將生鐵做成了精緻的縫針，用於縫紉細棉布。這種縫針極為精細，甚至必須用放大鏡才能看的清楚。製造縫針需要更為精細與複雜的工序，也需要擁有比刀匠更加嫻熟的技術。

工匠覺得自己製造出縫針已經是很了不起了，覺得自己已將生鐵的價值發揮到極致了。無可否認，他將刀匠利用生鐵的價值提升了很多倍。

但是，且慢！另一位嫻熟的機械師有著更為縝密的心思，更為熟練的技術，做事更耐心與勤奮，在學校接受更好的訓練，他能製造出價值超越馬蹄鐵、刀片與縫針的東西。他能將生鐵製成手錶的指針。很多人只能在生鐵中看到馬蹄鐵、刀片或縫針這些最高價值只有數千美元的東西，但他那雙富於洞察力的雙眼則能看到價值高達 100,000 美金的東西。

接著，一位技術更高級的藝術家出現了，他跟我們說，生鐵的價值還沒有得到最大的展現。他擁有神奇的能力，能讓生鐵繼續發揮出巨大的價值。對他來說，即便將生鐵做成指針，也還是顯得粗魯與笨拙。他知道生鐵能夠加以鍛造，變成具有延伸性的物質，這是那些對冶金知識缺乏足夠深入了解的人所不能想像的。他知道，要是在冶煉過程中足夠用心，那麼冶煉出來的鋼就不會過於僵硬與銳利，而會變成較柔軟的金屬。處於這個階段的鋼鐵似乎擁有全新的屬性，讓人嘆為觀止。

　　這位藝術家擁有著常人難以媲美的洞察力，能將已經生鐵在做成指標的程度上再進一步。在製造的每個工序，他都達到了更高的標準，鋼鐵的純度也更高，即便重量極少的這種鋼鐵，也具有很大的價值。他讓生鐵經過多重冶煉與打磨，最後做成了肉眼幾乎看不清楚的游絲線圈。在經歷了重重困難與磨礪，他美夢成真了。他將價值只有幾美元的生鐵提升到 1,000,000 美元，也許是同等重量金子的是 40 倍。

　　還有另一名鐵匠，他在冶煉鋼鐵的過程要更為細緻，知道他所製造產品的人可能更少，即便是接受過教育的普通人，可能都不知道他的名字，因為百科全書與字典裡都沒有提到他的名字。但他能用一塊生鐵，透過神奇的技術與無與倫比的手工，做成了讓指標與游絲都顯得粗糙與廉價的東西。在他完成這個過程後，你會發現這正是牙醫經常使用的倒鉤工具，用於治療敏感的牙齒神經。一般來說，一磅重的金子的價格是 250 美元，但是一磅重的這些牙科工具的價格是同等重量的金子的數百倍。

　　其他專家也許還可以將生鐵做成更高價值的東西，但要想完全將生鐵的價值提升到極致，還需要很多時日，即便最終生鐵被做成能浮在空氣中的物體，可能依然還有進一步提升價值的可能。

　　這聽起來很神奇，但創造這種神奇只需要我們發揮最尋常的美德。透過我們的洞察力、技能、艱苦努力、堅定的決心與毅力，就能不斷提升價值。

　　如果一塊包含雜質的生鐵在經過多重冶煉後，價值能獲得如此神奇的提升。那麼，擁有大腦的人類，在發揮身體、道德與心靈的力量後，豈不是能創造出更大的潛能。冶煉鋼鐵需要 10 幾道工序，才能實現其價值。同理，人要想實現價值，期間也必然會承受來自外界的各種影響。生鐵只

有在外界的影響下，才能擺脫原先的惰性，發揮出價值。人也是各種內在力量的綜合體，各種力量相互作用。但是，人能夠按照更高自我與占據主要地位的品格的指引，控制自己朝某個方向前進。

我們在取得成就的大小上存在差異，這與我們的天賦關係不大。真正重要的是，我們要追求理想，挖掘潛能，努力接受教育，將人生這塊「生鐵」的價值發揮到極致。

生活，特別是日常的生活，我們都會承受像生鐵在冶煉過程中遭受的各種「考驗」，但只有經過這種「考驗」，我們才能實現自身的最大價值。別人的反對，在匱乏與痛苦中掙扎，災難與喪親之痛的折磨，惡劣環境的摧殘，生活中各種煩惱與焦慮，各種困難的侵襲，別人的指責與讓熱情冷卻的事情，常年接受教育與進行自律訓練時感受到的枯燥與負累 —— 所有這些都是讓我們獲得最大成功的必要「冶煉」。

鋼鐵在冶煉與輾壓後可增強硬度，變得更加柔軟與抗壓。這是每一位工匠都想做到的。要是每一錘都會將鋼鐵打碎，要是每一次軋鋼都會使鋼鐵變成粉，要是每一次煅燒都會讓鋼鐵燒成灰，那麼這樣的鋼鐵還有什麼價值可言呢？鋼鐵正是擁有能抵抗上述各種錘鍊與冶煉的特質，才能從每一道工序中獲得「力量」，最後展現出最大的潛能。從本質上來說，鋼鐵的這些屬性都是固有的。對我們來說，這完全是一個自我成長、接受教育與發展的階段，要做到這點，必須要有堅定不移的目標。

每一位工匠都能從生鐵中看到一些更美好的東西。只要我們意識到自身也可以擁有這樣美好的未來，就會有前進的動力。如果我們只能從生鐵中看到馬蹄鐵或刀片，那麼我們的全部努力也無法製造出指標。我們首先要看到一個遠景，然後按照這個遠景去進行努力，才能實現目標。我們要

下決心去奮鬥，忍受考驗與折磨，為成功付出必要的代價，相信最後的結果一定能讓我們之前忍受的痛苦、考驗與磨難獲得回報。

那些不敢接受「煅燒」、「輾壓」或是「冷卻」過程的人，必然是人生的失敗者，成為平庸的人，他們的品格必然出現了某些問題，甚至可能讓他們成為罪者。正如一塊生鐵如果長期放置，任其與空氣接觸，就會被氧化，變得毫無價值。我們的品格也是如此。如果我們在日常生活中不注重時刻提升自己，鍛造品格，不斷進行自我反省，或用其他方式進行提升，那麼我們就會逐漸墮落。

當然，要是你只想做一塊價值不大的「鐵」或成為「馬蹄鐵」，這是很容易的，但你無法進一步提升自己的人生價值。

很多人覺得自身的天賦太差了，覺得自己與別人比較起來先天不足。但如果我們願意的話，可以憑藉耐心、努力、學習與奮鬥，不斷打磨、煅燒與淬煉人生這一塊「鐵」，讓他的價值不僅僅停留在「馬蹄鐵」上，上升到「指針」上。我們能憑藉無限的耐心與堅持，將這塊看上去不起眼的東西的價值提升到世人驚嘆的地步。正是這樣的決心與毅力，讓哥倫布這位織布工成為發現新大陸的第一人，讓富蘭克林這位到處遊走的印刷工成為著名的政治家、科學家，讓出身努力的伊索創作了流芳千古的《伊索寓言》，讓荷馬這位乞丐創造了影響世界的〈荷馬史詩〉，讓德摩斯梯尼這位刀匠的兒子成為史上最著名的演說家之一，讓班·強生[05]這位磚匠的兒子成為著名戲劇家，讓塞凡提斯這位普通的士兵創作了《唐吉訶德》，讓海頓這位貧窮的車匠的兒子成為著名詩人。上面提到的這些人正是憑藉著頑

---

[05]　班·強生（Ben Jonson，西元 1572 ～ 1637 年），英格蘭文藝復興劇作家、詩人和演員。他的作品以諷刺劇見長，《福爾蓬奈》（Volpone）和《煉金士》（The Alchemist）為其代表作，他的抒情詩也很出名。

強的決心與堅定的毅力，戰勝了他們所處時代的高富帥，完成了逆襲。

在 100 多名普通的男女中，他們的天賦其實都是相差無幾的。若是其中一人在學習條件沒有其他 99 人那麼好的情況下，憑藉努力與堅持，最終將自身的價值提升了 100 倍、500 倍甚至是 1,000 倍。那 99 人則因為沒有提升自我價值，依然還是原先那個樣子，然後就將自身的失敗歸結為運氣不佳。

在一個男孩為自己缺乏機會、沒錢接受大學教育，只能處在無知狀態而感到遺憾時，另一位同樣沒有什麼機會的男孩則利用其他男孩肆意浪費的閒置時間去學習知識。在兩人擁有同樣材料的時候，一人建造了一座宮殿，另一人則建造了小屋。面對同樣一塊大理石，一人從中看到了一座讓所有參觀者都會讚嘆的美麗雕像，另一人只能從中看到醜陋的魔鬼，嚇到所有參觀者。

提升自身價值的程度完全取決於你自己。無論你是達到「指針」或「游絲」的狀態，都取決於你的理想與更進一步的決心，取決於你是否擁有堅韌的毅力，是否能忍受各種「淬煉」、「輾壓」或「冷卻」，直到達到最後理想的狀態。

當然，這個過程是痛苦與讓人折磨的。要實現最好的自己，必須有足夠的毅力與決心去克服各種困難。但你寧願一輩子讓自己停留在「生鐵」或是「馬蹄鐵」的狀態嗎？

# 第十二章
## 透過演說進行自我提升

　　你是否要成為一名公共演說家，這個並不重要。因為不是每個人在面對臺下聽眾時，都能完全控制，保持足夠專注度與鎮定的。只有真正的演說家才能在大小演說的場合下，收放自如，充分表達自己的思想。

　　以某種方式進行自我表達，這是一種鍛鍊心智慧力的方式。這種方式可以是音樂，可以是繪畫創作，也可以是演說，更可以是銷售商品或是創作著作。但無論是哪種方式，都是一個自我表達的過程。

　　每個人以合理的方式去表達自己，就能喚醒一個人的潛能，發揮他的才智。但沒有比在聽眾面前進行演說，更能全面、迅速與有效地鍛鍊我們的能力，挖掘我們的潛能了。

　　在沒有研究表達藝術，特別是公開演說的表達藝術前，人能否獲得最大程度的發展，這是值得懷疑的。無論在哪個時代，演說術都被稱為是人類成就的最高表現形式。年輕人無論是做鐵匠還是農民，商人還是醫生，都應該對所從事的行業進行深入的研究。

　　沒有比在公開演說時努力做到最好，更迅速與有效激發一個人的潛能了。當一個人開始學會如何獨立思考，在大眾前進行即席演說，這對他整個人的能力都是重大的考驗。

　　相比於演說者，作家具有很多優勢，他可以在靈感激發時創作。他能夠在想寫的時候進行創作，可以在對寫出來的作品不滿意時，燒掉這些作品，因為沒有 1,000 雙眼睛看著他，也不會有很多聽眾咀嚼他說的每一句話。作家不需要忍受每一位聽眾對自身的判斷，不需要像演說者那樣被上下打量。作家可能隨心所欲地創作一些作品，不動心力地寫出一些東西，可以是排解內心苦悶，也可以是自娛自樂。沒人會在現場看著他。他的驕傲與虛榮心都沒有被別人觸摸到，他寫的東西可能讀者永遠都不會看到。

而且，作家還有機會進行修改。在日常的談話，我們覺得交流完全是依賴語言的，真正聽我們講話的只是少數人，也許大部分人在聽完後就記不住了。在音樂作品中，無論是有人演繹的歌曲還是輕音樂，都不過是表達了部分情感，剩下的情感埋藏在作曲家的心中。

　　每一個受過教育的人，都應該訓練自己獨立思考的能力，這樣他才能在任何時候站起來，發表自己富於見解的觀點。這樣能大大提升他們的演說能力。過去很多在辦公室開會談論的問題，現在都在晚餐桌上盡心討論。很多商業上的問題都在晚餐桌上進行商討。對演說技能的要求從未像現在這麼高。

　　我們知道，人只需要憑藉艱苦的努力與堅韌的毅力，才能身處重要的位置。但這些人卻無法在大眾面前進行演說，即便是讓他們說幾句話，他們都會像一片白楊樹的葉子那樣顫抖。他們年輕時其實有很多練習演說的機會。他們在讀書期間可以參加辯論俱樂部，擺脫在演說時的自我意識，在演說中保持淡定與自若。但他們每次都在逃避這樣的機會，因為他們為人羞澀，覺得別人能在演說中發揮的更好，或能提出更有深度的問題。

　　今天很多商人覺得，要是他們能回到大學時光，重新給他們提升學習思考與獨立思想的機會，他們願意舍去很多金錢。現在，他們錢是賺到了，地位也有了，但他們卻無法站在講臺上面對別人發表演說。他們能做的，只是傻傻地站在臺上，滿臉通紅，結結巴巴地說著抱歉，然後羞愧走下臺去。

　　不久前，我參加一個公共集會。一位在該社區有很高地位、專業能力很強的人被人叫起來，就某個問題發表觀點。他站起來，渾身顫抖，說話結結巴巴，完全表達不出內心的想法。他甚至無法表現出自己友善的形

象。他是一位富於力量與人生閱歷的人，但站在臺上的他就像一位無助的小孩，內心充滿尷尬與羞愧。要是給他第二次機會的話，他寧願放棄現在所有，以換取在早年時期練習獨立思考與演說能力的機會。

就在這次公共集會上，這位贏得所有人尊重與信任的人，卻無法就某個重要問題發表自己的觀點，狼狽地走下臺。其實，他對這個問題有很深入的研究，只是站在臺上後，自我意識在作祟，當然「怯場」也是其中的原因之一，導致他最後一句話都說不出來。在同一座城市，另一位實際能力不及他 1% 的膚淺之人站起來，發表了一篇很優秀的演說。那些不認識他的人肯定會覺得他是一位比之前那位怯場的人更有能力。這個人只是培養了如何最好地表達思想的能力，另一個人則沒有。所以在很多情況下，那個有實力的人只能處於劣勢。

紐約一位很有才華的年輕人在很短時間內爬到了一個很高的位置，他說，在參加宴會時，對別人叫自己去演說感到意外。這讓他意識到，原來之前自己的演說水準是多麼的差勁。現在，最讓他感到遺憾的，是他過去沒有抓住機會好好鍛鍊演說能力。

努力以流暢、簡潔與清晰的英文去表達自己，能讓我們在日常生活中更好選擇詞彙去表達自己，提升整個人說話的水準。透過參加各種演說的訓練，能提升心智與品格。這也解釋了為什麼那些年輕人在參加公共辯論或辯論社團後，在很短時間內獲得迅速進步的原因。

切斯特菲爾德伯爵（Earl of Chesterfield）說，每個人在選擇詞語時，都可以選擇好的用詞，摒棄所有惹人反感的詞語；可以恰當地表達自己，不會冒犯別人。如果人們願意下苦功夫，就能讓手勢或個人舉止顯得優雅，不會讓其他人覺得你很低俗。

這只是一個是否願意下苦功夫去訓練與準備的問題。在學習如何表達你心中所想的問題時，你能提升自己的整體水準。你的說話水準、舉止與心靈修煉，都可以透過思考與認真的訓練獲得的。

沒有比演說者的沉悶與千篇一律更讓聽眾感到無聊了。演說必須要有變化，要是缺乏變化，聽眾很快就會對此表示厭倦。

這對那些天生說話比較單調的人來說更是如此。在說話時做到抑揚頓挫，高低聲結合，這是很大的一門藝術。

格萊斯頓說：「99％的人一輩子過著平庸的生活，是因為他們從未進行過聲音的訓練，認為這是毫無意義的。」

據說，達文謝爾郡的一位公爵是英國歷史上唯一一位在演說時會打盹的政治家。他在進行枯燥無味與無趣的演說時極有「天賦」，能一直以單調沉悶的語氣進行演說，不時停頓，似乎要休息一下，然後才能恢復活力。

在面對大眾發表演說時，你必須要知道該說什麼，這就需要我們進行迅速、高效的思考。與此同時，我們要以適宜的音調進行演說，還要配合正確的面目表情與肢體語言。這些都需要早年的訓練。

年輕人想成為演說家，就要鍛鍊身體，擁有強健的體魄，因為力量、熱情、信念與意志力在很大程度上都與我們的身體情況息息相關。我們還要訓練身體語言，養成淡定從容的舉止習慣。要是韋伯斯特在反駁海頓 —— 這位美國歷史上最著名的演說家時，坐在國會的椅子上，雙腳踩在辦公桌上，那他肯定無法成功地加以反駁。想像一下像諾迪卡這樣一位能讓聽眾如痴如醉的歌唱家慵懶坐在沙發上或以無精打采的狀態面對聽眾的情景吧！

　　早年進行有效的演說訓練，透過廣泛的閱讀與查閱字典，從而在措詞方面更加謹慎。要想成為演說家，首先就要有足夠的詞彙量。

　　對人來說，沒有比參加公開演說更考驗人的能耐了。因為沒有人願意在大眾面前暴露自己的缺點與不足，不願意成為別人眼中的傻子。公開演說能逼迫人進行自我思考。當然那些天生臉皮厚、對別人看法不敏感或不在乎別人想法的人除外。沒有比公開演說更能展現一個人的缺點，展現他思考的局限性、語言的貧瘠程度或詞彙量不足了。沒有比公開演說更能考驗一個人的品格、閱讀面與觀察能力了。

　　簡潔與富於邏輯在演說中必須要有的。在你表達了該說的意思，就要停下了。不要沒完沒了繼續說或在你說清楚意思後繼續說個不停。這樣只會弱化你的演說，讓別人覺得你缺乏圓滑的技能、良好的判斷力與均衡感。在你表達出意思後，不要因為繼續說個不停而影響別人對你已經留下的好印象。

　　努力成為一名優秀的公開演說家的念頭，能喚醒你所有的身心機能。演說者的力量感源於抓住讀者的注意力，喚醒他們的情感或以道理說說服他們，給予他們自信與自立的感覺，喚醒他們的理想，讓他們專注於某個行業。一個人的為人氣概、品格、學識與判斷力 —— 所有這些都能讓他成為真正的自己 —— 就像一幅全景畫在眼前慢慢鋪開。在演說的過程中，我們的身體機能被喚醒，每個思考細胞都被激蕩起來，表達也更加流暢。思想透過語言傳遞出去，語言表達我們的選擇。演說者能調動過往接受過的教育、人生閱歷與所獲得的能力，全身心投入到贏得聽眾的掌聲與喝彩。

　　這樣的努力能讓你精神高度專注，額頭滲出汗珠，雙眼炯炯有神，臉

蛋紅潤，身體的血液迅速流動。沉睡的衝動被喚醒，被遺忘的記憶復甦了，想像力更加強大，看到了在冷靜時刻無法看到的景象與微笑。

整個人的品格被這種力量喚醒後，能讓我們獲得比單純的演說更加重要的東西。在以邏輯與有序的方式去調動自身的所有潛能，將我們的機能發揮出來，讓我們更為自由與隨意地進行發揮。

辯論俱樂部是培養演說家的地方。無論你要走多遠的路才能參加，或在俱樂部裡遇到多大的困難抑或你沒什麼時間去參加，你都要明白，這樣的訓練會成為你人生的轉捩點。林肯、威爾遜、韋伯斯特、喬特、克萊與派翠克‧亨利等人都是從老式的辯論俱樂部鍛鍊了自身的演說才能。

不要覺得因為自己對國會的法律一無所知，不願意接受你所在的辯論俱樂部的首長或參加這樣的俱樂部，就可以忽視這樣的訓練。辯論俱樂部是你可以學習演說能力的地方，在你接受了這樣的職務，就會按照演說規則去進行演說。事實上，如果你不去參加，你將永遠不懂得演說的規則。只有在你站在臺上，才能深刻了解其中的規則。盡可能多參加一些年輕人的社團，特別是那些能夠自我提升的社團，每次強迫自己一有機會就去說話。每當別人提出問題，你要主動站起來回答。不要害怕站起來回答問題，說出自己的想法。不要等待自己完全準備好了再說，因為你永遠都不會處於這樣的狀態。

每當你勇敢地站起來發表自己的觀點，都能增強你的自信。不用過多久，你就會培養演說的習慣，直到你很自然地對待這件事。沒有比年輕人參加辯論俱樂部或其他各種演說活動，更有效地提升年輕人的演說能力了。許多演說家都將自身的成功歸結於在老式辯論俱樂部接受的訓練。他們在辯論俱樂部學會了自信與自我獨立，發現了真正的自我，學會不再害

怕別人，滿懷自信與獨立的精神表達自己。沒有比參加辯論活動更能鍛鍊一個年輕人的能力了。演說是對心靈一種強有力的鍛鍊，正是我們進行肌肉鍛鍊一樣。

不要因為害怕演說而坐在後排位置。勇敢地走上講臺上！不要害怕展現自己。因為恐懼而坐在後排角落或站在不為人知的角落裡，這對提升我們的演說能力是毫無益處的。

特別對學校或大學的男生女生來說，因為覺得自己沒有足夠的水準而躲避參加公共辯論比賽或演說，這是很好的藉口，也是他們一貫的託辭。他們希望能多等一會，等他們對語法更加熟悉，等他們閱讀更多的歷史與文學方面的書籍，等到他們掌握更多知識與學會了優雅的舉止後，再上臺演說。

要想獲得優雅的舉止、冷靜的心態與有用的知識，要想獲得淡定平衡的心態，以便自己能在公共集會上不會感到恐懼，你就必須獲得更多演說經驗。將一件事情做很多次，那麼這就會變成你的第二天性。如果別人邀請你發表演說，無論你多麼想推託或感到多麼羞澀與害羞，都要下定決心，絕不放任能提升自己的機會白白溜走。

我們知道，年輕人幾乎都擁有進行公共演說的天賦，但他們因為羞澀，總是拒絕接受在宴會或公共場合發表演說的機會，害怕自己缺乏足夠的經驗。他們對自己缺乏自信。他們內心很驕傲，害怕自己會犯錯，然後感到尷尬。於是，他們等了很久，直到自己沮喪地發現，自己永遠都不可能站在講臺上發表演說了。他們回首往事時，會覺得要是當年接受了發表演說的機會，就能從中獲得豐富的人生經驗。現在，他們寧願放棄很多東西去換取這樣的經驗。即便他們在演說過程中犯錯，甚至完全搞砸了幾次

演說，這都關係不大，也要比你多次失去讓你變得強大的機會好的多。

　　人們一般所說的「怯場」，其實是很普遍的。一位大學生在講臺上背誦一篇「徵兵啟示」。在他下臺後，他的老師問：「這是凱撒說話的方式嗎？」「是的。」學生回答。「如果是的話，那也是凱撒被嚇個半死，緊張得像一隻貓時所說的。」

　　每當一位缺乏演說經驗的人站在講臺上，他心中都會有一種近乎致命的羞澀感，他覺得所有人的眼睛都盯著他，每名聽眾都在權衡打量他，審視著他這個人到底有多少斤兩，想知道演說者到底有什麼志向，是否能超越他們的期待。這樣的想法簡直要了他的命。

　　一些人天生很敏感，害怕別人注視自己，所以他們不敢在大眾面前開口，即便是別人提出一個他很感興趣的問題，他們也羞於回答。無論是在演說俱樂部、各種文學社團的交流活動，他們總是呆坐在角落，心中雖然無限惆悵，還是害怕說話。如果他們站在講臺上發表演說，要是臺下的聽眾在竊竊私語，都會讓他們感到無助。只要一想到聽眾在臺下審視著自己，覺得自己說的話被別人所關注，抑或別人覺得他說的話與其他人都一樣很有價值，都會讓他耳根發紅，更不敢在別人面前說話。

　　其實，產生羞澀的原因倒不是完全因為害怕臺下的聽眾，而是害怕自己沒有選擇適當的詞彙來表達想法。

　　對公開演說家來說，最難克服的，當屬自我意識了。別人的銳利的眼神刺穿了他的心靈，別人審視他的表情，都讓他很難擺脫自我意識的困擾。

　　但是，演說者只有在擺脫了自我意識，在演說過程中完全消滅自我意識，沉浸在演說裡，才能給聽眾留下好的印象。如果他在演說過程，想著

會給聽眾留下怎樣的印象，想著別人如何看待他的話，那麼他的力量就會被削弱，演說在某種程度上也將變得機械與沉悶。

即便在演講時出現了重大失誤，這對你也是有好處的。因為這通常能喚醒你在下次克服失誤的決心，讓你逐漸提升自己。德摩斯梯尼憑藉英雄般的努力，最終成為著名演說家。迪斯雷利在遭到嘲笑時，放出豪言：「終有一天，你們會認真聽我的演說。」這些都是歷史上活生生的例子！

真正讓你獲得聽眾認可的，不是你的演說，而是演說者本人。

一個人具有分量，是因為他自己是能力的化身，他深信自己所說的一切。在他的本性裡，沒有任何負面與疑惑的東西。他不僅知道某方面的知識，還知道自己所知道的東西。他的觀點與他這個人一樣具有分量。所有人都會同意他的判斷力。他的行為舉止就能說明他的信念。

我聽到一位讓聽眾如痴如醉的演說家的演說。很多聽眾從大老遠趕過來聽他演說，或是為了獲得入場券在門外排隊一個小時。這位演說者無法讓聽眾對他產生信任，因為他缺乏為人品格，但聽眾卻深深陶醉在他流暢美妙的演說裡。他說的話具有語言的美感，極富魅力。但奇怪的是，聽眾並不相信他說的話。

演說者必須要真誠。聽眾能迅速發現演說者是否真誠。如果看到你的眼神不夠清澈，或是覺得你不夠誠實，只是在演戲，他們就不會欣賞你。

演說者單純說些讓人愉悅的話或有趣的事情是不夠的，他必須首先要相信自己所說的話。要想說服別人，你首先要說服自己。

很多偉大演說成為了歷史的燈塔，照亮了許多前進。很多人都是在自身有所準備，再加上時勢的造就，發表了永垂不朽的演說。

要是沒有發生一些重要的事情，很多人根本無法喚醒他們的潛能，也

不知道自己的能力極限在哪裡。我們會驚訝地發現，在遇到一些緊急情況時，我們能做出一些自身之前難以想像的事情。但不知為何，我們身上隱藏的潛能平時卻始終沒有爆發出來，因為這些潛能深藏在我們的心靈，這實在讓我們很受挫。演說能大大增強我們的能力，讓我們去做之前覺得不可能的事情。

演說在人生所起的重要性，是我們難以估量。

很多國家處在危機關頭，都會出現一些聞名世界的演說家。西塞羅、米拉布烏、派翠克·亨利、韋伯斯特與約翰·布萊特等演說家就是明證。

緊急情況造就了美國國會最著名的演說 —— 韋伯斯特對海恩的反駁演說。韋伯斯特沒有時間進行準備，但當時的情勢逼迫他發揮所有潛能。他的演說逐一反駁了海恩。相比來說，海恩就是一個侏儒。

筆讓很多人發現了自身的天才，但用筆來表達心聲太緩慢了，也不像演說家那樣能在緊急情況下發表演說更加直接。每次危機都能喚醒人之前從未發覺與意想不到的潛能。

當今沒有一位演說家能在滿座都是你的敵人前，依然能照常發揮，展現你的魅力與力量，讓對方都暗暗為你叫好。

在你見到臺下的聽眾，就能感覺他們迸發出一種神奇的力量，某種說不清道不明的魅力刺激著你的心智，催促著你前進。一位演說者在聽眾面前能說出很多之前可能從不敢說的話，正如我們在與朋友熱烈交談之際，能說出一些我們在獨處時說不出的話。正如兩種化學物混在一起時，能形成一種新物質。要是沒有這兩種物質發生的化學反應，這種新物質是不可能單獨存在的。在面對聽眾時，演說者能感受到那種熱情，這觸發他的思考，展現出讓他意想不到的人格力量。

　　演員會跟我們說，舞臺上的管弦樂隊在面向觀眾演出時，會產生一種難以言喻的美妙感，這是在缺乏觀眾時冷漠無聊的排練時感受不到的。觀眾臉上的那種期待表情能激發他們的潛能，進行最好的演出。要是沒有觀眾的這種鼓勵，他們不可能演到最好的。其實，他們之前也是有這樣的能力，只是沒有被喚醒而已。

　　在聆聽演說家的演講時，聽眾可以隨心所欲地表達自己的情感。他們可以大聲笑，也可以放聲哭，可以起身鼓掌，直到演說家完全釋放了對「聽眾」的魔力。

　　所謂「演說」，不過是演說者刺激聽眾的神經，喚醒他們沉睡已久的神經，讓他們釋放自身壓抑已久的情緒。

　　「他的話就是法律。」這句話很好說明了那些能憑藉演說影響世界的演說家的作用。還沒有比影響世人的心靈更加偉大的藝術嗎？

　　溫德爾‧菲力浦斯的演說充滿感情，改變了那些原先憎恨他的南方人對他的看法，反而懷著好奇心去聆聽他的演說。在某一個時刻，菲力浦斯甚至說服了南方人，讓他們覺得蓄奴是錯誤的。我曾聆聽過他的演說，給我的感覺是，他好像擁有神一般的能力。菲力浦斯就是一位演說大師，隨心所欲地影響聽眾的情緒。一些在南部蓄奴時期憎恨他的南方人也在臺下聆聽，就連他們都忍不住為他的演說叫好。他能在演說時讓反對之人轉變原先的觀點，在那個時刻拋棄他們的偏見。

　　威廉‧韋特摩爾‧史都瑞說，在詹姆斯‧羅素‧羅威爾還是個學生時，羅威爾與他一起到法納爾廳聆聽韋伯斯特的演說。他們原想對韋伯斯特留在泰勒政府的內閣表示輕蔑。他們當時覺得，讓在場的 3,000 名聽眾與他們一起噓韋伯斯特應該不是難事。在韋伯斯特開始演說後，羅威爾的

臉色開始變得蒼白，他則是一臉鐵青。他們覺得，韋伯斯特的眼睛死死地盯著他們。他演說的話語讓他們原先心中的鄙視轉化成讚美，將他們的鄙視化成了認同。

「他讓我們見識到了神聖的東西。」另一位到場聆聽韋伯斯特演說的學生在談到這位著名演說家時說。

難道演說不是一門神聖的藝術嗎？演說家流暢的話語就像汩汩流淌的清泉，沿著生命的航道緩緩前進，滋潤著千萬人枯渴的心靈，就像荒野處的綠洲讓身處沙漠中的迷路人燃起了生的希望。

# 第十三章
## 普通美德的勝利

成功的才華只不過是將你能做的事情做好。無論你做什麼，都不要顧慮名聲。

—— 朗費羅

人懂得什麼並不重要，懂得如何去運用懂得的知識，才是重要的。

—— J‧G‧霍蘭德

對年輕人的思想來說，最能鼓勵他們的一句話是：「過去人們做到的事情，現在也能做到。」取得傑出成就的人並不需要我們供奉在神臺上，或將他們視為有特異功能的人。相反，這些偉大應該為每一位年輕人定下了成功的標準，讓我們去仿效。他們的人生事蹟說明了運用常識 —— 勤奮、耐心、節儉、自我克制、決心、勤勉與堅持 —— 所能取得的成就。

透過學習一些偉人憑耐心，朝某個目標前進最終獲得成功的例子，我們能更好地了解這些普通美德的價值。在運用普通美德取得巨大成就上，沒有比亞伯拉罕‧林肯 —— 這位一開始從事道碴的人 —— 最終成為美國總統的典型例子。

也許，在過去年輕人的心中，林肯就是他們最大的英雄。他們以林肯為自己學習的榜樣。年輕人將林肯 —— 一個為了遠大的目標而奮起的人 —— 視為神奇的人物。但如果我們仔細分析林肯的品格，就會發現他的品格其實是由很多最普通的美德構成的。現在，很多崇拜林肯的少男少女，無論他們出身在多麼貧窮的家庭環境，都是擁有這些特質的。

林肯的優點是他的為人氣概、性情坦率，做人誠實。人們會自然相信他。他決心最大限度地發揮自身的潛能，想掌握知識，想出人頭地，想將自己從惡劣的環境中抽離出來，成為世界的風雲人物。他做這麼多，只是

想不斷改善自己所處的環境。

誠然，林肯對自我成長有一種神性的渴望，對追求更圓滿與宏大的人生充滿了熱情，但他身上並沒有顯露出什麼過人的天才，也沒有展現出超人的能力。他是一位簡單的人，從來不追求華而不實的東西。

他簡樸性情是他主要的人格魅力。每個認識他的人都能感覺到他是一位真正的男人，一個心胸寬廣、大度的朋友，一位總想著隨時幫助身處困境的人。無論是一隻豬陷入了泥沼，一位貧窮的寡婦陷入了困境，或一位農民需要他的建議，他都會予以幫助。他有著助人為樂的天性，為人開放、坦率與透明。他從來不掩藏什麼事情，也沒什麼祕密。他的心門總對任何人開放，每個人都能直抵他的內心深處。

努力工作與堅持到底的能力，是天才的「右手」。事實上，這也是天才的最佳替代品了。

如果年輕人將林肯的成功定義為 100 分的話，他們肯定覺得，能從中找到一些占據至少超過 50 分的超人能力。但我覺得，歷史已經說明了一點，他對目標的忠誠，他單純與無私的動機是他最大的優點。當然，這些優點是那些出生在美國最貧寒家庭的年輕男女都可以培養的。

假設我們給林肯的誠實與正直打 20 分，給他的堅忍不拔與努力工作打 10 分，給他對圓滿與有始有終打 10 分，給他對成長的渴望與動力，對充實人生的追求打 10 分的話，讀者就能看到，這樣很容易就能占據了林肯的 100 分。我們沒有在林肯身上發現任何可以稱得上是天才的特質或能力。構成他整個品格的，是他這些最普通的美德的集合。在美國這片土地上，即便是最貧窮的孩子也能透過努力獲得這些美德。林肯的一生沒有展現出哪一種可以稱之為天才的能力。

林肯的偉大成就是透過這些不是用金錢、出身門第或個人影響所購買的個人品格獲得的，即便是出身最貧窮家庭與地位最卑微的年輕男女都可獲得。這對世人將產生難以估量的影響，激勵著那些貧苦的男女去追求人生的成功。

羅斯福在科羅拉多州的高山上對人們發表演講時說：「你們可能覺得我的成功，是你們所無法達到的。讓我向你們肯定一點，我所取得的成功，在很大程度上都是一種附屬品，並不是我原本想要的。如果我能取得成功，那麼你們中任何一個人也同樣能取得成功。我只是履行好家庭與工作的責任，當然還有身為一名普通公民的責任罷了。」

「如果我去世後，那些最了解我的人肯定會覺得，我是一位細心與負責任的丈夫，一位慈愛、睿智與勤勞的父親，一位大度友善的鄰居，也是一位誠實的居民。我獲得的這些稱號才是真正的榮耀。對我的人生來說，這要比成為美國總統更加光榮。要不是因為一些人為無法控制的事情，我也不可能現在這樣身處高位。但是，無論世上發生任何偶然的事情，都無法讓我突然間擁有高尚的品格，成為家庭與社群的一名忠誠之人。因此，你們每個人都有像我這樣的機會，取得真正的成功。要是歷史最終證明我的成功與你們中很多出身卑微的人所取得成功是一樣有價值的話，那我將倍感榮幸。」

麥克金利在步入社會初期，並沒有展現出什麼強大的心智慧力。他在人生的起步階段並沒有展現出驚人或讓人為之驚嘆的能力。他並不是一位天才，也不是一位出色的學者。他在學校裡的地位不是很高，他不是一位著名的律師，他甚至在國會裡也表現的也不是很出色。但他有冷靜的頭腦，有天才的最佳替代品——艱苦努力與堅持不懈的能力。他知道如何努力工作，如何堅持到底。他知道要想在國會證明自己的能力，就要始終

堅持做一件事。他聽從了一位朋友的建議,專心研究關稅法律,最終成為這方面的專家。

歷史上很多偉人們的傳記作品通常讓貧窮出身的男孩感到沮喪,因為他們在尚未閱讀前,就覺得書中講述的偉人是一位天才。他這樣的想法導致他無法從書本獲得人生的啟發,因為他知道自己不是天才,他會對自己說:「這是一本很有趣的書,但我永遠都做不到這些事情。」但在他閱讀麥克金利的人生傳記時,就會發現自己沒有道理做不到書中所說的事情,因為麥克金利的人生並沒有出現突然迅速上升的情況,也沒有因為具有某種特殊能力或機會而平步青雲的例子。麥克金利沒有很出色的天賦,能力其實也是很普通的,但他有良好的常識,同時工作十分認真努力。他擁有圓滑的技能與善於溝通的能力,讓他最大限度地利用每一個機會。

沒有什麼能阻擋一位擁有鋼鐵般意志與堅強決心的人取得成功。在遇到前路上的障礙,他會越過障礙,從中穿過,或選擇迂迴的方法克服。前進中的障礙只能讓他的脊椎更加堅硬,增強他的決心,激發他的智慧,挖掘他的潛能。人類歷史上所有成就偉大事業的人莫不如此。「對有志氣的人來說,世上沒有什麼困難。」

「所有讓我們嘆為觀止的人類藝術,」詹森說,「都是不可阻擋的決心與堅持所塑造的。」

有人說得好,即便是相同的建築材料,一些人建造出富麗堂皇的宮殿,一些人只能搭成簡陋的小木屋,一些人只能拿來建造倉庫,一些人則能做成休閒的別墅。在建築師將磚石與灰泥建成其他建築前,它們只能是磚石與灰泥。弱者前進路上遇到的巨礫,只能成為勇敢人前進的踏腳石。讓某些人退縮的困難只能鍛鍊其他人的肌肉,強者會將這些困難視為某種心靈的跳板,跨越之前看上去無法逾越的失敗鴻溝,最終獲得圓滿的

成功。

內戰時期，美國南部聯盟最著名的將軍之一「石牆」傑克遜將軍，就曾以他的遲鈍著稱。雖然比較遲鈍，但他有著堅定的決心與不可動搖的目標。如果他決心去做某事，就一定要圓滿完成這件事。所以，在他到西點軍校學習時，同學們覺得他太忙了，每隔幾天才會上一天學。但是他沒有放棄，一直堅持學業。最後，他的名次從班上的最後一名，排到了70名學生中的17名。很多被他超越的學生的基礎都要比他好。他的同學曾說，要是軍校是10年制，而不是四年制的話，那麼傑克遜肯定會排名第一。

這個世界為那些意志堅定的人讓路。你會發現，通往成功的道路是沒有坦途的，通向成功殿堂的大門也不是可以輕易敞開的。

在普通的美德中，最為普通的當屬堅持了。堅持這種美德就像是「芝麻開門」，要比很多看似重要的特質更能讓我們打開緊鎖的機會大門。每一位男女都可以做到堅持，拒絕在實現目標之前放棄，拒絕追求會阻擋他前進的享樂，毫不動搖地沿著目標前進。

在歷史上，一些人在極其艱難的情況下，憑藉堅持最終創造了最浪漫的傳奇。對目標的堅韌是所有在人類歷史上留下痕跡的人的一個共同特點。有人說，堅韌是政治家的大腦，是武士手中的劍，是發明家的祕密，也是學者的「芝麻開門」。

堅持對天才來說，就好比蒸汽之於引擎。只有在引擎的驅動下，機器才能完成既定的工作。很多能力平平的人憑藉堅忍不拔的努力，最終要比很多具有天才但缺乏堅持的人取得更大的成就。

誰也無法阻擋一位意志堅強的人取得成功。奪去他的金錢，他能在貧

窮中努力奮發。將他關在地牢裡，他能寫出流傳千古的《天路歷程》。

堅持某項工作，做到最好，做到圓滿，那麼你將成為別人眼中的英雄。你會對自己有更好的評價，別人也會更看好你。

做事細心周到是另一種每個人都可以培養的普通美德。那些無論做何事都能做到最好的人是不會這樣評價自己的工作的：「這已經做的很好了」。只有在自己能力極限範圍內做到最好，才是真的最好。

丹尼爾·韋伯斯特在童年時期並沒有展現出任何過人的能力。他被送到新罕布什爾州的菲力浦斯·埃克塞特學院學習。他在那裡沒上多久的學，一位鄰居就發現他哭著回家。鄰居問他發生了什麼事，丹尼爾說，自己對成為一名學者的念頭已經感到絕望了，其他同學都取笑他每次考試都是最後一名，於是他決定離校回家。鄰居說，他應該回去，看看努力學習到底能夠給他帶來什麼。韋伯斯特聽從了鄰居的建議，回到了學校。從此，他懷著必勝的信心學習，沒過多久，他的成績就名列前茅，並一直保持在那個位置，讓之前嘲笑他的人啞口無言。

忠於職守是成功人士與身處高位的一個顯著美德。據史料記載，拿破崙發出的很多急件都寫著「光榮」二字。威靈頓發出的急件一般圍繞著「責任」這兩個字。

現在，很多人似乎都不願意像前人那樣走「責任」的老路，也沒有耐心與持續的堅持獲得世界的榮譽。

我經常收到年輕人寄來的信件，他們在信件中表示，如果他們肯定知道，自己能成為法律界的「韋伯斯特」，一定會投入所有精力去學習，全身心投放到工作。或者，他們知道自己能成為發明界的「愛迪生」，「醫學界的領軍人物」或成為商界的「沃納梅克、馬歇爾·菲爾德 (Marshall

Field）」那樣的人物，他們一定會滿懷熱情，投入精力去工作。為獲得上述這些人取得的成功，他們願意做出任何犧牲，承受任何挫折的考驗。但很多人說，他們覺得自己沒有那些著名人物所具備的天才與能力，所以他們覺得再怎麼奮鬥也是無濟於事。

這些年輕人沒有意識到，成功並不一定是要做一些偉大的事情，也不是要苦心積慮地去做某些偉大的事情。相反，成功意味著我們誠實認真地生活，過簡單的生活。我們只有在日常生活裡踐行這些普通的美德，將手頭上的事情做到有始有終，在每次交易時做到誠實，真誠對待朋友，助人為樂，友善對待身邊的人，成為一位友善與激勵孩子的父親，如果你能做到這些，你的人生就是成功的。

成功並沒有什麼祕密，只不過是在日常生活裡不斷踐行這些普通的美德。

夏季時，我們看到很多人到鄉村旅遊，他們雙腳踩在雛菊與美麗的紫羅蘭上，不懂得欣賞路邊的可愛的野花，一心只想著摘到大樹上的花朵。其實，樹上的花朵可能根本無法與被他踩在腳下的花朵相媲美。

在日常的生活，不知有多少人為了追求偉大的目標，將生活中值得回憶的事情或美妙的快樂都踩在腳下，他們只想著希望取得驚人的成就，吸引世人的目光，盼望自己的名字出現在報紙上！我們踐踏了自身的情感，漠視了很多美好的東西，只為了追求一些看上去「非比尋常」的東西，獲得一些「看上去很美」的東西，希望能獲得世人的讚美。

為贏得世人的讚美，為了成就一些看上去很偉大與美好的東西，我們錯過了很多小小的成功。要是我們能將這些小小的成功累積起來，那麼我們的人生就已經足夠輝煌了。我們通常追求看上去更為重要與偉大的事

情，錯過了生活中的這些小成功。然後，我們驚恐發現，自己已經在一路上錯失了這些美好 —— 生活的甜蜜、美感與可愛，還有很多日常生活中普通與有趣的事情，都在我們毫無意義的追求中錯過了。

很多著名科學家告訴我們，大自然的祕密之所以能隱藏那麼長的時間，是因為我們的推理方法過於複雜，不夠簡單。很多研究者總在找尋一些非同尋常與複雜的現象。其實，大自然的祕密是極為簡單的，反而讓我們在專心解決一些看似困難的問題時，忽視了這些簡單的祕密。

很多年輕人認為成功源於成就很多偉大事業，覺得成功者肯定有某種特殊的天賦，否則他們肯定無法成功。這樣的想法實在讓人遺憾。

# 第十四章　喚醒心靈

農民約翰‧菲爾德（John Field）問：「戴維斯，你看我這孩子怎樣啊？」他邊說邊望著正等待顧客的兒子馬歇爾。

「哦，約翰。你我都是老朋友了。不瞞你說，」迪恩‧戴維斯（Deyn Davies）從木桶拿出一個蘋果，遞給馬歇爾的父親，以示友好。「我不想傷害你。你也知道我是一個直腸子的人，就說一下心中真實的想法吧！你兒子是一個善良與有能力的人，但即便他在我這商店裡工作 1,000 年，都不可能成為真正的商人。他不是做商人的料。約翰，你還是帶他回農場吧！教他如何擠奶更好。」

如果馬歇爾‧菲爾德一直在迪恩‧戴維斯那間位於馬塞諸薩州彼德菲爾德的商店打雜，那他就不可能成為聞名世界的商業巨擘。在他隻身一人闖蕩芝加哥，聽到許多曾經與他出身一樣貧寒的年輕人都有所成就的故事，這激發了他要成為一名成功商人的決心。「若是別人能夠做出如此神奇的事情，為什麼我就不能呢？」他自問自答。

當然，我們必須承認一點，那就是菲爾德一開始就具備經商的潛質。但一個激發雄心的環境將他的潛能挖掘出來，釋放其出前所未有的能量。如果菲爾德不是去芝加哥這樣的城市，那麼他是否能這麼迅速爬升到這麼高的位置，還是一個未知數呢。西元 1856 年，年輕的菲爾德來到芝加哥，這座神奇的城市正處在蓬勃發展的階段。當時，芝加哥只有 85,000 人。在菲爾德前往芝加哥的幾年前，這座城市到處都是印第安人的小村落。但是，這座城市實現了跨越式的發展，不斷激發著生活在其中的居民發揮才智。當時城市的空氣中彌漫著成功的氣息。每個人都感覺到自己有很大的發展空間。

許多人似乎認為，所謂雄心壯志不過是某些人與生俱來的，與環境的

關係不大。但不少人的大志仍處在一種尚待開發的狀態，需要我們去喚醒與催發。若是熱情能迅速與自身的教養結合起來，我們必須時刻用心呵護與培養，正如音樂或藝術上的天賦必須精心培養，否則就會凋零。

假如我們不嘗試去實現理想，就會失去強大的動力，目標會逐漸模糊，身體功能會處於下降狀態。不用多久，我們會失去原先的力量。要是我們一直不運用自身的能力，漠視自身的才華，那麼我們又怎麼可能期望依然保持遠大的理想呢？如果我們總是任由機會從身邊溜走，不努力抓住，那麼我們把握機會的能力就會越來越弱。

愛默生說：「我最需要的是，有人能激發我去做自己能做的事情。做自己力所能及的事情，這就是問題的癥結所在。」這並不是拿破崙與林肯所能做的，而是我自己能做的。我是將自己最好的一面展示出來了，還是將最壞的一面暴露出來了，我發揮了 10％，15％，25％ 或是 90％ 的潛能，這對我的人生有著極其重要的影響。

其實，許多人都具有很強的能力，擁有無法估量的潛能，只不過這些潛能現在處於沉睡的狀態，若能喚醒，我們就可創造奇蹟。他們最優秀的一面埋藏在心靈深處，從未被喚醒過。當我們與這些人相遇時，就能感覺到他們身上還有尚未被挖掘的潛能。他們能夠取得巨大成就的潛能就這樣不經意間消耗掉了。

不久前，報紙報導了一位 15 歲的女生，她的心智能力只相當於小孩子的水準。能讓她感興趣的事情並不多。她整個人顯得呆滯，冷漠，似乎對身邊的所有事情都提不起興趣。直到某一天，當她聽到街上有人拉著大型手風琴，她的心智突然間被喚醒了。她終於找到了自己，身體的功能被喚醒了。在接下來的短短幾天，她獲得了巨大的進步。她幾乎在一天內從

小孩進入了少女時期。絕大多數人都有尚未甦醒的潛能，這種深藏的潛能就像是這位女孩一樣，一旦被喚醒後，就能煥發驚人的能量。

西部某座城市有一位法官，他人到中年才將潛能發揮出來。在此之前，他是一位目不識丁的鞋匠。他現在 60 歲了，擁有該城市最大的一間圖書館，成為最有學識的人，為別人提供力所能及的幫助。到底是什麼讓他的人生出現了如此巨大的轉變呢？其實，他在聽到一場有關教育的價值的演講後所受的啟發，開始了轉變。正是這場演講喚醒了他心中沉睡的潛能，重新找回了迷失已久的理想，開始在自我發展的道路上不斷前進。

我認識不少大器晚成的人，他們無一例外是在受到某種外在刺激 —— 如閱讀某本勵志、聽一場布道演說、與某位朋友朋友偶遇交談或別人的鼓勵與信任的話 —— 讓他在瞬間醍醐灌頂，褪去人生陳舊的一頁。

在這個世界上，你與哪些人在一起，這是極為重要的。我們要與能適度鼓勵、相信、讚美我們的人一起，不要與讓我們失去自信、理想或是將希望之火吹熄的人為伍。

紐約青少年法院的緩刑監督官在西元 1905 年的報告上寫道：「讓男孩與女孩遠離不良的環境，這是讓他們改過自新的第一步。」紐約防止虐待兒童社團在 30 年的時間，對超過 500,000 涉及到社會與道德問題的孩子進行調查後，得出了一個結論，就是後天的環境產生的影響要比先天的遺傳更為重要。

即便是最為強大的人都不能超越環境的限制。無論他多麼獨立，意志多麼堅強，下多麼大的決心去改變我們的本性，我們每時每刻都在深受自身所處環境的影響。就是讓出生血統最高貴、天賦最高的孩子被野蠻人撫

養，他們身上的潛能還能剩下多少？如果他們從小就成長在一個充斥著野蠻與殘忍的氛圍下，當然他們也會成為野蠻人。有一個關於出生在富貴之家的孩子，從小就被家人拋棄，被一隻野狼當成小狼那樣撫養，那麼，這個孩子就肯定會學到野狼的所有特徵 —— 四腳走路，像狼一樣嚎叫，啃東西也像野狼一樣。

大多數人都並沒有下很大的決心去改變我們的生活。我們只是很自然地遵循身邊的榜樣。一般來說，我們都會隨著環境的大趨勢「潮起潮落」。詩人們所說的「我是我所遭遇的事情的一部分」的這句話，不僅只是一時靈感激發所想起的，而是一句絕對的真理。所有事情 —— 包括一場布道演說、一場演說、聽到的一場對話，每個觸動你人生的人 —— 這些東西都在你品格留下了深刻的印記，你與未經歷這些東西之前再也不一樣了。你肯定會有所不同 —— 與之前的你不再一樣 —— 正如比徹在閱讀了羅斯金的作品後，與之前的他再也不一樣了。

幾年前，一群俄國工人被一間俄國造船企業派遣到美國，他們來這裡是學習造船方法與吸收美國的精神。在短短的 6 個月裡，這群俄國人的技術已經堪比美國的技術工人了。他們的視野得到了拓展，個性得到發展，增強了做事的主動性，在工作中展現出個人的卓越性。在回到俄國的一年時間，他們身處在一直死氣沉沉、沒有絲毫進取的環境下，這些人失去了之前的進取心，又成為了普通的工人，每天的工作失去了目標。之前在美國被激發的熱情慢慢沉睡了。

我們的印第安學校有時會出版一些從印第安自留地走出畢業的學生的照片 —— 這些學生穿著得體、雙眼閃耀著智慧的火花。我們猜想這些學生日後能有所作為。但是大部分學生在努力堅持了一會他們全新的標準後，還是回到了他們原先的部落，逐漸又回到了他們原先古老的生活方

式。當然，也有一些例外。但這些堅持下來的學生無不是有著堅強的個性，有能力抵禦讓自己下滑的趨勢。

如果你訪問今天的失敗大軍，你就會發現很多人之所以失敗，是因為他們從未處在一個充滿熱情、鼓勵與競爭的環境，因為他們的野心從未被喚醒，因為他們自身不夠強大，無法抵禦讓人沮喪、鬱悶或是險惡的環境。我們發現在監獄或貧民區的很多人，都是遭受不良環境所致而墮落的典型例子，這樣的環境將他們身上最壞的一面激發出來了，而不是將最好的一面喚醒。

無論你從事怎樣的人生工作，都要不惜一切代價讓自己身處一個喚醒自我的環境，不斷激發你的潛能。要與理解你的人、相信你的人以及幫助你發掘自身並鼓勵你去實現挖掘最大潛能的人在一起。對你來說，這會造成輝煌的成功與平庸的生存間巨大的反差。向那些不斷努力嘗試以及努力出人頭地的人學習 —— 向這些擁有高遠志向、崇高目標的人學習。與那些做事認真的為伍。雄心壯志是具有傳染性的。你會被主宰你環境的那種氣氛所感染。你身上已經成功的那一部分會繼續鼓勵你更加努力地去奮鬥，即便你有些方面做得還不夠理想。

不斷為崇高目標奮鬥的人，身上擁有著一種巨大的能量，這種巨大的能量最終會幫助他們實現你的夢想。與志同道合的人一起奮鬥，這是讓人興奮的。如果你缺乏能量，本性懶惰，只想著做容易的事情，那麼就會被更有大志的人不斷催趕你。

# 第十五章　有想法的人

有所成就的人一般都是有想法的人。也就是說，這些人有堅定的目標，不受其他事情的困擾，有一個不可動搖的理想指引著他們。

—— 卡爾・巴特（Karl Barth）

對偉大目標的健康追求，是人生的美感與祝福。

—— 讓・英格洛（Jean Ingelow）

堅定的信念能讓一個人擺脫別人的嘲笑。

—— 約翰・史都華・密爾

思想在這個世界發揮的作用要比加農炮還要大。思想要比軍隊還要強大。

原則要比騎士與戰車贏得更多的勝利

—— W・M・帕克斯頓（W. M. Paxton）

「為什麼你還要花心思去做一架紡織機器呢？」波士頓一位名叫阿里・達維斯對機器製造商說，「為什麼你不去做一架縫紉機呢？」他的建議被一位富人所採納，費盡心思想要發明紡織機器的發明家一直都沒有成功。「我也想製造，但那是不可能的。」「不，可以的。」達維斯說，「我能夠製造出來。」「很好，」商人說，「要是你能製造出來的話，我能保證你獲得一大筆財富。」商人覺得達維斯只是在說笑話，但這個主意被旁邊的一位工人聽到了。當時這位工人只有 20 歲，人們都覺得他沒有能力製造出那麼有用的機器。

　　但是，埃利亞斯・豪（Elias Howe）並不像表面那樣看上去腦袋空空。他對這個主意進行深刻的思考，發現這架機器是可以製造出來的。四年過去了，他的週薪只有 9 美元，要養活妻子還有三個孩子。這位樂觀的人是

一位心思縝密與勇於前進的人。那個縫紉機的想法一直縈繞著他的腦海，最後他下定決心製造出來。

他耗費了幾個月時間，研究一種雙頭都可縫紉的針，針孔在縫針的中間，這樣就能來回地縫紉衣服。突然間，他腦海閃過一個想法，應該還可以有另一個針線。他投入近乎狂熱的心情日夜去研究，直到他製造一塊粗糙的木頭與線圈，才知道這能夠取得最後的成功。他心中已想到這個主意，但手上的資金再加上父親資助的一些錢，都不夠他購買一架機器。但是，他的一位老同學喬治·費奇（George Fitch），這位劍橋的木材與煤炭的商人願意幫助他。他同意為埃利亞斯及他的家人提供住宿，給他們 500 美元的生活費，但他要獲得這個發明的一半專利。西元 1845 年 5 月，埃利亞斯·豪完成了機器的製造。在 7 月時，豪已經用機器縫出兩件毛織衣服，一件送給費奇，一件留給自己。豪發明的這架機器現在保存下來了，一分鐘還能以 300 針的縫紉速度工作，這被認為是在第一次試驗中表現最為優秀的機器。現在，世界上數百萬臺縫紉機的核心部件，都是豪當年製造的。

芝加哥市政府決定改造芝加哥的城市面貌，進行大規模的城市建設。一位貧窮機械師的兒子喬治·莫蒂默·普爾曼（George Mortimer Pullman）剛好遇到這個機遇，他積極競標這個專案，最後獲得了政府的契約。他不僅成功進行了城市的建設，還圓滿完成了契約的要求。完成這個項目後，他心想要建造「一輛可以睡覺的汽車」，可以在所有鐵路上行駛。他在芝加哥與愛爾頓各設置了車站，組裝了兩輛車進行運輸。很快，他就發現這些運輸工具很受歡迎。接著，他想製造更為豪華的旅行車，那就會有更大的需求。普爾曼在科羅拉多州的金礦工作了三年後，回到芝加哥，製造了每輛價格達 18,000 英鎊的豪車。但普爾曼認為，要想解除乘客在長途旅

行中的疲憊，列車一定要有速度，還要足夠舒適。所以，他深信自己能夠取得成功，就全身心投入進去了。

普爾曼深信這種旅行車具有的商業價值。他負責興建的城鎮就是以他命名的，他所建造的豪華旅行車就是他堅持個人想法的見證。他對該鎮進行了大量投入，保證員工能在清潔衛生與的環境下工作。在他的努力下，普爾曼鎮成為了清潔、秩序與舒適方面的典範。

改變基督世界的人，都是有思想的人，他們將這些思想付諸實踐。蒸汽機的原始概念在古希臘的哲學家的著作中提及過，但直到 2,000 年後才被人製造出來。

17 世紀，正是那位來自英國紐科門的鐵匠，在毫無機會的情況下，構思透過蒸汽推動活塞繼而轉動物體的想法。但是，此人製造的機器要耗費 30 磅的煤炭才能產生一馬力。現代的蒸汽機在很大程度上是詹姆斯·瓦特 —— 這位出身貧窮、沒接受過什麼教育的蘇格蘭男孩改良的。瓦特 15 歲時，走在倫敦的大街上，想找尋一份工作。格拉斯哥大學的一位教授為他騰出了一個房間用於學習與工作。瓦特在找工作間隙，使用舊瓶子儲存蒸汽，用一根空心的藤條做導管。他從不浪費時間，將分秒都投入到研究中去。他改進了來自紐科門那人的蒸汽機。他的做法是：在活塞完成 1/4 或 1/3 的轉動時，關掉蒸汽閥，讓活塞轉動的慣性去驅動。這就節省了 3/4 的蒸汽動力。在此期間，瓦特忍受著極度的匱乏，那樣的生活會讓很多普通的男孩失去人生的信念。但他卻始終沒有放棄，堅持人生的理想。他勇敢的妻子懇求他不要理會她生活中遇到的困難，也不要為當前的困境而沮喪。「如果引擎最終不能做正常工作的話，」她寫信給正在倫敦掙扎的瓦特說，「那麼肯定會有其他東西能行的。永遠不要絕望。」

「在安息日的一個下午，」瓦特說，「我外出散步，經過了一座老舊的洗衣房，腦海一直想著有關引擎的事情。此時，我腦海裡突然閃過一個念頭，蒸汽就像是柔軟的『身體』，會填充所有空間。如果傳動器在氣缸與導管之間，那麼蒸汽就會沖到裡面，可能在無須冷卻氣缸的情況下進行壓縮的活動。」這個想法很簡單，但卻是讓第一個蒸汽引擎變得實用的原始觀點。詹姆斯‧麥克金塔奇將這位貧窮的蘇格蘭男孩發明的蒸汽機，稱為「人類歷史上最偉大的發明」。

喬治‧史蒂文生，這位出身貧窮的礦工，想建造一架能夠改變世界交通格局的火車引擎。他在煤礦裡工作時，日薪只有 6 分錢，還要透過為同事縫補衣服或補鞋賺取一點額外收入，以供自己上夜校。與此同時，他還要養活雙目失明的父親。即便是在如此困難的情況下，他依然沒有放棄對未來的夢想。很多人都說他瘋了，「他製造的那個發出轟隆隆聲響的引擎，散發出的火花會燒掉整座房子的。」「引擎發出的黑煙會汙染環境」、「馬車製造商與馬車夫會因為沒人聘請而餓肚子的。」當這位夢想者身在下院時，很多議員都這樣盤問他。一位議員反問：「還有比那種認為火車引擎的馬力能比馬車快兩倍的想法更加荒唐與可笑的嗎？我們很快就會發現，伍爾維奇的居民要忍受這樣一種堪比康格里夫式炮彈發射速度的火車，竟然相信這樣的一個機器能以那樣的速度前進。我們相信國會一定會按照鐵路部門的建議，將火車的速度限定在每小時 12 ～ 14 公里，這樣我們才敢冒險。」大家決定就此事向英國兩位著名的引擎專家請教，他們覺得引擎只有在 750 公尺的距離內才能使用，然後必須使用繩索或滑輪來拖動。但史蒂文生說服了這兩位專家，希望能在西元 1829 年 10 月 6 日進行一場競賽，贏者獲得 2,500 英鎊的獎金。

到了競賽那一天，成千上萬的人聚在鐵路邊，觀看四部引擎機器的競

賽。這四部引擎分別是「新奇號」、「火箭號」、「堅韌號」與「森斯帕雷號」。「堅韌號」的時速只有三公里，最後被淘汰出局，因為當時的規則要求時速至少要超過 5 公里。「森斯帕雷號」的平均時速為 7 公里，但它最後燒掉了水煙筒，退出了比賽。「新奇號」的速度不錯，但也因為燒掉了水煙筒，退出了比賽，最後只剩下「火箭號」以平均時速 7.5 公里前進，最高的時速曾達 14.5 公里。「火箭號」正是史蒂文生製造的火車頭，所以他最終證明了自己的觀點，即固定引擎在鐵路上是完全處於下風的。他繼承了瓦特憑藉天才設計的引擎，加上輪子，就能運載人與貨物。最後，史蒂文生以實際行動打破了當時最著名引擎專家的論斷。

在人類的發明史上，沒有比約翰・費奇的發明故事更讓人覺得傷感與感動的了。從很多方面來說，他就是一名魯蛇，形象差，看起來也很懶散。他出身在貧窮的家庭，過著貧窮的生活，最後也是在貧窮中死去。如果世界上有真正的發明家，那麼他肯定算其中一位。他是那種為了實現某個目標，寧願放棄所有東西的人。他曾說過一句話就能代表他這樣的性格。在他的發明陷入困境時，他說，如果有人願意花 100 英鎊買他的一條腿，他會很高興地用刀割下來。

他在自己的國家與法國都試圖籌錢去建造蒸汽船，他說：「你和我都見不到那一天，但終有一天，蒸汽船將成為人們優選選擇的交通工具。終有一天，蒸汽船會從新奧爾良到威靈的西部河流上航行，跨越大海。約翰・費奇可能會被世人遺忘，但其他人會繼承他的遺志，將他的思想付諸實踐，為世人做出貢獻。」

他過著貧窮邋遢的生活，受盡了世人的冷眼，被人當作瘋子。很多富人拒絕資助他的專案，讓他內心感到極度沮喪。直到西元 1790 年，他製造的第一艘蒸汽船德拉瓦州進行試航。當時，蒸汽船在逆流時的航行速度

為三公里，順流的時速為四公里。

西元 1807 年 8 月 4 日，星期五，哈德遜河邊的碼頭，一大群好奇心的人們懷著看好戲的心態聚集在一起，準備見證人類歷史上最荒唐想法的破產，見證那個被視為「怪人」的傢伙的失敗。這位「怪人」建議用這艘名為「克拉門特」號的汽船運送乘客到奧爾巴尼！「誰有聽過在哈德遜河上，一艘沒有風帆的船隻能夠準確到達目的地這樣荒唐的事情呢？」一位自以為聰明的嘲笑者譏諷說。很多圍觀者都覺得那人是在浪費時間與金錢，他所製造的「克拉門特」號汽船也只不過是一個傻瓜的作品而已，像他這樣的人應該被送到精神病院。但是，「克拉門特」號卻浮在了水面上。一位旁觀者堅持說：「這艘蒸汽船肯定不能逆流航行。」但「克拉門特」號成功逆流航行。年輕的富爾頓用行動證明了沒有什麼事情是不可能的，用事實來反駁了其他人的嘲笑，讓世界擁有了第一艘具有商業價值的蒸汽船。

雖然富爾頓為人類作出了如此巨大的貢獻，改變了商業世界的運轉方式，但他還是被很多人視為公敵。評論家與憤世嫉俗者每當提到富爾頓的名字都嗤之以鼻。創造者對人類的貢獻，通常與對這些守舊者的打擊成正比。

在「克拉門特」號燒著松木，煙囪上冒出濃煙，輕盈地在河面上航行時，沿岸的居民都無法解釋眼前見到的這一幕。他們迅速跑到海岸邊去看這艘沒有槳櫓的船逆流前行。槳輪發出的巨大噪音與它前行的速度成正比。水手們見到這一幕，紛紛棄船逃走，漁民們則迅速划槳回家，以躲避這艘會冒煙的船。印第安人在看到這艘蒸汽船第一次出現在曼哈頓島時，就像他們的祖先那樣紛紛竄逃。很多帆船的所有者都妒忌「克拉門特」號，想要將這艘船弄沉。其他人則眼紅，不承認富爾頓擁有蒸汽船的專

利，要與他打官司。但是，「克拉門特」號的成功很快就引起了全國各地建造蒸汽船的熱潮。政府聘請富爾頓為專家，幫助進行建造一艘蒸汽動力強大的船，這艘船被稱為「富爾頓一號」。富爾頓還為政府建造了一艘發射船，用於進行魚雷的發射。此時，富爾頓的名聲已經傳遍了文明世界，他於西元 1815 年去世時，新聞報紙都以黑板頭條來進行報導，以表示哀悼之情。紐約的州議會的議員佩戴著哀悼的紀念章。在富爾頓的靈柩被送到古老的三一教堂時，沿路都是送行的人，禮炮為他鳴響。當時的美國很少會為一個人舉行如此隆重的葬禮。

事實上，拉德納博士曾向科學家「證明」一點，即蒸汽船是不可能跨越大西洋的。但在西元 1819 年，「大草原號」蒸汽船從紐約出發，最後在風帆與蒸汽的驅動下，到達了愛爾蘭的港口，完成了這趟看似不可能的「航行」。那些在岸邊觀看這一幕的人還以為船上的甲板發生了火災。愛爾蘭國王甚至派遣一架快艇前往救援。雖然這次航行成功了，但直到 20 年後，蒸汽船才正式進行跨大洋的航行。

西元 1832 年，朱尼厄斯·史密斯（Junius Smith）在一艘從英國港口駛往紐約的蒸汽船的甲板上來回踱步，他自言自語：「為什麼蒸汽船就不能進行正常的跨洋航行呢？」無論在倫敦或在紐約，人們對這樣的想法都是嗤之以鼻的。史密斯第一次感受到前進的動力，是一位名叫喬治·格魯特（George Groot）的歷史學家與銀行家，說他的這個想法是可行的。但他最後還是面臨同樣的老問題，他沒有錢去製造蒸汽船。最後，一位名叫以撒·塞爾比的倫敦著名商人同意建造一艘重達 2,000 噸位的蒸汽船「英國女王號」。但是，因為在組裝引擎時出現了意外的延遲，所以計畫者決定讓「天狼星號」蒸汽船 —— 這艘只有 700 噸排水量的船先行出發，前往紐約。在得知這個消息後，史密斯決定在四後從布里斯托爾港口出發，結果

這兩艘蒸汽船同時抵達紐約。沒過多久，史密斯花費了 32 天完成了紐約與倫敦之間的往返。

出生於紐哈芬（New Haven）的查爾斯‧固特異（Charles Goodyear）在決心與耐心方面展現出無與倫比的堅強。他過著貧窮的生活，與貧苦的日子進行了長達 11 年的掙扎，他過得這麼落魄，是因為他想將橡膠變得具有商業價值。他曾因欠債被投入監獄，拿衣服與妻子的首飾去典當，只為拿些錢養活孩子（這些孩子不得不要到田野裡收集木材，用來生火）。想像一下，在他沒錢埋葬自己死去的孩子，還有其他五個孩子都處在飢餓邊緣時展現出來的堅定與勇氣吧！在鄰居因為他忽視家庭責任，嚴厲責備他，罵他是瘋子時，他沒有放棄對理想的追求。但是，請你看看他研究出來的硬化橡膠 —— 他多年來憑藉英雄般努力換來的成果吧！現在橡膠有 500 種使用途徑，讓 100,000 人獲得了就業機會。

俾斯麥曾立下大志，一定要讓德意志從奧地利的壓迫中解放出來，然後與德意志北部的普魯斯進行合併，讓思想、宗教、教育與利益都與原先的普魯士趨於一致。「為了實現這個目標，」他曾在一次談話中提到，「我不懼千辛萬苦 —— 即便是遭遇流放，被送上絞架臺，我也在所不惜。要是套在我脖了上的繩索能夠讓全新的德意志牢牢處在普魯士的統治之下，我寧願死去。」

德國的統一大業，一直是他心頭所牽掛的事情。多少年來，議會不知多少反對他提出的建議，但這又有什麼關係呢？他只是重新振作起來，與議會作鬥爭。他相信自己能夠完成統一人業。讓德國成為歐洲最強大的國家，讓普魯斯的威廉國王成為比拿破崙與亞歷山大更有權勢的統治者，這是他的願望。無論前方有什麼阻擋著他，無論是國民、議會、其他國家的反對，這些都不關緊要，這些東西必須要臣服於他偉大的目標。

　　放逐偉大的但丁，以侵占別人財產的名義指控他，又有什麼關係呢！看看但丁飢寒交迫時的窘態，滿臉憂鬱，到處遊蕩的處境吧！他從未放棄過理想。他將心靈的智慧全部傾注到不朽的詩歌中，相信正義最終會取得勝利。

　　哥倫布忍受著別人的各種打擊與嘲笑，別人指責他是一個異想天開的夢想者，一個不知所謂的冒險家。據說，大人們在哥倫布路過時，向小孩指著哥倫布，告訴他們千萬別學他那樣成為一個瘋子。

　　德國著名的自然學家奧肯曾邀請一位美國人到家裡做客。讓這位美國人大吃一驚的是，奧肯家的飯菜既沒有肉也沒有甜點，只有烤過的馬鈴薯。奧肯也不願意為這麼素的菜向客人道歉。他的妻子向客人解釋說，自己丈夫的收入很低，他們寧願過得簡單一些，這樣丈夫就有錢買更多的書與工具去進行科學方面的實驗。

　　在發現乙醚之前，病人從大劑量的麻醉藥物中甦醒過來，通常要一個星期，甚至是一個月的時間。有時，在手術時為緩解病人的疼痛，時常會注射 500 毫升的鴉片酊，讓病人處於完全麻醉的狀態。年輕的醫生莫頓相信，大自然中肯定存在某種藥物能在進行手術時緩解病人的疼痛，但他又能做什麼呢？他不是一位藥劑師，對很多藥物的化學成分一無所知，而且他也沒有接受過多少的教育。

　　莫頓並沒有想著從書本上學知識，也沒有向專業人士尋求專業建議，而是對已有的藥物進行實驗。他服用過一些麻醉劑，甚至把自己都弄昏迷了。但若是能運用到病人身上，就有成功的可能。他對各種麻醉藥物進行實驗，直到最後研製出乙醚。

　　大主教文森特加入年輕人創辦的肖托夸（Chautauqua）社團，卡拉克

博士參加聞名世界的「青年奮進運動」——這一隸屬於衛理公會教派教堂的社團，愛德華‧艾瑞特參加「國王的女兒」與「我為人人」的活動，這都是很好的做法！卡拉拉‧巴爾頓創辦了紅十字會，受到了全世界各國人們的歡迎。她發現在美國內戰期間，南部同盟的軍隊向醫院開火。她覺得這樣的行為是不能容忍的，不能突破這樣的人類底線，決定制止這樣野蠻的行徑。當然，世人都在嘲笑這位貧窮、一無所有的女人的不自量力。但她的思想卻被當今世界各國所採納。凡是向懸掛著紅十字會旗幟的醫院開火的軍隊，將會失去所有人的信任，也失去了戰爭的道德。

　　無論在任何時代，推動人類進步的男女，都是心懷他人的人。諾亞建造方舟，拯救了黎民，摩西支持以色列人的事業，耶穌基督的生與死都為了拯救墮落的人類。這些人生前無不受盡了世人的冷眼，但他們卻給蒼生帶來的幸福。無論哪個時代，身處何方，那些甘願忍受貧苦、艱難、嘲笑、迫害甚至是死亡的人，為能夠點燃別人前進的道路，奮鬥了一生。事實上，如果一個人心中沒有偉大的目標——一個堅定不移的目標，那他能否為人類做出貢獻，這是值得懷疑的。

　　比徹必須要克服前進道路上的每個挫折，才能一步步鍛造偉大的品格。通常，在為了追求真理與原則的道路上，他只能孤身面對大眾的偏見、抨擊與固執。甚至是他所在的教會都不支持他。但他在意識到自身的職責後，從未有半點動搖與去猶豫。在對與錯，大是大非的原則上，他沒有任何猶豫不定，沒有選擇走中間路線，從不妥協。他寧願遭受世人的冷眼，也不願讓真理旁落。他的布道演說從未為了贏得聽眾的掌聲或支持，而選擇放棄原則。履行職責與追求真理是他的目標，為了實現這個目標，他無所畏懼，勇往直前。很多教會都不同意他所持的觀點，但他們都不會憎恨他，因為比徹心胸寬廣，氣度非凡，別人的仇恨與打擊對他根本無法

發揮什麼作用。

「天荒夜談」的神話故事能夠與諸如富蘭克林、莫斯、固特異、豪、愛迪生、貝爾、比徹、高斯、哈里特‧伊麗莎白‧比徹‧斯托‧斯托伊、阿莫斯‧羅倫斯、喬治‧皮博迪、麥克柯米科、霍依及其他偉人的人生故事相比嗎？這些人身上代表著認真的行動，提升著人類的身體、心靈與道德的水準。

世界還有很多深邃的思想尚未挖掘，還有很多東西尚未發明。所有美好的東西都有待我們去挖掘。還有很多錯誤需要修正，還有很多挑戰需要獨立的靈魂去面對，還有很多新思想需要去傳播。

「但我該如何才能獲得新思想呢？」答案是保持開放的心態！認真觀察！學習！最重要的是，學會思考！當一個高尚的形象在你的心靈烙下了難以磨滅的印記，那麼你就要 —— 行動！

第十六章　勇氣

斯巴達人從不會問敵人有多少，只會問敵人在哪裡。

—— 阿格西萊二世

讓我直面敵人，讓我死而無憾。

—— 巴亞德

誰想征服我，都將發現我是一位頑強的敵人。

—— 拜倫

追求安穩，不敢冒險的人永遠不可能有偉大的成就。

—— 喬治・艾略特

微笑面對你無法控制的事情，這是英勇的行為。
但真正的光榮在於順從不可避免的事情。
不受羈絆，完全自由地行動，心中只受到職責的指揮，
讓這把火焰照亮心靈，這就是英雄主義。

—— 弗雷德里克・威廉・羅伯遜（Frederick William Robertson）

「士兵們！穩住！每個人都應該死在現在站著的地方。」科林・坎貝爾對居住在巴拉克拉瓦的 93 名蘇格蘭人說，當時俄國的騎兵正殺過來。「是！科林長官！我們聽你的。」蘇格蘭人立即回答。其中很多人至死守住了自己的承諾，沒有投降。

「把旗幟搶回來！」在阿爾瑪戰役時，一位上尉說。雖然士兵們都在後撤，但一名少尉站在原地，他大聲說：「不！讓士兵們朝旗幟所在的地方前進！」

「勇敢！更勇敢些！最後除了勇敢，沒有什麼可以依靠的了！」丹東

就是憑著勇敢，抵抗法國內部的敵人。「法國的下院已經密謀，」西元1789 年 6 月 23 日，米拉布烏對德・布雷茲 —— 這位受國王之命要解散軍隊的人 —— 說：「我們已經知道這是國王的想法。但是你，恕我直言，你不是國民議會的代表 —— 你沒有地位與權力這樣做 —— 你不是適合傳遞國王命令的人。回去吧！對派你過來的人說，我們來這裡是受人民的委託，別人是無法解散我們的，除非你們來進攻我們。」

在羅馬議院的議員們懇求雷古魯斯不要回去迦太基完成他危險的使命時，雷古魯斯冷靜地說：「你們這是要讓我蒙羞嗎？我知道折磨與死亡在等待著我，但這些與一顆蒙羞的心靈或恥辱的行為相比，算得了什麼呢？雖然我是迦太基人的奴隸，但我有著羅馬人的精神。我發過誓一定要回去，這是我的使命。其他的事就讓上帝來主宰吧！」

在瑪麗女王即位後失勢，克蘭默的最終結局已不可避免，但他依然展現出驚人的勇氣。雖然他做出道德上的讓步，恥辱地順從了亨利八世的貪婪與專制，連續 6 次改變宗教信仰，希望以此來換的原諒，但這是不可能的。克蘭默古怪的性格中有一種能量，能將缺點轉化為優點。3 月 21 日，他被帶到牛津的聖瑪麗大教堂，再次重申他改變宗教信仰。他面向躁動的聽眾進行演說時表示：「現在，我明白了，之前一直讓我良心不安的，不是我一生所說或所做的事情，而是因為我違背了真理。現在，我重新宣布，拒絕所有與真理相悖的信仰，不再懼怕死亡。假如這可能挽救我的生命的話，也無所謂。我知道我要遭受懲罰，但如果真是如此，就讓我成為第一個因此信仰遭受懲罰的人吧！」最後，他大聲地說：「這就是寫下信仰的手，因此，應該首先遭到懲罰。」然後，他將手放入火焰中。他一動不動，沒有發出半點聲音，直到最後死去。

西元 1750 年陽光明媚的一天，一個女人的尖叫聲讓正在維吉尼亞州

背部森林吃飯的測量工人為之一驚。這位女人的哭聲連續傳來，很多測量工人都紛紛跑過來，想知道到底發生了什麼事情。女人看到一位表情冷靜，只有 18 歲的年輕人時說：「先生，你肯定能幫我的！讓你的朋友幫幫我吧！我的孩子 —— 我那可憐的孩子正在水中，他們都不讓我去救他。」「這簡直是瘋了，要是不攔住她，她肯定會跳進河裡的。」一位不准女人跳河的人說，「激流會在一瞬間將她撞個粉碎的。」年輕人立即脫下外套，來到了河邊，目光搜尋了一下河面，只見巨大的岩石與激流。他看見了一個男孩的衣服，立即跳進激流裡。「感謝上帝，他去救我的孩子！」這位母親哭喊。所有人此時都來到了河邊。「那就是我的孩子！哦，我的孩子，我親愛的孩子！我不能沒有你啊！」

　　所有人的目光都聚集在這位勇敢的年輕人身上，洶湧的激流在打轉，將他淹沒。他似乎要撞上一塊巨大的岩石，水花在他頭頂上冒泡，不久一陣漩渦將他捲進去。年輕人兩次淹沒在水中，但他最後都游出來了。此時，他已經來到了河面最危險的地帶了。水流速度很快，沒人再敢往前走去，否則就會被激流捲進去，撞個粉碎。這位年輕人使出渾身的力氣，進行了第三次嘗試，試圖抓住孩子的衣服，此時一個強大的逆流將他沖走。但他決定進行最後一次的努力，這一次他終於讓孩子抓住了他的右手臂。就在此時，岸上圍觀的人都大叫一聲，因為激流又將他們淹沒在水中。

　　「他們在那裡！」不久，孩子的母親滿懷喜悅地大叫。「看！他們很安全！感謝上帝！感謝你！」最後，年輕人與孩子遠離了那個漩渦。過了幾分鐘，他們回到了河岸的淺處，他們的朋友再將他們拉上來。男孩失去了知覺，但還活著，年輕人已經筋疲力盡了。「上帝會賜給你獎賞的。」這位感恩的母親莊嚴地說。「上帝會為你服務的，回報你今天的恩情。我也會為你祈禱，為你祝福。」

這位年輕人正是喬治‧華盛頓。

一名骨相學家在檢查威靈頓的頭部時說：「你的勇氣不是源於你獸性的勇猛。」威靈頓說：「你說得對。要是沒有高度的使命感，我在第一次作戰時就會做逃兵。」威靈頓在印度戰場上的首次戰役，是戰爭史上的著名戰役。

傑克遜將軍在當法官時，曾在一個安置地的小法庭進行開庭審理。邊境上一位暴徒被指控犯有謀殺罪與搶劫罪。這位暴徒野蠻粗暴地打斷了法庭的審理。傑克遜下令警衛將他逮捕下去，但是警衛都不敢。「叫衛兵。」傑克遜說，「將他拿下。」但是，衛兵也很害怕這位暴徒。「那只有我自己來了。」傑克遜說，「現在休庭五分鐘。」他離開座位，徑直朝那位暴徒走過去，一雙「鷹眼」死死地盯著暴徒，最後暴徒放下了武器，乖乖投降。暴徒後來說：「傑克遜的眼神中有某種東西，是我所不能抵抗的。」

已故的法國總統加諾特以總統身分履行的最後一個官方行為，就是將法國榮譽勳章授予一位住在美國印第安那州的一位小女孩。在一列前往芝加哥參加世界展覽會的火車上，有幾位法國知名人士。當時珍妮只有 10 歲，她發現火車的支架上著火了，要是那列火車經過那裡的話，一定會出現重大的災難事故。於是，她沿著鐵軌選擇距離最短的路往前跑。然後，她脫下自己的紅色的法蘭絨外套，不斷揮動，火車司機肯定會看到的。果然，火車逐漸停下來了。當時在火車上有 700 名乘客，要不是珍妮勇敢的行為與果斷的決定，很多人會喪命。參加世界展覽會的法國代表團成員回到法國後，將這件事告訴了法國總統加諾特。最後，加諾特總統向這位勇敢的女孩頒發了法國一個著名社團所設立的一個獎章，這個獎章的目的就是表彰世界各地做出英勇行為的人。

在國王波瓦坦宣布處死約翰·史密斯（John Smith）時，正是一位印第安女孩的英勇行為，拯救了約翰·史密斯上尉的生命。從此，史密斯放棄了對殖民地的征服。

西元 1796 年 5 月 10 日，拿破崙在洛迪大橋面對奧地利軍團。他讓法軍堅守在建築，他們身後是 6,000 多法軍士兵。拿破崙派遣 4,000 多名精銳士兵到橋頭，讓一隊 300 多人的馬槍騎兵做先鋒。在隆隆鼓聲的助威下，敵軍以葡萄彈及炮筒的猛烈炮火作為掩護，試圖穿過這座橋，發起強大的進攻。站在大橋前方的法軍士兵像是被收穫的稻穗一樣紛紛倒下，士兵們都感到恐懼，紛紛向後退。拿破崙一言不發，沒有任何指責，他衝到了隊伍前面，副官與將軍們來到他的身邊。士兵們不斷向前衝，倒下的人阻擋了大橋的過道。法軍的一次衝鋒到達空曠處的 200 碼處，而奧地利軍在他們準備要前進的地方所發射的子彈根本沒什麼效果。奧軍的槍無法阻擋法軍的前進，法軍的前進速度對奧地利軍的槍手來說實在太快了。奇蹟終於出現了，奧地利軍的炮兵放棄了他們的大炮，其他士兵恐慌逃跑，結果遭受了法軍的大屠殺。奧軍的援軍見此形勢，也倉皇逃竄。這是拿破崙勇敢出擊獲勝的一個典範。拿破崙矮小的身軀與手下指揮的精銳部隊形成了鮮明對比，獲得了「矮子指揮官」的稱號。

科隆納的斯蒂芬在遭到攻擊者的卑鄙圍攻時，圍攻者以嘲笑的語氣問：「現在你的城堡在哪裡啊？」「在這裡。」斯蒂芬把手放在心上，堅定地回答。

墨西哥戰爭後，麥克柯拉倫將軍擔任地形工程師，負責測量太平洋沿岸的地形。他從位於溫哥華的總部出發，帶著一名士兵，一名僕人出發進行測量工作。一天晚上，他收到消息，說哥倫比亞河流域的部落首領要與他商談事情。他從這位信使的行為，猜測到印第安人用意不善，於是警告

兩位同伴，一旦他做出手勢，就要立即逃離對方的營地。

　　麥克柯拉倫騎上馬，勇敢地朝印第安人居住的村落前進。大約有 30 名印第安部落長老在舉行會議，麥克克拉倫被帶到中間，他把右手放在酋長的肩膀上。他熟悉奇努克語，能聽懂印第安人開會時說的每一句話。酋長首先為最近兩名遇害的印第安人表達了悲傷。兩名印第安人被一群白人探險者捉住了，以偷竊罪被判處絞刑。看來，印第安人勢必要進行報復。村落的其他長老為這個問題思考了很久，雖然他們很少開口說話。麥克柯拉倫一直與他們友好相處，對在森林裡遇害的兩名的印第安人沒有什麼責任，但他終究是白人。最後長老們決定還是要進行報復。會議最後還延長了一個小時，終於達成了一致的判決。然後，酋長以部落最高長老的名義宣布，麥克柯拉倫將被立即處死。

　　麥克柯拉倫沒有說話。他知道自己懇求正義或憐憫都是沒有用的。他一動不動坐在位置上，似乎對自己的命運漠不關心。他表現出的這種漠不關心的行為讓印第安人放鬆了警惕。在這個判決最後通過的一瞬間，他立即用左手扼住酋長的脖子，拔出左輪手槍，指著酋長的太陽穴。「廢除這個判決，否則我立即殺死他！」他大聲說，手指放在扳機上。「我宣布廢除這個判決。」酋長恐懼地說。「我必須要有你的承諾，我才能安全地離開這裡。」「我向你保證。」酋長立即回答。

　　麥克柯拉倫知道自己獲得了酋長一個神聖的承諾，就將左輪手槍放下了，也將扼住酋長脖子的手放下來。麥克柯拉倫手上持著手槍，大步走出帳篷。沒有一個印第安人敢阻攔他。他騎上馬，離開了印第安人的營地。他的兩名隨從也立即騎上馬，離開了印第安人的村落。麥克柯拉倫之所以能逃離虎口，完全是因為他敏銳的洞察力與勇氣，還有對印第安人性格的準確判斷。

　　西元 1856 年，魯弗斯‧喬特在麻薩諸塞州的羅威爾舉行一場宣布支持詹姆斯‧布坎南競選總統的演說，當時來了 5,000 名聽眾。由於人數過多，當時演講廳開始出現地板下陷的情況，隨著喬特演說的進行，地板開始逐漸下沉，直到支撐講臺的木板發出了斷裂聲。要不是此時 B‧F‧巴特勒的冷靜，及時制止了演說，否則將出現一場踩踏的慘劇。巴特勒對聽眾說，大家要保持安靜，他說自己要看看到底出現了什麼問題。最後，他說支撐地板的木頭出現了問題，聽眾們只要稍稍鼓掌，就可能讓地板陷下去。他以相當休閒的姿態走到講臺，與喬特耳語了幾句，然後說：「我們還有五分鐘。」他說，只要聽眾能有秩序退場，就不會出現任何危險。同時，他還補充說，問題是處在講臺上，因為支撐那裡的木頭是弱的。他承諾與演說人最後離場。顯然，他的冷靜與勇敢挽救了很多人的生命。

　　在一場有很多國外與美國知名的政治家參加的時尚晚宴，大家都在暢快喝酒，但史凱勒‧科法斯（Schuyler Colfax），時任美國副總統拒絕了遞過來的酒杯。「科法斯不敢喝酒。」一位已喝了很多酒的參議員嘲笑說。「你說得對。」科法斯回答說。「我的確是不敢喝酒。」

　　格蘭特將軍在戰場上從來沒有恐懼過，但在人生的戰役裡，他卻有道德勇氣說「不」。當在他休斯頓時，在一場宴會上，他受到了熱烈的招待。休斯頓人很自然給予了這位戰爭英雄極其熱烈的歡迎，很多人都打扮成格蘭特的模樣。他們決心給予格蘭特將軍的款待要超過其他所有南部城市，想以宴會以其他方式來展現他們善意與熱情。他們準備了晚餐，委員會甚至花了很多精力購買了最好的酒。在那晚敬酒時，侍者將酒遞給格蘭特。格蘭特一言不發，默默地將盤子上的酒杯倒置。他的這個舉動讓所有的德州人感到意外，但他們迅速做出反應，一言不發地桌上的所有酒杯倒置。那天晚上，大家都沒有喝一滴酒。

兩名法國軍官在滑鐵盧執行重要任務時，其中一名軍官看到另一位軍官臉上露出恐懼的表情，就說：「我感到你現在很恐懼。」「是的。」另一名軍官回答說。「如果你能感受到我內心中一半恐懼的話，你早就做逃兵了。」

　　「那是一名勇敢的士兵！」威靈頓看到一名臉色發青的士兵朝敵人進攻時說，「他知道自己面臨的危險，但他還是直面危險。」

　　「沃爾姆斯有很多紅衣大主教與主教。」一位朋友對路德說，「他們會像對待約翰‧胡斯那樣將你燒成灰燼。」路德回答說：「雖然他們能在沃爾姆斯與懷登伯格肆意妄為，但我以主的名義，我將無所畏懼。」他對另一人說：「我將前往沃爾姆斯，雖然那裡的邪惡之人多的就像房子裡的瓷磚。」另一人對他說：「喬治公爵肯定會逮捕你的。」路德回答說：「這是我的使命，即便那裡有千千萬萬個喬治公爵，我都不怕。」

　　最近，一份西部報紙邀請內戰期間倖存的政府軍士兵與南方聯盟的士兵提供他們所見到過最英勇的故事。湯瑪斯‧溫特沃斯‧希金森上校說，他見到過最英勇的故事，是在南卡羅來納州的波福特的一頓晚宴上見到的。當時士兵們都在自由地喝酒，說著各種下流的話。只有米納爾醫生，這位身材瘦小，有點孩子氣的人不喝酒。其他人跟他說，要是他不喝酒的話，不講個故事或唱首歌，今晚就不能回去。他回答說：「我不會唱歌，但我可以說祝酒詞，雖然我要以茶代酒。我要說：『為了我們的母親乾杯』。」在場的士兵感到很羞辱，紛紛過來握住他的手，感謝他展現出如此可敬的道德勇氣。

　　對年輕人來說，在其他人為獲得讚賞或權力而卑躬屈膝，點頭哈腰時，依然挺直胸膛，這是需要勇氣的。在你的同事都穿著細平布的衣服

時，你依然穿著補丁的衣服，在別人透過作假獲得財富，而你為了誠實，寧願過著貧窮的生活，這是需要勇氣的。在你身邊的人都說「好」時，你勇於說出「不」，這是需要勇氣的。在別人因為忽視神聖的責任而發財或獲得名聲，你默默地履行自己的職責，甘願忍受寂寞，這是需要勇氣的。卸下面具，向這個冷漠的世界展現自己的缺點與不足，展現出真正的自我，這是需要勇氣的。

在被人超越、打敗、嘲笑、訕笑、誤解時，依然孤身面對全世界的反對，這是需要勇氣與毅力的。

「那些不敢與正義站在一起的人，其實是自己的奴隸。」
「誠實之人不會因為一隻狗朝他吠幾聲，就變成壞人。」

因為害怕別人認為我們是荒謬的，我們過著荒謬的生活。

「因為別人的一聲嘲笑，放棄了對誓言的追求

放棄了對為人品格與榮譽的追求，這樣的人是懦夫。」

不敢說出自己想法的年輕人，通常最後也很難培養獨立的思想。

我們是多麼不敢展現出真正的自己！我們都在為別人而活。傳統與習俗，你的醫生或牧師說的幾句話，就會改變你的想法，使你遠離原先的道路。我們覺得要有光鮮的衣著，富足的生活，僕人的侍候與豪華的馬車，總之任何東西都要與我們的標準相符，否則就感覺自己被排斥了。但是誰敢就家庭事務的事宜去指責葛蘭迪夫人呢？

對公眾人物來說，不因為大眾的成見而屈服，這是需要勇氣的。在一些習俗傷害健康與道德時，勇於拒絕，這是需要勇氣的。不知有多少政治家是屬於「騎牆派」，見風使舵，從未不敢像一個男人去堅持自己的政治

立場。

即便是最強大的人也存在某些缺點，即便是勇猛的英雄也有怯弱的時候。皮特有勇氣拔出劍保衛自己的主人，卻不敢站在講臺上，不敢面對臺下聽眾的嘲笑。事實上，他一開始甚至拒絕見這位他寧願犧牲生命去保護的主人。

千萬不要像尤賴亞‧希普[06]那樣，因為獲得自由而懇求每個人的原諒。羞澀的性情沒有任何吸引人的地方，恐懼沒有任何可愛之處。這兩者都是人的缺陷，都是我們應該去摒棄的。富於氣概的勇氣總是讓我們富於自尊，舉止優雅。

焦爾達諾‧布魯諾（Giordano Bruno）在羅馬被判處火刑，在臨終時對判官說：「你在宣判時，要比我聽到這個判決時更加恐懼。」安妮‧艾斯庫被折磨到骨頭錯位時，始終不屈服，以堅定的眼神看著對她施以酷刑的人，拒絕放棄自己的信仰。

「我還以為恐懼會讓你無法走這麼遠的路呢？」一位親戚發現納爾遜從家走了一段很遠的路後說，「恐懼？」這位未來的海軍上將說，「我從來就不認識恐懼。」

「單純思考一件事，是無法做成這件事的。」勇氣代表著勝利，羞澀只能遭受失敗。

那位名叫大衛的純樸牧羊少年，在身上只有牧羊時所攜帶的工具與一個投石器，沒有任何武器的情況下，戰勝了全副武裝的歌利亞[07]。這算是世界歷史上最英勇的篇章了。

---

[06]　查爾斯‧狄更斯所著的《大衛‧科波菲爾》裡的一個人物，該人物以陰險狡詐稱著。
[07]　被牧羊人大衛殺死的非利士巨人。

一天，在格蘭特與登特上校一起騎馬督戰，發現敵人的活力非常集中，聯邦軍隊的士兵只能後撤。格蘭特在研究戰局之後，要求同伴下馬，看看他所騎的馬的雙腳發生了什麼事。

登特說：「我覺得你騎的馬的馬腳是否有問題可以等一下。現在趕快撤吧！留在這裡就會沒命的。」

格蘭特說：「好吧！如果你不看，那我來看。」

於是，格蘭特下馬，解開纏在馬腳上的電報線，然後仔細觀察，重新上馬。格蘭特將軍說：「登特，當你騎上一匹你覺得很不錯的馬，你就不能讓牠遭受任何傷害。要是那條電報線繼續纏在牠的雙腳，馬匹就會跑不動，可能牠的一生就毀掉了。」

威靈頓將軍在談到滑鐵盧戰役時，指出戰況最激烈的地方是在一間農舍。這間農舍有果園，四周有重重柵欄圍住，這是英國守軍最重要的一個據點，因為當時所有的命令都是在這裡下達的。一個炮彈落在農舍周邊，柵欄著火了，整個果園周圍全是火。一位信使被派去要求傳達增強彈藥的命令。沒過多久，兩輛馬車就朝農舍行駛過去。第一輛馬車的馬夫是一位無所畏懼的英國年輕人，他用鞭子抽著馬匹，趕過了熊熊燃燒的草堆，但火勢實在是太猛了，最後被一個炮彈擊中，頃刻間發生爆炸，將馬車、馬夫都炸成灰燼。在那一瞬間，第二位馬夫猶豫了一下，被眼前恐怖的景象所嚇到。但他沒有放棄，認真觀察了當時的道路，選擇了那條被炮彈炸過的道路前進，從而獲得了一個僅存的機會。他駕駛馬車經過冒煙的地面，聽到了守軍震耳欲聾的歡呼聲，最後安全地將炮彈運送過來。在他身後的火焰熄滅了。之後，英軍以更猛烈的火力向法軍發動進攻。

福里蘭德進行的一場戰役，一顆加農炮從一位法國士兵的頭上飛過，

這位年輕士兵本能地躲避。拿破崙看到了這一幕，微笑地說：「我的朋友，如果那顆炮彈注定是你的，即便你挖洞百尺，最後還是會落在你身上。」

內戰時期，政府軍在彼得斯堡的前線布設地雷，準備摧毀南方聯盟的堡壘。一旦點燃了引線，政府軍就準備全線撤退。引線點燃後，分秒過去了，10分鐘過去了，但地雷還是沒有引爆。這個僵局讓人感到難受。道蒂中尉與里斯中士自願前往檢查地雷的引線。他們安靜地在地道下檢查引線，深知這要冒著生命危險。他們發現了存在的問題，然後重新引燃，結果敵軍的工事被炸毀了，政府軍取得了勝利。

在哥本哈根戰役，納爾遜走在沾滿了鮮血，到處都是屍體的甲板上，大聲地說：「戰爭是慘烈的。我們中有些人可能只能活到今天了。但請你們記住，我寧願死在這裡！」在特拉法加戰役，他被流彈擊中，被士兵用擔架抬到了船下，他用手遮住臉，不讓其他士兵知道他們的將領被擊中了。

仕塞拉曼加戰役裡，敵軍的炮火朝威廉·納比爾爵士的軍隊射過來，他的軍隊開始不聽命令了。納比爾下令停止前進，處決了四名帶頭叛變的士兵。其他士兵馬上聽從他的命令了。最終，他們冒著敵人猛烈的炮火，成功運走了大批武器。

要果斷地將你的決心變成現實。要是不行動，夢想永遠不可能成為現實。競爭讓你感到困擾？努力工作去迎接競爭。你的競爭對手難道不是人嗎？努力克服你遇到的困難，因為所有事情都會為擁有勇敢心靈的人讓路。像個男人那樣去迎接困難，以勇敢的心去面對不幸，以高尚之心去忍受貧苦的生活，無畏地面對失望。勇敢之人能感染身邊的人，讓身邊的人都能感受到他的心靈。每天都有很多普通人默默地鑽進了墳墓，他們一輩

子默默無聞，是因為羞澀的性情讓他們不敢進行第一次嘗試。要是他們能邁出第一步，就有可能過上更有價值的生活，獲得名聲。喬治‧艾略特說：「那些只求安穩的人是不可能做出偉大成就的。」

湯瑪斯‧摩爾爵士（Sir Thomas More）經過內心激烈的掙扎，決定還是忠於自己的原則，高興地前往絞架臺。妻子說他是個傻瓜，因為只要他能像其他主教那樣放棄堅持的信仰，就不需要被關在陰暗與骯髒的監獄。但是，摩爾寧願死也不要放棄信仰。

摩爾的女兒充分展現了愛的力量能將恐懼趕走。即便所有人，即便她的母親都遺棄父親時，她依然忠於父親。在父親的頭顱被砍下後，掛在倫敦大橋公示時，這位貧苦的女孩向當局懇求，要求將父親的頭顱交給她，讓她用棺材埋好。最後，政府同意了她的請求，因為她的死期也到了。

在華特‧雷利爵士來到絞架臺前，感到一陣暈眩。他開始對臺下的圍觀者發表演說，說自己前兩天被病魔侵襲：「因此，如果你們看到我現在比較軟弱，那只是我的疾病所致，絕不能說明我是一個軟弱的人。」他拿起斧頭，親吻了一下刀片，然後對劊子手說：「這是一個很鋒利的傢伙，但很快就能治癒我所有的疾病。」

不要將時間消耗在你可能永遠遇不到的挫折上，也不要想著跨越你可能永遠到不了的橋。三心二意與一再拖延，只會讓你失去對人生的掌握。

亞伯拉罕‧林肯的少年時光是在貧窮中度過的，他沒接受過什麼教育，也沒有認識什麼有影響力的朋友。在他開始從事律師行業時，必須與很多有權勢的人打交道，這可能會摧毀他已經贏得的一點點名氣。他憑藉超人的勇氣與毅力，克服了別人的打擊與一連串的災難，當選為美國總統。他頒布了《解放黑奴宣言》，頂著其他政客與輿論的壓力，選擇支持格蘭特與斯坦頓等將軍。

林肯相信某件事是正確時，從不會因為大眾的反對而退縮。當時，他曾冒著失去飯碗的風險，為一名逃亡的奴隸做辯護，其他律師都不敢接手這樣的案子。每當他有機會，都會為不幸的人打抱不平。在逃亡的奴隸想要尋求庇護時，人們會說：「去找林肯吧！如果你是對的，他是絕對不會拒絕的。」

　　選擇與真理站在一邊是高尚的，即便我們要忍受無盡的痛苦。
　　即便堅持無法給你帶來名聲或利益，無法帶來金錢或短暫的正義。
　　勇敢之人會無畏地選擇真理，懦夫則會站在一邊，
　　在心底裡不斷猶豫，直到他的主被釘在十字架上。

—— 羅威爾

　　薩爾曼‧P‧查斯在法庭上為一名逃跑的女奴隸馬蒂爾達進行慷慨激揚的辯護後，離開了法院。一個人驚訝看著他，說：「這麼好的一個年輕人剛剛毀掉了自己的前程。」但就是旁人看似毀掉他人生事業的一步，恰好是查斯向俄亥俄州州長邁出的第一步。後來，查斯當選俄亥俄州的聯邦參議員，再後來成為美國財政部長，最後當選為美國最高法院的大法官。

　　在法庭對威廉‧潘恩因為在教友派集會上發表演說而進行的審判過程時，法庭書記員對第一次的判決書很不滿，就對陪審團成員說：「我們需要上帝喜歡的判決，否則你們就要為此餓肚子。」「你們都是英國人，」潘恩說，「要明白身上所肩負的重任，不要放棄你們的責任。」最後，陪審團成員在度過了兩天兩夜沒有食物的日子，最後還是給出了「無罪」的判決。書記員最後因為陪審團成員堅持獨立己見，向他們每人罰款40馬克。

　　對耶穌基督來說，世人的嘲笑聲又算得了什麼呢？面對旁觀者的嘲笑與指責，但祂依然恩澤世人，讓雙手麻痺的人恢復靈活使用雙手，讓雙目

失明的人恢復視力，讓患有漢生病的人身體痊癒，讓死人復活。

對溫德爾‧菲力浦斯來說，別人扔過來的臭雞蛋、嘲諷與噓聲又算得了什麼呢？在他身上，「世人的嘲笑找到了最好的歸宿」。那些叫囂著要消滅比徹與高斯的英國暴徒能讓他們保持緘默嗎？不可能！他們始終堅守自己的原則，用演說打動著成千上萬對此漠視的人。在莫里‧馬古利斯準備用槍指著安娜‧迪金遜的頭時，迪金遜有因為害怕而離開講臺嗎？最後，她憑藉勇氣與自己的見解，讓那名殺手放棄了刺殺她的念頭。

世界需要的是克諾斯這樣的人，即便有人手持步槍對著他的頭，他依然有勇氣進行布道演說。世界需要像加里森那樣的人，不害怕坐牢，不害怕暴徒，不害怕他家門前豎起的絞刑架。

在巴特勒將軍受命率領 9,000 名士兵去鎮壓紐約的暴亂時，他走在隊伍的最前面，看見街頭上都是憤怒的暴徒。這些暴徒已經將幾個人吊死在街燈上。巴特勒將軍沒有等大部隊趕上來，就徑直朝暴徒最密集的地方走過去，他弄倒一個灰桶，站在上面，大聲說：「你們這些惡魔的使者，魔鬼的朋友，你們已經謀殺了你們的上級。」那一群身上沾滿鮮血的暴徒面對這位勇敢的人，一下子停止了暴亂，而紐約市長費南多‧伍德出動員警與民兵都無法制止暴徒的行為。

「我們的敵人就在我們前面，」斯巴達士兵在塞莫皮萊說。「我們要在他們的前面。」萊昂尼達斯冷靜地說。「將你的武器運過來吧！」澤克齊斯那邊傳來信件。「過來拿吧！」萊昂尼達斯回應。一位波斯士兵說：「天空上全是標槍與箭頭，遮蔽了太陽。」「如果是這樣，那我們就在陰暗中作戰。」拉斯德蒙尼安回答。斯巴達人以這麼少的士兵阻擋了強大的波斯人，是人類歷史所罕見的。

「這是不可能的。」在拿破崙安排一個冒險的計畫時，一位參謀說。「不可能，」拿破崙憤怒地說，「不可能只是用來形容傻瓜的。」

勇敢的人是無所畏懼的，他們擁有磁性般的影響力。人們會心甘情願追隨他，即便因此死去也在所不惜。

勇敢之人通常在步入壯年前，已經改變了這個世界。正是驚人的勇氣與堅韌，讓很多年輕人取得了輝煌的成就。亞歷山大大帝在 20 歲時繼承王位，33 歲去世前已經統治了歐亞大陸。凱撒攻陷過 800 座城池，征服過三個國家，擊敗了 3,000,000 士兵，成為了歷史上最著名的演說家與政治家。即便在凱撒完成了這些成就，他依然是一位年輕人。華盛頓在 19 歲時就被任命為民兵指揮官，21 歲時身為使者，與法國人進行談判，在他 22 歲時，以上校軍銜贏得了自己軍事生涯的第一次勝利。拉斐特年僅 20 歲，就成為法軍的將軍。查爾曼恩在 30 歲時征了法國與德國。伽利略第一次見到比薩主教座堂內搖晃的燈，發現了鐘擺原理，當時他只有 18 歲。皮爾在 21 歲進入了國會。格萊斯頓在不到 22 歲就入選英國下院，24 歲時擔任財政部長。伊莉莎白・巴雷特・布朗尼在 12 歲時就對希臘與拉丁文有了深入的研究。德・昆西在 11 歲就已經掌握了希臘語。羅伯特・白朗寧在 11 歲時就能寫出工整對稱的詩歌。葬在西敏寺內的考利 15 歲時出版了一卷詩歌。路德在 29 時，完成了自己的神學論著，成為了大主教，公然反對教皇的命令。納爾遜擔任英國海軍的中尉時，時年 20。他在特拉法加一戰時中彈身亡，時年 47 歲。埃爾南・科爾特斯（Hernán Cortés）36 歲時成為了墨西哥的征服者。克萊夫在 32 歲時幫助大英帝國在印度建立了殖民地。漢尼拔，這位歷史上最偉大的將領之一，在坎尼[08]幾乎

---

[08]　義大利東南部一古城，古羅馬著名戰場，西元 216 年羅馬和迦太基第 2 次布匿戰爭決戰於此，坎尼為義大利古城鎮，坎尼戰役舊址，其時在漢尼拔統帥下迦太基軍大敗羅馬軍。

讓羅馬軍團全軍覆沒，時年 32 歲。拿破崙統治義大利時，時年 27 歲。拿破崙一再打敗奧地利其他經驗豐富的將領。

兼具勇氣與決心之人通常在度過了壯年後，依然能展現出驚人的能量。維克多・雨果與威靈頓都是在度過壯年後，在 70 歲時才讓人生顯得更加輝煌燦爛。格萊斯頓在 84 歲時依然強有力地統治著英國，擁有著讓人驚嘆的文學創作能力。

莎士比亞曾說：「因為害怕被蜜蜂蜇，就遠離蜂巢的人，是不可能獲得蜂蜜的。」

「勇敢之人並不是從未感受到恐懼，

因為這樣說是愚蠢與不符合常理的。

但他們高尚的靈魂壓抑著恐懼，

勇敢地直面恐懼，讓恐懼退縮。」

很多有能力的年輕人一事無成，完全是因為他們不敢邁出前進的第一步。

現在開始！開始！開始！

無論世人怎樣看你，你都要做你認為正確的事情。不要將別人的批評或讚美看的太重。

—— 畢達哥拉斯

「我敢去做能讓我成為男人的事情，

除此之外，我別無所求。」

—— 莎士比亞

人的偉大行動都展現在卑微的掙扎裡。很多頑強與無所畏懼的勇敢之人一步步抵抗著命定的匱乏與墮落。他們許多的高尚與隱蔽的勝利是世人的雙眼看不到的，他們獲得了很多世人不知道的獎賞，也沒有人會為他們吶喊鼓掌。人生，無論是不幸、孤獨、放逐、或是貧窮，都是造就英雄的沃土。

── 維克多‧雨果

# 第十七章　意志與出路

「我要找尋一條道路，否則我要殺出一條血路。」

—— 米拉布烏

勇敢之人的鋼鐵意志能讓你克服重重困難。即便是軟弱的侏儒，要是有無所畏懼的決心，也能改變人生的命運，在巨人們紛紛逃跑之際，殺出重圍。

—— 圖普爾

在擁有美好未來的年輕人的字典裡，不應該有「失敗」這個詞。

—— 布林·維爾

勇敢與決斷的精神是多麼受人歡迎啊！
看到世人是怎麼為這樣的人讓路，讓他獲得自由的過程。

—— 約翰·福斯特·達勒斯

「說得好像荷蘭的王子能夠從天上摘下星星，將大海的海水都搬到萊頓來救你一樣。」西元 1574 年，西班牙士兵聽到荷蘭艦隊要突破他們長達四個月的圍攻的消息後諷刺地說。但是，躺在鹿特丹病床上的威廉國王，用乾燥的嘴唇下達命令：「拆掉大堤，讓荷蘭這片土地重新變成大海！」荷蘭人民表示：「寧願讓大海淹沒這片土地，要不能被西班牙人占領。」荷蘭人開始拆毀沿岸的大堤，將城市內圍長達 7.5 公里的大堤都拆掉了。這是一項艱巨的任務，當時的守軍忍受著飢餓。西班牙士兵嘲笑這些當年還想成為「海上馬車夫」的荷蘭人。但是，故事的結局還是一如既往，上帝幫助那些自助之人。在 10 月的 1 ～ 2 號這兩天，強烈的二分點風暴將海水往萊頓城內吹過來，荷蘭艦隊得以能夠借助水勢出擊，很快接近了西班牙艦隊所在的位置。第二天早上，荷蘭守軍對西班牙艦隊進行了突擊，西班

牙軍隊借助夜幕的黑暗恐慌地逃跑。第二天風勢改變了，水勢向萊頓城外衝去，荷蘭艦隊又回到了原地。周邊的大堤馬上被恢復成原先的狀態，只讓面向北海的那一邊依然敞開。第二年春天，荷蘭的鮮花綻放，人們歡樂地到街上遊行，成立了萊頓大學，以紀念這座城市獲得新生。

西元 1837 年，在紐約市財政部長肯特的住所，舉辦了一場晚宴，參加宴會的人都是當時的一些著名人士。在這些名人中，有一位表情相當猶豫、沉默的法國年輕人。當時，莫斯教授也受邀參加晚宴，在晚宴的過程中，他對加勒廷 —— 這位當時著名的政治家 —— 就那個陌生的年輕人交換了看法。莫斯覺得那位年輕人的前額說明他具有很高的天賦。「是的。」加勒廷說，一邊用手指碰了一下自己的前額，「他的確是一個很有能力的年輕人，有一種讓人猜不透的能力，你相信這點嗎？他覺得自己終有一天能成為法國的皇帝。你能想出比這個更加荒謬的觀點嗎？」

這個觀點的確顯得荒謬，因為這位看上去很保守的法國年輕人當時只是一位貧窮的冒險者，從法國流放到美國，沒有任何財富與有影響的人的幫助。但在 14 年後，這位年輕人的理想成為了現實，他成為了拿破崙三世。誠然，在他實現這個理想前，經歷了太多的迫害、流放、災難與耐心的等待與希望，但無論多麼艱難，他最終還是成就了夢想。為了實現目標，他並不在乎使用什麼手段，但他的確是毅力與勇氣所能發揮的巨大作用的典範。

《倫敦新聞畫報》的出版人英格拉姆一開始在英國諾丁漢從事報刊經銷的工作。他時常要步行 5 公里路去送一份報紙，因為他不願意讓一位顧客失望。還有誰會懷疑這個年輕人能否取得成功嗎？他曾經在早上 1 ～ 2 點起床，步行到倫敦去拿報紙，因為當時沒有郵遞站。他當時決心絕對不能讓一名顧客感到失望。正是他的這種勇氣與毅力，讓他最終取得了

成功。

在所有人的自傳裡，沒有比年輕的約翰·福西特——這位格萊斯頓內閣的郵政部長——更讓人動容的了。亨利的父親在用槍打鳥時，不小心將他的雙眼弄瞎了。他對父親說：「父親，沒關心，失明不能阻擋我的人生取得成功！」最讓人動容的一幕是在倫敦的街道上，他忠誠的女兒引領著他走路，為他抄寫文稿，還要照顧這位堅強父親的生活起居。想像一下這位年輕人，在剛剛踏入人生的門檻上，突然失去雙眼，這是多麼沉重的打擊。但他憑藉毅力與對目標不可動搖的堅持，最終讓自己取得了成功，更別說他成為當時英國人的偶像了。

這位勇敢的女兒用自己的雙眼幫助父親取得成功，但她也是憑藉毅力與決心取得成功的典範。在牛津大學的歷史系，首次有女性擔任系主任，這是牛津大學數百年來都從來沒有出現過的。之前，格萊斯頓也曾擔任過這個職位。她的這個成就直到現在依然沒有人能夠媲美，引起了文明世界的注視。之前，不僅從來沒有一位女性擔任過這個職位，也沒有哪一位女性在生前就獲得如此高的榮譽。

「環境，」米爾頓說，「很少會照顧那些名人。他們都是透過戰勝各種困難的環境，最後取得勝利的。」

戰勝所處環境的真正途徑，就是讓自己變得比環境更加強大。

雖然，我想給讀者留下這樣的印象，即在其他條件都相等的情況下，人的意志是取得成功所需的，意志越強，決心越大，我們就可能取得更加偉大與圓滿的成功。但是，我們不能認為，只要我們擁有堅強的決心與意志，就能超越環境的束縛，成為拿破崙、皮特、韋伯斯特、比徹或是林肯那樣的人物。我們必須要謹慎地淬煉我們的決心，用知識與常識去支撐決

心，否則只能讓我們遠離目標。我們不能單純憑藉頑強的意志去克服當前不可改變的事實。我們只能這樣想，即在我們能力範圍內，做到最好。有些障礙是永遠存在的，始終阻擋我們朝某個方向前進。但我們可以朝其他方向前進，就會發現，其實困難也不像看起來那樣不可克服與逾越。意志堅強、富於智慧與堅持的人必將能找到一條前進的道路，即便沒有，他們也能創造一條道路。

每位學生都知道，環境有時會讓客戶主動找律師，讓病人找醫生，讓能力平平的牧師站在莊嚴的講臺上，讓富人的兒子擔任所在公司或大型企業的高管。雖然這些人能力普通，也沒什麼經驗，但他們憑藉父輩，把持這些位置。相反，很多能力出眾的魯蛇，雖然接受過良好的教育，擁有良好的品格與豐富的人生經驗，通常只能在一個平凡的職位上打拚。無論在城市還是在鄉村，我們都看到很多有很強能力的年輕人，不得不受制於環境，在普通的職位上工作，拿著卑微的薪水。與此同時，那些能力平平的富家子弟可能因為金錢及家庭的關係，身處高位。換言之，我們都知道最優秀的人並不一定在最好的位置上。環境對我們所處的職位、薪水與地位都有著莫大的關係。

每個人都知道，有志者並不一定總能事竟成。勤奮的工作也不可能總讓你獲得所有東西。對很多有目標的人來說，也還是有很多不可能實現的目標。人也不是總能在選擇的道路上走的很遠。每個人的本性都有一些局限，這是堅強的意志與勤奮的努力都無法克服的。

雖然，意志力並不總能讓人創造奇蹟，但意志的力量幾乎也可稱得上是全能的，能夠讓我們創造很多驚喜。人類歷史就能證明這點。正如莎士比亞所說的：

「有時，人是自己命運的主宰。

親愛的布魯特斯，過錯不在於主宰我們的星星，

而在於我們自己，我們都受制於它。」

讓我看一下那位在大眾眼中因時運不好而失敗的人吧！但我能給你舉出一例，讓你看看一個性情暴戾之人是如何招致災難的。看看那些性情暴烈、為人自負或小題大做的人是如何失敗的，看看那些缺乏品格、熱情或其他成功必備特質的人是如何失敗的。

迪斯雷利曾說，人並不是環境的產物，相反，環境是人的產物。

相信意志的力量能夠徹底消滅病態與所愁善感 —— 讓你覺得必須去做，但又做不了；然你覺得應該去做，又覺得這是不可能的思想 —— 的宿命論。

給我一個能夠直面現實的人。

「給我一個能夠克服出生於不良環境的人，

給我一個能夠抓住一切機會的人，

給我一個能夠與環境作鬥爭的人，

給我一個能夠能與命定的人生作抗爭的人！」

不可動搖的意志，堅定不移的目標，能夠讓我們找到一條道路，讓我們開闢一條道路。對有能力的人來說，世界總是存在著上升的空間。

「有堅定意志的人，」歌德說，「能按照自己的理想去塑造這個世界。」維克多·雨果說：「缺乏力量的人，幾乎都是缺乏意志的人。」

「有決心去實現偉大目標的人，能憑藉決心去超越困難。這些人會抓住自我實現的重要機會，然後全身心投入到其中。他會發現，決心在他的

心中燃起了熊熊烈火，讓他不斷去提升自己。他有能力去克服困難，不斷找尋成功的方法，給沮喪之人送去勇氣，為弱者增添力量。」

幾乎所有超越普通人的偉人都擁有超越常人的堅強毅力。與凱撒同時代的人曾這樣評價他，讓凱撒無往不勝的，是他巨人般的決心與毅力，而不是他的軍事才能。那些剛剛步入社會的年輕人要下定決心，最大限度地提升自己的觀察力，不要讓任何有助於提升自我的知識從身邊溜走，要保持敏銳的聽覺，讓聽到的每句話促進自己的進步，要伸出雙手，去抓住前進道路上的每個機會。總之，年輕人要時刻保持警覺，抓住任何有助於自己在這個世界獲得提升的機會，總結每一次經驗，為繪製你的人生宏圖做好準備。年輕人要保持開闊的心態，感受高尚之人的心境，感受任何能激發自己的情感。能夠做到這些的年輕人必然能夠過上成功的生活。世界上沒有那麼多的「如果與假設」，如果年輕人擁有健康的身體，世界上幾乎沒有什麼能夠阻擋他獲得成功。

無論環境多麼惡劣，都不可能阻擋擁有堅定決心的人去取得成功。

這個世界始終會為有決心的人讓路。

孔子曾說過大意是這樣的話：「率領龐大軍隊的將領可能會被擊敗，但你不能擊敗擁有堅定決心的農民。」

貧窮、雙耳失聰的基多在救濟院裡做鞋子，後來成為世界上最偉大的聖經研究學者。他在成年之際在筆記本上這樣寫道：「我個人並不相信世界上存在不可能。我覺得講述有關個人天賦的優秀故事只不過是胡言亂語。每個人都能抓住屬於自己的機會，憑藉自身的勤奮，可以成為他想成為的人。」

林肯可能是歷史上最勵志的例子了，展現了美國這個國家所具有的無

限可能。林肯出生在貧窮的邊境城鎮，那裡經常出現很多暴力行為。他經歷了早年的重重失敗，忍受了大眾政治的左右搖擺，最終成為聯邦政府與自由的守護者。

林肯憑藉意志一路開闢屬於自己的道路。在朋友們提名他到立法院任職時，政敵取笑他。在他進行競選演說時，身穿著斜紋棉布的短外套，穿著亞麻織布的褲子，頭戴草帽，腳穿銅鉛合金做成的皮鞋，甚至讓他不敢坐下來。除了品格與朋友之外，他在這個世界上什麼也沒有。

在朋友建議他去學習法律時，他甚至還對自己要當律師的這個念頭感到可笑。他說自己的大腦不好使。最後，他赤腳在樹下閱讀法律著作。據他的鄰居說，他有時甚至在工作的商店櫃檯前累得睡著了。為了到議會任職，林肯不得不向朋友借錢購買一套得體的衣服，然後步行到 50 公里外的萬達利亞的議會上班。

看看特爾羅·韋德吧！他幾乎每天都在與貧窮做努力，經常用碎布裹著腳，步行一公里向別人借書看，然後用樹枝生火，借助火光去閱讀。看看洛克吧！他生活在荷蘭的一間閣樓裡，每天只以麵包與水為食。看看海涅吧！很多個夜晚，他都是在倉房的地板上入睡，枕頭就是他看過的一本書。看看薩繆爾·德魯吧！在「吃晚餐的地方」勒緊褲袋。歷史上有很多這樣的例子。那些願意為最後勝利付出代價的人，是絕對不會懼怕最後的失敗。

巴黎陷入了一群暴徒的手中。當局政府甚是恐慌，因為他們不相信自己的部隊。此時，一個人說：「我認識一位年輕的軍官，他有足夠的勇氣與能力鎮壓這場暴亂。」「那派他過來吧！立即派他過來！」於是，拿破崙負責指揮鎮壓暴徒，最後平復了暴亂。之後，他控制了政府，統治了法

國，最後征服了歐洲。

人生的成功，在很大程度上取決於我們的意志力。任何可能弱化或損害我們力量的事情，都可能會影響我們取得成功。意志力是可以培養的。最容易變成我們習慣的事情，就是我們的意志。因此，要學會果斷地做事，鍛鍊強大的意志力。你可以看一下那些沒有目標之人的人生，他們就像一根枯草，在河面上隨處漂浮，每當風向改變，他們就跟著改變。「據說，人缺乏的不是智慧，而是艱苦奮鬥的意志。」

約翰・雷頓正是因為對知識有著永不滿足的追求，才能在貧窮與沮喪時，堅持理想。雷頓是蘇格蘭牧羊人的兒子，他經常獨自一人赤腳步行 3 ～ 4 公里去借書閱讀。他借來的書就是他所接受的全部教育。他想要接受教育的願望讓他忍受著最貧窮的日子，前路上的任何障礙與挫折都不能讓他偏離目標。在他發現了一間小書店後，就覺得自己是一位富人了。他那顆飢渴的心靈從知識的寶庫裡吸收無盡的財富。他時常一連看幾個小時，完全忘記了每頓只有麵包和水的艱苦生活，忘記了自己只住在簡陋房屋的尷尬。任何環境都讓他抓住每個學習知識的機會。在他看來，擁有獲得書本與參加講座的機會，就是每個人都需要的。在他 19 歲之前，這位原本毫無機會的牧羊孩子因為對希臘與拉丁語的精通，讓愛丁堡大學的教授都極為震驚。

在聽到一間醫院需要招聘一位助理醫師，雖然他之前對醫學方面沒什麼了解，但還是決心應聘。6 個月的培訓後，成功者要開始工作了，但任何事情都不可能阻擋雷頓前進的動力，最後他以優秀的成績完成了培訓。沃爾特・斯科特覺得這是最能展現堅韌力量的例子，就將他招進來，然後他與醫生們前往印度。

　　韋伯斯特在進入達特茅斯學院後，依然過著貧窮的生活。一位朋友送給他一張擦鞋的祕方。韋伯斯特寫信感謝朋友，在信中表示：「但我的鞋子需要其他的祕方，因為鞋子不僅會進水，而且還會有豌豆或小石『進入』」雖然當時過得很艱苦，但韋伯斯特還是成為世界上最著名的人物。西德尼・史密斯說：「韋伯斯特是一個活著的『傳奇』，因為沒有在世的人能夠像他那樣看上去很偉大。」卡萊爾這樣評價韋伯斯特：「一見到他，人們就會支持他，即便世界都反對你。」

　　斯蒂芬・吉拉德的一生似乎都有運氣追隨。無論他做什麼，總是能將事情做好。

　　他來到美國時，不會說英文。他身材矮小，臉也長得很醜，還有一隻眼是看不見的，這一切都讓他的人生起步異常困難。13 歲時，他從一位船上侍者開始了人生的工作生涯，在接下來的 9 年時間，來回往返於從波爾多到法屬的西印度群島。他利用閒置時間提高自己的航海知識，了解了與航海方面的相關知識。

　　在他 8 歲那年，第一次發現自己一隻眼是看不到的。他的父親顯然覺得他不可能出人頭地，也就不關心他的教育問題，將次子送到了大學。一隻眼睛的失明，父親的忽視，弟弟的美好人生都讓他的心被深深刺痛，影響了他的一生。

　　在他開始在費城創業時，會做任何能賺到錢的合法工作。他購買商品，然後進行銷售，無論是食品雜貨或廢棄的舊物，都是他銷售的對象。他還銷售酒精與蘋果酒，賺取了一大筆利潤。他做的任何事情似乎都能賺到錢。

　　他的工作從不允許任何僥倖心理。他制定的計畫與工作進度就像數學

那樣精細。在他給身在國外港口的船長發去的信件上，指出了航行的路線，並給予了詳細的指引，這都是他富於遠見與做事系統化的表現。他從不將重要的事情留給別人去做。他對自己發出的指令很嚴格，絕對不允許出現任何錯誤。他曾說，要是船長能按照自己規劃好的指示進行航行，就能避免偏離航道造成的損失。

他從來沒有失去任何船。很多時候在其他商人遇到一些毀滅性打擊時，他總能獲得財富，比如西元 1812 年的戰爭就增加了他的財富。很多人，特別是嫉妒他的弟弟將他的成功歸功於好運氣。誠然，他每次都能碰巧出現在正確的地方，的確有運氣成分的存在，但他做事精確、富於條理與方法，才是最重要的原因。對他來說，所謂的運氣不過是在抓住機會時，動作迅速，發揮良好的判斷力，並憑藉細心與熱情最大限度地利用機會。

數學家告訴我們，如果你擲骰子，那麼有 1/30 的機率擲到你想要的數字，如果你想連續三次擲到同樣的數字，你的機率為 1/100，以此類推，要想命中的次數越多，你的機率越小。

很多年輕人在閱讀約翰．沃納梅克傳奇的人生傳記時，都很難從中獲得真正有教益的東西或有所提升，因為他們覺得沃納梅克的人生充滿了運氣的東西，似乎有命運之神幫助他成功一樣。「真是一個幸運的傢伙。」年輕人在閱讀傳記時會這樣說。「他的人生總是這麼幸運！」但只要我們認真仔細研究他的人生，就會發現很多偉人都有一個好的母親，擁有好的身體，培養了努力學習的習慣，擁有充沛的能量、追求成功的決心、永不動搖的決心、從不分散的專注力，從不動搖的勇氣，有能力對別人說不，堅持誠實的品性，對所從事的工作充滿了熱情，還擁有崇高的目標，這在很大程度上都決定了他們的成功。

　　年輕人要明白，環境的確存在某種力量的。有時候，一位貧窮的路人碰巧在沿路上沒有遇到什麼阻礙，順利到達了目標。一位更好的步行者可能發現吊橋升起來了，街道被封鎖了，所以他最終在這場比賽中失利。財富的確讓很多能力平平的人身處高位，家庭的影響的確讓很多律師獲得客戶，讓醫生獲得病人，讓能力普通的學者獲得教授的位置。但從另一方面來說，這些高位、客戶、病人、教授或是經理的職位，本身並不能代表成功。年輕人要明白，從長遠來說，最優秀的人肯定能贏得人生的這場比賽，堅持遲早會讓你取得成功。

　　事實上，世界上存在著很多懶惰或能力不濟的人贏得了真正的成功或身處高位，正如米爾頓在創作《失落園》時，透過翻看韋伯斯特字典，一字一字地斟酌，找尋適當的詞彙一樣。幸運會對那些卷起袖子，勇於承擔責任的人露出微笑。成功會青睞於那些不怕沉悶枯燥與負累的人，青睞那些擁有勇氣去堅持，永不覺得厭煩的人。

　　年輕人應該明白「他本身是偉大的，透過英勇的人生努力，最終能征服命運。」年輕人要明白「勤奮帶來好運」。很多時候，我們稱之為運氣或命運的東西，不過是懶惰、缺乏目標、做事粗心與冷漠之人所找的藉口罷了。一般來說，失敗之人都是未能看到或抓住機會的人。機會是很靦腆的，來的快，去的也快。對缺乏洞察力、懶惰的人來說，機會是無法抓住的。

　　「懶惰之人仰臥在地上，等待機會，

　　有目標與意志的人會尋找前進的道路。」

　　有人曾這樣說：「擁有意志堅強、毅力與不屈不撓的勇氣，這是無價的。」這種勇氣通常讓我們征服敵人，讓你從一開始克服前進道路上的各

種看上去似乎不可戰勝的挫折。

讓人驚訝的是，很多人在晚年後，突然有去做某些事情的決心，竟然還能取得輝煌的成就。

阿克萊特在 50 歲時才開始學習英語語法，提高自己用英文寫作的能力。班傑明‧富蘭克林年過半百後才開始研究科學與哲學。在年過 50，雙目失明時，米爾頓開始坐下來創作享譽世界的史詩。斯科特 55 歲時，重新拿起筆，還清了高達 600,000 英鎊的債務。「我還在學習呢！」米開朗基羅在 70 歲後這樣說，雖然他當時已獲得了藝術上的最高成就。

相比於意志的重要性而言，即便大腦也要排第二。猶豫不決之人在人生這場賽跑中始終被拋在後面。只有弱者與動搖之人才會在逆境與障礙面前畏縮不前。擁有鋼鐵般意志、對事業擁有堅定決心的人，若能堅持到底，最終必然能取得成功。我們可能沒有時間去做自己喜歡的事情，但如果能盡全力去朝我們的目標前進，即便最後不能最終達到，也能接近這個目標。

我希望美國的年輕人能夠明白，意志不僅在人生的成功上扮演著重要角色，在我們獲得幸福的過程中也發揮著極為重要的作用。意志能讓我們取得超乎想像的成就。對擁有強大意志與毅力的人來說，世界上沒有什麼事情是不可能的。

我們經常看到這樣的例子，即一名女士突然意識到自己相貌普通，不具有魅力，然後憑藉堅強的決心與巨大的毅力進行學習，希望擺脫過去平庸與默默無名的生活。她透過學習彌補自己相貌的不足，獲得了單純美貌所無法得到了地位與榮譽。夏洛特‧庫奇曼長得很普通，卻在專業領域處於最高的水準。不知有多少年輕人，被身體的缺陷或心靈的不足所刺痛，

憑藉強大的意志力，將自己從平庸的生活中提升出來，超越了那些之前嘲笑他們的人。

歷史上有很多男女在身處恥辱、貧窮不幸時，憑藉鋼鐵般的決心，最終將自己拯救出來。當他們意識到自己被人看低，或認為別人覺得他們無法取得其他人那樣的成就時，抑或他們在學校時被同學說成傻瓜，都讓他們決心提高自己，超越那些曾經看不起他們的人。無論是牛頓、亞當、卡拉克、夏麗丹、威靈頓、戈德史密斯、查爾莫斯博士、庫蘭、迪斯雷利還有成千上萬的人，莫不是如此。

正是如米拉布烏這樣的人，將「不可能」踩在腳下；正是如拿破崙這樣的人，沒有坐著等待機會，而是主動去創造機會；正是如格蘭特這樣的人，一定要讓「敵軍無條件投降」。這些人最後都改變了這個世界。

「我做不到，這是不可能的。」一位遭受失敗的中尉對亞歷山大大帝說。「滾一邊去！」亞歷山大大帝大聲吼道，「對勇於嘗試的人來說，世界上沒有什麼是不可能的。」

要是讓我用一個詞語來指出世界上很多人失敗的祕密，我會說「這些人缺乏意志力」。他們沒有足夠的意志力。一個人要是沒有意志力，他還是一個人嗎？人要是沒有意志力，就好比引擎失去了蒸汽，只能靠著運氣轉一下，最後被人扔在一邊，受盡那些有意志力的人的控制。我覺得，對年輕人來說，要想最大程度地挖掘自身潛能，就要鍛鍊自身的意志力。他是否足夠強大？無論做任何事情，都能牢牢地控制局面嗎？只有鋼鐵般的意志才能讓我們掌握人生的航向。「真正的智慧，」拿破崙說，「就是堅定的決心。」鋼鐵般的意志要是缺乏原則的控制，就會造就拿破崙那樣的人物，鋼鐵般的意志要是與品格結合在一起，就能創造出威靈頓或是格蘭特

這樣的人物，讓自己不受欲望與貪婪的影響。

「不可分割的意志，

　調動我們的能量，讓我們

　從冷漠的空氣中感受到靈性的音樂。」

# 第十八章
## 不可動搖的目標

# 第十八章　不可動搖的目標

人生就像箭頭 —— 因此，你必須明白應該朝哪裡瞄準，

知道如何使用弓，將弓拉盡，然後放手。

—— 亨利‧凡‧戴克（Henry van Dyke）

人生中重要的事情，是要有一個偉大的目標，

並且有決心與堅持去實現這個目標。

—— 歌德

「三心二意的人是無法實現目標的。」

要是每個人都能了解自己的特長，認清一個方向，

再加上堅持，就能最後取得成功。

—— 富蘭克林

「你為什麼要過這麼孤獨的生活？」朋友問米開朗基羅。「藝術是嫉妒心很重的情人，」米開朗基羅回答說，「她需要你全身心去愛她。」據迪斯雷利說，米開朗基羅在西斯廷大教堂進行創作時，拒絕見任何人，即便回家後，也拒絕客人的拜訪。

「今天，我們向西航行，這才是我們前進的方向。」哥倫布在他的航海日記裡，每天都寫著這樣一句簡單明瞭的話。希望在浮沉，恐懼與失望隨時都能讓水手們嘩變。但是，哥倫布從未感到恐懼，白天堅定地向西航行，晚上就在日記本上寫下這樣的文字。

「要是深入一寸，」一位老兵對檢查他傷口的醫生說，「你就能找到皇帝了」老兵說的「皇帝」就是指他的心臟。拿破崙正是憑藉無與倫比的專注，最終在法國的首都巴黎刻下了自己的名字，讓自己在每個法國人的心中刻下了難以磨滅的印記，甚至在整個歐洲都產生了深遠的影響。今天的

法國依然沒有完全擺脫拿破崙帶來的影響。即便在邊境城市塞納，那個神祕的字母「N」依然很有影響力。

哦！偉大的目標是具有多麼神奇的力量啊！它改變了世界的面貌。拿破崙知道法國其實有很多能力強的人，但這些人不懂得堅定的目標所具有的強大力量。所以，最終影響歐洲命運的重任落在他的肩上。他知道，當時人們所說的「權力的平衡」不過是痴人說夢，除非某個偉人能夠統治當時混亂的局面，否則法國數百萬人將處在無政府的混亂狀態。堅強的意志讓他牢牢控制了當時的局勢。他就像威廉·皮特，從來沒有想過要安撫其他派系，也沒有想著自己能否成功或失敗的後果，他做事從不猶豫，一旦下決心，就立即行動。拿破崙做事從來都不會左顧右盼，不會在空想中浪費時間，也不會不切實際地建築「空中樓閣」，他只會盯著目標，朝目標前進。他之所以能在戰場上取得輝煌的戰績，在很大程度上歸功於他擁有明確的目標。他總是能一擊即中。他就像是取火鏡，將太陽的光線都聚集在一點。無論他到哪裡，都會專注於一點。在他發現敵人的軍隊出現了弱處，就會調動優勢兵力進行攻擊，對敵人進行一輪又一輪的進攻，直到將敵人打敗。拿破崙的人生完美體現了專注於目標所具有的強大力量。

今天的人們要想取得成功，就必須將能量專注到一個明確的目標上，擁有一種「不成功便成仁」的堅定決心。任何可能干擾你朝目標前進的誘惑，都應該被你壓制。

一個人要是學藝不精，即便粗通幾門手藝，還是會挨餓；要是他精通一門手藝，肯定能過上富足的生活。

即便如格萊斯頓這樣天賦極高與勤奮的人，都不能同時做兩件事。無論做什麼事，他都要全身心投入進去。無論他做什麼，即便是在娛樂時，

都要會全身心投入。如果格萊斯頓這樣的人要取得成功都需要如此專注，那麼我們這些凡人能在「分散精力」時取得成功嗎？

　　所有的偉人都以他們的專注度聞名，他們時常為了追求目標，忽視了其他事情。西元 1830 年，在法國發生革命，外面的子彈到處飛，炮彈落在他家花園時，維克多・雨果躲在房間裡創作《巴黎聖母院》。他將衣服鎖好，唯恐自己要外出。到了冬天，他就裹上一張厚厚的毛毯，全身心投入到文學創作上。

　　亞伯拉罕・林肯擁有驚人的專注力，他能夠複述童年時聽到的布道演說。

　　紐約一位喜歡戶外運動的人看到一則廣告後，寄去裝有 25 美分的信，要求鳥槍的子彈不要分散。他收到了回信：「親愛的先生，要避免鳥槍出現子彈分散的情況，只要瞄準一個目標就可以了。」

　　這個世界上，只有專注於一件事的人才能有所作為。誰是最受歡迎的演員？是傑弗遜，他將一生的精力都投入到扮演「李伯大夢」的角色中。像布斯、歐文與基恩這些演員，他們都專注於扮演一個角色，直到自己演的最好。他們不會像其他演員那樣淺嘗輒止。偉人是從不脫離自己專長，絕不抹殺自身個性的人。愛迪生、莫斯、貝爾、豪、史蒂文生、瓦特這些發明家都有專一的發明目標。亞當斯密耗費 10 年時間創作《國富論》，吉本投入 20 年時間寫作《羅馬帝國衰亡史》，休謨每天花費 13 個小時寫作《英格蘭的歷史》，韋伯斯特耗費 36 年的心血去編纂字典，班克羅夫特連續工作 26 年，寫作《美國的歷史》，菲爾德跨越了 50 次大西洋，鋪設海底電纜，即便世人的嘲笑從未停歇。牛頓重寫了《古代國家編年史》19 次。

　　那些只有某方面能力的人，要是能專注於一個明確的目標，也要比不

知道自己到底要做什麼的天才做出更大的成就。最軟弱的人，若能將精力專注於一處，也要比肆意揮霍精力的強人取得更大的成就。

實現偉大的目標是需要累積的，就像是一塊磁鐵，會吸引人生河流上所有的鐵質。

揚基人能用多種方法去接駁繩子，但英國水手只懂得一種接駁方法，但水手的這種方法是最好的。只有發揮某方面特長、專注於目標、有自己思想的人才能跨越障礙，不斷向前。培根無所不知或上知天文下知地理的時代已永遠過去了，但丁在巴黎大學舌戰群儒，最後一一將他們擊敗的時代也過去了。過去那個一人就能成就很多事業的時代已經過去了。專注是這個世紀的基調。

據科學家們估計，面積達五 50 英畝的「陽光」所具有的能量若能集中起來，就可驅動世界上所有的機械。但照射在地球上的陽光永遠不可能點燃什麼，若是這些陽光能夠用取火鏡集中起來，就能將堅硬的花崗岩熔化掉，或讓鑽石變成蒸汽。很多人其實都有足夠的能力，若是割裂來看，他們的每項能力都很強，但他們就是無法將這些能力整合起來，無法專注於一個目標。全面的人，無所不知的天才通常都是軟弱的，因為他們無法將能量專注於一個目標。這能影響我們是獲得成功或失敗。

在維也納的皇家墳墓裡，埋葬著奧地利國王約瑟夫二世，這位失敗與心碎的國王。一位旅者告訴我們，國王的墓碑上寫著：「埋在這裡的國王有著最善意的心意，卻沒有做成一件事。」

詹姆斯‧麥克金托奇是一位能力很強的人。所有認識他的人都曾對他有著很高的期望。很多人都很關心他的未來，希望他能展現出讓世人側目的能力，但是他的人生卻沒有目標。他的熱情時斷時續，無法堅持去實現

一個重要的目標。在他決定去做某事前，熱情就已經消散了。他品格中這一致命缺陷讓他陷入了矛盾的狀態，最後人生就在這樣的狀態被消耗完了。他缺乏選擇某個目標的能力，也沒有能力在選擇後去堅持，不願意犧牲目標外的其他東西。比如，他會為一篇論文是否「具有價值」而猶豫幾個星期。

只有某方面能力的人若能專注於一個方向，要比分散精力的天才取得更大的成就。步槍裡的一點點火藥都要比露天的一堆火藥產生更大的威力。步槍槍管給火藥爆發威力提高了一個方向，否則不管這火藥的威力多麼猛烈，都不可能產生什麼威力。在學校或大學裡最貧窮的學生，通常在日後的人生裡，超越名列前茅的學生，原因很簡單，因為他們知道自己的能力所在，所以專注於某個具體目標，而其他人可能覺得自己能力很全面，肯定會擁有美好的未來，沒有將精力集中起來，最後在人生的競賽中被甩開。

現在，很多人嘲笑那些只有一種專長的人，這似乎已經成為了一種風氣。但正是這些只有一種專長的人改變了世界的面貌。要是一個人沒有專注的目標與熾熱的熱情，怎麼可能在這個追求專業的時代留下烙印呢？那些在這個喧囂世界裡留下自己足跡的人，那些勇於挑戰傳統文明的人，必然是專注於某個目標的人。隨波逐流與隨時改變目標的人在 20 世紀是沒有前途的。「心靈的善變」是很多人失敗的根源。這個世界的失敗之人，都是那些用桶在枯井裡打水的人。

「某君經常嘲笑我，」美國一位年輕的化學家說，「因為我只對這一門專業比較了解。他幾乎對所有事情都很了解，想在多個領域裡超越別人。但我明白一個道理，要想有所成就，就要專注於某一點。」這位後來成為著名化學家的人年輕時曾在小木屋裡靠點燃松木的燈光看書學習。幾年

後，他在一位英國伯爵面前進行了電磁實驗，後來成為美國最大的科學實驗所的負責人。他就是已故的教授亨利，華盛頓的史密森尼學會的會長。

歌德說，我們應該警惕一點，就是覺得自己只有一方面的才華，所以很難做的很完美。我們要盡可能地提升自己，最後才能實現自己的價值。否則，在工作的價值逐漸顯現出來時，你就會為自己過去浪費時間與粗製濫造感到無比痛苦。一句古老的諺語這樣說：「有一門手藝，能養活老婆和 7 個孩子。粗通 7 門手藝的人連自己都養不活。」

只有專注於一個目標才能讓我們獲得勝利。那些什麼都想做的人，最後無法在歷史上留下名字，他們未能長時間專注於一項工作，讓他們在名譽簿上刻下永恆的名字。愛德華・艾瑞特雖然擁有讓人驚嘆的能力，卻讓他的很多朋友感到失望。他將有限的精力投入到多方面的研究，還想要學習一些可以炫耀的東西。但是，世人在提到他的名字時，很難想出他到底做了什麼偉大的成就。但是，加里森與菲力浦斯這樣的名字馬上會讓世人知道他們所獲得的成就。伏爾泰將法國人拉・哈爾佩稱為一個烤箱，一直在加熱，卻無法烤熟什麼食物。柯勒律治是很有天賦的人，但他的性格中存在一個致命的缺點——他缺乏一個明確的目標。他的人生最後也只能以失敗收場。他就像水一樣善變，難以有大的成就。騷塞是柯勒律治的叔叔，曾這樣評價他：「柯勒律治有兩隻左手。」柯勒律治過分沉湎於病態的臆想，甚至在拆開一封信時雙手都會顫抖。他經常有要與這樣毫無目標的人生作鬥爭的想法，要下定決心面對這樣的處境，但他就像詹姆斯・麥克金托奇，直到人生的終點，還是停留在想法的階段。

成功之人都有人生計畫。他對人生的道路充滿了熱情，懂得去堅持。他會認真制定計畫，然後加以執行。他會朝著目標徑直前進。每當遇到困難或挫折，他不會逃避或躲閃。在一個不可動搖的目標的指引下，不斷發

揮身體的能量，能讓我們獲得力量。若在缺乏明確目標的情況下去發揮我們的力量，只會讓我們變得軟弱。心靈必須要專注於一個明確的目標，否則就會像機器在失去平衡輪時，瞬間被摧毀。

這個專注的時代所呼喚的，不止是接受過高等教育的人，也不是有智慧的人或是天才，更不是那些雜而不精的人，需要的是那些經過訓練懂得如何專心將一件事情做到圓滿的人。拿破崙在對士兵進行訓練時，要比其他軍官都做得更好。

堅持你的目標。不斷改變你的職業對你獲得成功將會產生致命的打擊。一位年輕人在一間乾貨商店裡工作了 5 ～ 6 年後，覺得沒什麼前途，就想換工作了，那麼之前幾年的工作經驗就白費了。他人生的大部分時間都耗在換工作上，最後也沒有精通哪一門手藝。他沒有意識到經驗對他來說，要比金錢更加重要。雜而不精的人，即便粗通 20 門手藝，還是無法過上富足的生活，因為他的專業能力不夠，要想獲得財富更是絕對不可能的事。

不知有多少年輕人在某項工作中達到熟練程度前，就因為感到沮喪去從事其他工作了，最後只能面臨失敗的結果！看到我們工作中的難處，而看到其他人工作的輕鬆自在，這是很容易的。比方說，一位已經有工作的年輕人看到醫生坐著馬車到鎮上拜訪病人，就想像著做醫生應該能過上輕鬆舒適的生活，還為自己為什麼要從事眼前這份如此勞累的工作感到不可思議。但是，他並不知道要想成為醫生，必須度過數年枯燥無聊的學習生活，也許還要等上一年半載才能獲得病人的信任。要想記住生理結構的枯燥名詞，還有各種難記的藥物名字與醫學名詞，也是極為困難的。

當一個人從工作中達到了熟練的程度，能夠圓滿將工作做好，能夠讓

能力產生回報時，他就會感受到自己有一股強大的能力。人在工作中達到熟練狀態後，他接下來的時間似乎就白白浪費了。其實不然。他在工作中學到了相關的細節，為日後的發展打下了基礎，打下了人脈，獲得了為人誠實、正直與值得信任的名聲。當你高效地完成工作，就會發現你所學到的知識、能力、品格、影響力與信任都會幫助你進一步前進，你很快會發現，之前那些看似被浪費的時間其實隱藏著成功的祕密。他在小商店裡累積下的經驗、信心、朋友與為人正派的名聲，都是他日後創業時的重要資本，讓他有機會賺取財富。那些頻頻換工作的人，經常會感到沮喪，最後在精通工作前停下了腳步，也停下了對成功的追逐。這些人只能失敗，因為他們沒有走的足夠遠，沒有讓自己走到能夠從工作中獲益的地步。

我們經常可以看到，真正成功的人幾乎都是專注於一項人生工作的。但我們還是能看到很多年輕男女頻繁地換工作，不斷換手藝，今天做這個，明天做那個。他們似乎覺得換工作就像轉動手柄那樣簡單。他們似乎覺得自己遠離了一條道路，依然可以在另一條道路走得更快，但他們不知道世界上沒有完全相同的兩條道路。那些用別人「引擎」的人，想在自己建造的鐵軌上前行，最後只能既沒有速度，也不安全。頻繁更換工作，似乎是美國年輕人生活中很普通的事情。在美國年輕人問候一位他有一段時間沒有見到的朋友時，最常見的話是：「你現在做什麼啊？」這樣的話語顯示出，他不知道自己的朋友現在是否還在做著原先那份工作。

一些人覺得，如果他們「一直堅持一份工作」，最後就能成功。但事實並非總是如此。缺乏計畫的工作就像是在沒有指南針的情況下航海一樣危險。

一艘身處大海的船隻，要是方向舵沒了，就會「一直保持那樣的狀態」，即便船上的引擎動力很足，能夠前進，但最後還是無法到達任何地

方，除非遇到幸運的狀況，否則無法到達某個預定的港口。如果該船碰巧抵達了某個港口，但船上的貨物可能也不是當地人所需要的。船隻必須要有明確的運貨港口，因為那個港口上的人們才需要這批貨物。船隻必須要朝著那個港口的航線前進，無論是萬里晴空或狂風暴雨，無論是傾盤大雨還是漫天大霧，都要朝目標港口前進。同理，要想獲得成功，人不能在沒有方向舵的情況下前進，否則只會在茫茫大海中四處飄流。他不僅要在風平浪靜時駛向港口，在風高浪急時，更要咬緊牙關，穿過失望與沮喪的迷霧，駛向港口。大西洋的航向並沒有因為大霧或暴雨停航，船員們都勇於搏擊風浪，朝著目標的港口進發。無論天氣怎樣，無論沿途會遇到多少挫折與不幸，他們都能在幾個小時內到達。

在南美洲的大草原上，有一種花朵總是面向一個方向。如果旅者迷失了方向，在沒有指南針或路線圖的情況下，透過觀察這種花朵的形態，就能發現自己所處的方位。因為無論是下雨或刮大風，這種花的葉子都始終指向北方。同理，很多人都有自己的方向，也有自己的目標，無論遇到什麼困難或挫折，你都能知道他們最終能否成功。他們可能一開始因為暴風疾雨而稍有延遲，但他們總是朝著港口前進，最終順利到達目標。你可以肯定一點，無論他們失去什麼，都不會失去指南針與方向舵。

對這樣的人來說，即便他的風帆被吹走了，桅杆折斷了，掉落在甲板上，即便暴風雨威脅著他的生命，但他心中的指南針依然指向充滿希望的「北極星」。無論發生什麼事情，他都不會失去目標。即便他遭遇風浪，但最終還是到達了目標港口，這也要比風帆與桅杆完好，卻在大海上四處漂流的船隻好上許多。

為四處晃蕩的人找個目標，給予他們一個方向，並不是容易的事。但是，缺乏明確目標的人生必然會在空虛與幻想中漸漸被消耗。「喜歡小題

大做的急躁之人」、「表面忙碌實際懶惰的人」、「毫無目標瞎忙的人」，這些人到處可見。對這些人來說，一個健康明確的目標是他們所需要的，能拯救數以千計缺乏目標的空虛之人。在明確的目標前，不滿與憤懣都消失不見了。之前在毫無目標的情況下忙碌的工作，在擁有目標後變成了一種愉悅。任何工作要想做到圓滿，必須要投入足夠的熱情進去。

單純投入能量是不夠的，這種能量必須要專注於一個不可動搖的目標上。還有比「不成功的天才」或是「天賦超群之人」的失敗更加常見的嗎？事實上，「無法獲得回報天才」已經成為一句諺語。每個城鎮都有接受過教育，但無法取得成功的失敗人士。要是所接受的教育或天賦無法讓我們有所成就的話，那麼這些都是毫無價值的。那些雜而不精的「萬能博士」已經不是這個時代所需要的人了。

這個時代需要的年輕男女，是在能在將事情做好的情況下，保持自己的個性與本真，不會因此變得目光狹隘或被矮化。任何事物都無法替代專注的目標，教育不能替代，天才不能替代，天賦不能替代，勤奮不能替代，意志力也不能替代。缺乏目標的人只能是失敗者。要是我們無法將力量與能量專注於一個目標上，那這些又有什麼用處呢？要是木匠不願意使用工具，整箱的工具又有什麼用呢？接受過大學教育，滿腦子都是知識的人，要是不能將這些知識用於某個明確的目標上，也是用處不大。

缺乏目標的人很難在這個世界上留下什麼。因為他缺乏個性，所以成為芸芸眾生中的一員，迷失在人群裡，最後因為無能與軟弱被淹沒掉。

「主人，請思考一下，」羅蘭德‧希爾對英國首相說，「讓英國與愛爾蘭進行通信，可能挽救數以千計人民的生命，但花費還不超過他們週薪的 1/5。如果你關閉他們的信箱，就像你現在這樣的做法，就是讓那些內

心善良與熱情的人的心冷透了。」這位年輕人知道，將一封信從倫敦送到202 公里之外的愛丁堡，只需要花費 18 分錢，但政府卻向一封簡單的信收取 28 分錢，差不多是兩倍價格。當時，郵政部門對此表示反對與鄙視。最後，他開始執行自己的計畫。西元 1840 年 1 月 10 日，英國在全國各地建立便士郵政服務店。希爾負責引入這個制度，他當時的年薪是 1,500 英鎊。他在這方面取得了巨大的成功。兩年後，托利黨執政，就按照之前的契約期限將他解僱了。大眾對此感到不滿，最後政府不得不要以 6,500 英鎊的年薪重新聘請他。應維多利亞女王的要求，國會決定獎勵他 100,000 英鎊，每年給他 10,000 英鎊的生活費。

偉大的目標才能讓我們的人生富於意義，它能將我們的潛能激發出來，就像一條繩子將所有的能力集結在一起，將原先分散與軟弱的東西都聚在一起，讓我們變得強大。

一知半解的人是軟弱與膚淺的。雜而不精的萬能「博士」能發揮什麼作用？只有不斷重複我們已經熟練的工作，才能讓我們有所成就。「讓你的雙眼直面自己，思考你的前路，走出自己的道路。不要左顧右盼，要勇往直前。」聖保羅具有那麼強大力量的祕密，就在於他擁有一個強大的目標。任何事情都不能阻擋他，也無法讓他感到恐懼。羅馬皇帝無法讓他保持緘默，將他投入地牢無法讓他感到恐懼，任何監獄都不能壓制他，所有障礙都不可能讓他感到沮喪。「我只做一件事。」他的一生就是在踐行這句話。強大的目標給予他源源不竭的熱情，讓他照亮了世人，永遠感染著後世人的心靈。

「努力成為有出息的人。」萊昂・甘必大（Léon Gambetta）的母親在將兒子送到巴黎上學時說。貧窮讓這位少年只能窩在小閣樓裡，穿著寒磣的衣服，過著艱苦的生活，但這又有什麼關係呢？他下定決心要在這個世界

上出人頭地。多年來，他就像一位英雄去學習。最後，他終於獲得了機會。朱爾斯‧法弗爾原本在某天要就一個重要問題發表演說，但那天他身體抱恙，所以選擇了這位之前毫無名氣的年輕人替代自己。甘必大多年的努力正是為這樣的機會做準備，他有足夠的能力去把握這樣的機會。他發表了一篇著名的演說，堪稱法國歷史上最優秀的演說。那天晚上，巴黎的所有報紙都在讚揚這位之前穿著寒磣、默默無名的波希米亞人。很快，法國人就把他視為共和黨的領袖。甘必大能在瞬間獲得這樣的地位，不是因為好運或意外。他之前一直與困難與貧窮作鬥爭，等待著這樣的機會。要是他沒有能力，那麼即便讓他獲得那樣的機會，也只會讓他被人嘲笑。昨天還是一位貧窮、默默無聞、蝸居在閣樓裡的魯蛇，一夜之間成為馬賽市的副市長，成為共和黨人的領袖。

拿破崙三世在色當被德軍擊敗，向普魯士國王威廉遞上了投降的劍。普魯士軍隊朝巴黎方向進軍，勇敢的甘必大以輕快的腳步走出這座被圍困的城市，對普魯士的炮彈完全不在意，最後到達亞眠。他憑藉超人般的能力召集了三支軍隊，人數達 800,000 的隊伍，為他們提供軍事建議，指導軍事行動。德國一位軍官說：「這是現代歷史上的一個奇蹟，這完全展現了他強大的力量。甘必大的名字必然會被後世人稱頌。」這位年輕人在其他年輕人漫步於香榭大街時，蝸居在閣樓裡認真研讀書籍。雖然他當時只有 32 歲，但實際上已成為法國的領袖與共和黨最偉大的演說家。人儲備的能量是多麼強大啊！即便他們之前過著放蕩的生活，但在突然遇到緊急情況或重大的悲傷時，就能激發出這種潛能，勇敢地為了勝利去奮鬥！在甘必大的第一次演說震驚了整個法國後，他巨大的潛能被激發出來了。他突然感覺到，自己要放棄過去那樣的生活，下決心在這個世界上留下自己的印記。一夜之間的成名沒有讓他飄飄然。他依然住在發黴的閣樓裡，過

著貧窮的生活，他沒有玷汙自己的品格，雖然當時的他輕而易舉就能成為百萬富翁。在他去世時，費加羅說：「共和國失去了最偉大的人。」美國的小孩應該會聽到這位偉大人物的名字，因為他熱愛自己的國家。我們國家的基本制度當年也是複製法國的共和制。

　　在這個世界上，沒有比看到一位年輕人因受到一個偉大目標的指引，不可動搖地前進，更讓我們動容的了。這樣的年輕人必然能取得勝利，世人都會為他讓路，讓他順利地通過。心中有偉大目標指引的人不會懼怕前路出現的挫折，但猶豫不決與缺乏目標的人就像是浮木，隨著河水四處飄流，他們之所以這麼容易屈服，是因為沒有足夠的力量闖出自己的道路。看到一個年輕人克服重重困難，徑直朝目標前進，似乎這些困難只是他們前進的鋪路石，實在讓人震撼。失敗就像是一種鍛鍊，只會帶給他更多的力量，挫折與反對只會增強他的能量，危險只會增加他的勇氣。無論他遇到什麼 —— 疾病、貧窮或是災難 —— 都無法讓他遠離自己的目標。

　　「一個人追求兩個目標，結果一個也不能實現，兩頭落空。」

第十九章　工作與等待

我們把握重要機會的能力，也許取決於我們已經擁有的能力。

我們將成為怎樣的人，將是過去幾年自律的結果。

—— H‧P‧立頓

我以為，沒有接受過教育的心靈，就像是露天礦場裡的一塊石頭，

只有在熟練的石工磨去它粗糙的外表，展現它光滑的一面，

才能成為人們喜愛的裝飾品，否則，它的價值無法展現出來。

—— 艾丁森

忠誠地發揮自己的天賦，只有這樣才能提升自己。

運用你所知掌握的知識，你將獲得更多的知識。

—— 阿諾德

你越了解自己，越能節省自身的能量，做事情就能事半功倍。

—— 查爾斯‧金斯萊

「當時，我只是茫茫人海中不起眼的一人。」亨利‧貝塞麥在談到自己西元 1831 年來到倫敦時的感受。雖然他當時只有 18 歲，在這座城市舉目無親，但他很快就透過努力，發明了如何在厚紙板上複製淺浮雕的方法。他的方法很簡單，一個人只要學 10 分鐘，就能用飾以浮雕的郵票的印模去做便士。後來，英國官方證實，貼在官方檔上的郵票很容易被偽造。於是，貝塞麥決心發明一種打齒孔的郵票，既無法讓別人偽造，也無法從文件上撕下來。他在郵局進行訪問時，官員告訴他，每年因為很多人從羊皮紙撕下郵票再次使用，導致政府損失 100,000 英鎊。

該官員同時也充分認知到當前這種郵票存在著很容易造假的可能性。於是，他提出了兩個方案，一是給貝塞麥撥出一定的款項，用於研究打齒

孔的郵票，而是為他提供一個終生的職位，年薪是 8,000 英鎊。貝塞麥接受了後者，興沖沖地告訴女朋友，想要與她分享喜悅。他解釋了自己的發明，說這樣以後可避免別人從 100 多前的檔上撕下郵票，再次使用。

「是的。」女朋友說，「我明白你的意思。但是，如果所有的郵票上都有一個日期，那麼別人在第二次使用時肯定會被發現啊！」

女朋友的話很短，如果我們不加注意的話，似乎也沒有什麼特別。但她的話就像是讓小學生避免了生吞大頭釘的危險，得以挽救數以千計學生的生命那樣重要。要是將這個想法向當局說了，那麼每年就能減輕政府 100,000 英鎊的開支。如果可行的話，那麼貝塞麥的打齒孔的計畫就將變得沒有價值，就像是去年的鳥巢一樣。他為女朋友的天才感到驕傲，很快就像郵局部門說了這個想法。

結果，他的打齒孔郵票的計畫被擱置了，之前承諾給他的那個職位也打水漂了。政府利用了他的想法卻沒有任何補償，雖然這個想法看上去不起眼，卻為他們節省了一大筆錢。

所以，貝塞麥的經濟一下子又變得很緊張。但他意識到，對年輕人來說，最寶貴的資產就是有一位好的老婆。他與老婆進行合作，發揮彼此的才智。經過多年的思考與試驗，貝塞麥終於讓製鋼的過程變得廉價，改變了全世界的煉鋼工業。他的方法很簡單，就是讓熱氣進入數噸熔化的生鐵，調高溫度，加入足量的鏡鐵，還有富含碳質的礦石，改變鐵質，使之變成鋼鐵。

經過多次失敗與花費昂貴的實驗後，他終於找到了成功的方法。

「對有決心且願意等待的人來說，成功是水到渠成的。」

當代最缺乏的特質就是做事不夠細心與全面。想找到一位願意花時間

去為人生事業做充分準備的年輕男女，真是太難了！他們想要的只是一點點教育，只想從書本中學到一點皮毛知識，然後就準備投入到工作中去了。

「等不及」，這是本世紀很多年輕人的一大性格特徵，也幾乎在所有事情上有所展現。無論在商業上、學校、社交或教堂，都能看到很多「等不及」的人。學生似乎急忙地讀完高中、職中與大學。男孩等不及要成為少年，少年等不及要成為男人。年輕人在沒有接受多少教育與培訓的情況下就投入工作。當然，他們的工作也只能做的很糟糕。在他們人到中年時就會感到崩潰，在 40 歲這樣的英年早逝了。現在，每個人似乎都處在匆忙的狀態。建築工人匆匆建設大樓，結果沒過多久就倒塌了。幾乎所有的東西都是為了「買個好價錢」。

不久前，美國一所大學的教授收到西部一位年輕女人的來信，向他詢問，要是她到大學讀書，上 12 門課，是否就能掌握演說術。今天的年輕人都不願意為自己的為了打下寬闊與深厚的基礎。在預備學校與大學的無聊時光讓他們灰心喪氣。他們只想要接受「一點皮毛」的教育。但正如蒲柏所說的：

「一知半解是危險的。

要麼喝個爛醉，要麼就不要啜飲詩泉。

淺酌會讓你神智不清，

喝多了反而讓你再次清醒。」

為了掩蓋我們的無知而改變立場，「唯恐別人發現我們胸中無墨而心中顫抖」，這真是讓人覺得可悲。捷徑與簡易的方法是當代人所盼望擁有的。但是，想走在通往成功的捷徑上，你就必須花很長時間去去儲備成功

的能量。勤奮的工作，明確的目標與忠誠都會讓你縮短通往成功的道路。不要將一生的大廈建構在一天內打下的基礎之上。

耐心是大自然的座右銘。她花上幾百年才讓花朵變得完美。為創造出最偉大的食物，她有什麼事情不願意做呢？綿遠的時間與世代對她來說根本不算什麼。她就是在時間的道路上漸漸雕刻萬物，塑造出完美的人。

詹森說，一位作家要想寫一本書，必須要閱讀圖書館裡一半的書。當一位女作家跟華茲華斯說，自己花了 6 個小時創作一首詩歌時，華茲華斯說，他會花 6 個星期。想像一下，霍爾主教耗費 30 年的時間去創作自己的作品！歐文斯耗費 20 年時間創作《希伯來人的評論與書信》。莫爾耗費幾個星期去斟酌音樂作品，觀眾聽起來似乎這就是天才的展現。

卡萊爾在寫作時耗費極大的心力，他在創作歷史巨著時，要向所有歷史專家請教，所以他的著作裡的每句話都是很多本書的精華，都是他在圖書館裡耗費 10 幾個小時閱讀的結果。今天，我們到處都能看到卡萊爾的《衣裳哲學》。現在，你只要花費幾分錢，就能從書商那裡買到這本書，世界各地都有這本書的複印版本。但是，卡萊爾在西元 1851 年將這本書帶到倫敦時，當時三位著名的出版商都拒絕出版這本書。最後，他將這本書放在《弗雷澤雜誌》上連載，該雜誌的編輯向卡萊爾寄去的信件裡表示，他的作品受到了「很多膚淺的批評」。

亨利‧沃德‧比徹寄給一份宗教報紙的出版人 6 篇文章，算是支付訂閱的費用。但是，這 6 篇文章都被出版人拒絕了。「大西洋月刊」的出版人將艾爾科特女士的作品退回去，建議她還是做回原先教師的本行。一份主流雜誌的編輯曾嘲笑丁尼生創作的第一首詩，希望這位年輕的詩人不要走這條路。愛默生只有一本書是賺到錢的。華盛頓‧歐文到了 70 歲時，

獲得的版稅才剛好支付他的家庭開銷。

　　從某些方面來看，過去從事書籍裝訂的男孩都失業了，這的確讓人覺得遺憾。今天，真正想要學習專業的人實在太少了。人們只是隨意學點東西，然後就混日子了。他們就像一位學生考試前臨時突擊，只想通過考試。但從未下功夫認真學習某門功課。

　　試想一下，一位美國年輕人願意花 10 年時間與達文西去塑造一座騎馬者的雕像，這樣他就能完全掌握馬的生理結構的例子，是多麼的不可思議！美國很多年輕人現在還想當然地認為，要雕刻出阿波羅·貝爾維迪爾這樣的雕像不需要耗費多少時間。

　　一位富人曾請霍華德·本內特對他的專輯進行一些修改。貝內特要求獲得 1,000 法郎的報酬。「但是，你只需要花五分鐘的時間啊！」富人反駁。「是的，但我耗費了 30 年時間學會如何在五分鐘內做到。」

　　這個時代需要有勇氣與毅力去工作與等待的人，無論世人為他們歡呼或喝倒彩，都沒關係。像米拉布烏這樣的人，奮鬥了 40 年才有機會向世人展現出他強大的潛能，注定改變一個帝國。像法拉格特（David Glasgow Farragut）與馮·毛奇（Helmuth Karl Bernhard von Moltke）這樣的人，滿懷耐心地工作，等待了將近半個世紀去實現他們的計畫。像格蘭特這樣的人在沉默中勇敢前進，即便其他將軍與政客都在反對他，也沒關係。像米開朗基羅這樣的人，耗費 7 年時間裝飾西斯廷大教堂，創作了〈造物主〉與〈最後的審判〉，當時他拒絕接受任何報酬，唯恐這樣會讓他的鑿子染上貪婪的氣息。像特洛·伍德這樣的人，用碎布裹著腳，在雪地裡步行 1 公里，向別人借來《法國大革命》這本書，然後點燃柴火，如飢似渴地閱讀這本書。像米爾頓這樣的人，創作《失落園》，向世人展現出他們看不到

的世界。像薩克裡這樣的人，在他的《名利場》被數十位出版商拒絕後，依然保持著樂觀的心態。像巴爾扎克這樣的人，一個人孤獨地在閣樓進行創作與等待。像那些在無畏貧窮、債務或飢餓的人，是不會因為匱乏與沮喪而停下腳步的。世界需要有能力與願意等待的人。

丹尼爾·韋伯斯特年輕時當過律師，曾為幫一名貧窮的鐵匠打贏官司，特地跑到附近的法律圖書館裡查找資料，最後花了 50 美元買了所需要的書籍，終於找到了這個案例的正確解釋與前例。他贏下了這場官司，但因為鐵匠很窮，最後只收了 15 美元，更別說他當時為此浪費的時間了。多年後，他經過紐約市時，亞倫·布林就最高法院一樁懸而未決的重要且讓人迷惑的案件諮詢他的意見。他立即發現這個案例與之前那個鐵匠的案子很相似，這個案子看上去的確很複雜，但他之前為此進行過全面的研究，所以現在覺得這就像乘法口訣表那樣簡單。韋伯斯特從查理二世的法律說起，舉出了相關的法律與前例，引用了精確的法律條文，讓布林驚嘆不已。布林問他之前有沒有做過類似的案件時，「當然沒有。」韋伯斯特說，「今晚前，我都沒有聽說過這個案子。」「很好，」布林說，「接著說。」在韋伯斯特說完自己的想法後，布林給韋伯斯特支付了一筆豐厚的酬金，這算是對他以前那起給他造成損失的案例的一個賠償吧！

西元 1859 年，阿爾伯特·比爾施塔特（Albert Bierstadt）率領一群冒險者第一次穿過洛基山脈，繪製下西部的風景，讓他獲得了名氣。他追隨別人的腳印，登上了派克峰，看到了草原上到處都有水牛，讓他深感震撼。但他也知道，一旦文明開發到這裡，這些景象就會消失。這個思想一直縈繞在他的腦際，最後他在 1890 年創作出了〈最後的水牛〉。他為創作一幅最完美的畫，耗費了 20 年時間。

任何能持久的作品，能承受時間考驗的東西，都是有深厚基礎的。羅

馬的建築通常是一幢建築中花費最多的。羅馬人的建築都要打很深的基礎，即便在岩石上居住，也要挖的很深。

高達 17 公尺的邦克山紀念碑是在地下的。踩在歷史留下的豎井上的人，是看不到這座紀念碑的。但正是因為有這座豎井作為基礎，才讓紀念碑承受了風水雨打，始終屹立不倒。絕大多數的成功人士都要花很長時間去打基礎。成功是負累與堅持的「孩子」，成功還需要我們知道「要多久才能成功」。

忍耐力要比任何展現英雄主義，無論多麼高尚，都更能考驗我們的品格。

鋼琴家塔爾貝格曾說，如果事先沒有練習 1,500 次，他是絕對不敢面對聽眾進行演說的。他從來不覺得自己有什麼天才。他說這只是努力的結果。他的勤奮與努力會讓很多自稱是天才的都感到羞愧。

在艾德蒙德‧基恩答應去演《紳士背後的壞人》時，他經常在鏡子前進行練習，進行長達一年半的表情訓練，然後在舞臺上展現出了卓越的演技。在他上臺表演時，拜倫與莫爾在臺下觀看，拜倫說自己從來沒看過如此邪惡的人。基恩身為一名優秀的演員，給觀眾演繹了一位罪惡滔天的人物形象。拜倫甚至在觀看時暈眩過去了。

「多年來，我堅持日出前起床工作，」一位白手起家的富有銀行家說，「我每天都要工作 15 ～ 18 個小時。」

據說，耐心能讓桑葉變成緞子。山丘上的巨大橡樹幾個月或幾年的情況下，停止向上生長，但它的根部卻牢牢扎在岩石上，只為能讓樹根更好抵禦數百年的風雨。達文西為了描摹蒙娜麗莎的頭部，耗費了四年時間。也許，蒙娜麗莎的微笑是史上最美的。但這也是達文西努力與用心的結晶。

賓厄姆船長說：「你們對德國軍隊這架『神奇的機器』根本一無所知，

他們對戰爭的準備遠遠超乎我們的想像。他們制定的路線圖清楚顯示出，一旦戰爭爆發，他們會如何應對，每一位軍官的作戰路線都已經規劃好了。一旦戰爭爆發，他們就將用火車運送士兵與物資，指揮官能透過電報向各位前線指揮官傳遞命令，讓他們及時抵達目標地。」

一位教育程度不高的牧師在與一位頗有學識的牧師談話時說：「先生，我猜想你上過大學吧？」「是的，先生。」「我很感激主，祂沒有要求我接受什麼教育，就去布道祂的教義。」有學識的牧師反駁說：「同樣的事情只能發生在某位不可靠的預言者身上。」

一位剛剛大學畢業的年輕人對三一學院的院長說，自己完成了大學學業，準備跟校園說再見了。「的確如此，」院長說，「但我剛剛開始自己接受教育之路。」

很多能力平平之人經過奮鬥，最後成為了傑出人物。要想做到這點，在我們年輕時，就要開始做好準備。讓人覺得不可思議的是，一位粗俗甚至遲鈍的學生若真有什麼潛能的話，那麼在某位有教學經驗的老師的指導下，培養良好的學習習慣，那麼他也能取得不俗的成績。

即便只有幾個星期或幾個月的軍事訓練，都能讓那些在美國內戰末期參軍的士兵，從原先站姿不端，缺乏軍事素養的士兵的變成站立挺直，待人有禮的士兵，讓他們之前的朋友根本認不出他們來。如果已經成年的人能夠作出如此重要的改變，那麼在孩子這個階段進行系統的身心與道德訓練，效果必將更加明顯！那些出生於貧苦家庭，或過著艱苦生活的孩子，那些生活在城市的貧民窟，無法挖掘自身潛能的孩子，要是早年有幸接受系統與有效的訓練，那麼他們就能很好地挖掘自身潛能，成為對社會做出貢獻的人，而不會成為社會的渣滓與不安的因素。

懶惰就像蜘蛛網，最後變成一條鋼鐵般的鎖鏈將我們困住。

愛迪生說過，為了發明留聲機，他進行了多次的實驗，想重現說過的話。他說：「在過去 7 個月裡，我每天都要工作 18 ～ 20 個小時，每天都在重複說著一個詞『Specia』，但留聲機卻總是說出『Pecia』、『Pecia』。有時，這真的想讓我發瘋，但我始終沒有動搖，最後取得了成功。」

通往榮耀的道路是由多年的克制與艱苦努力鋪成的。

賀拉斯‧曼，這位麻薩諸塞州普通學校體制的設計者，就是憑藉毅力與決心去工作與等待，最終能取得勝利的最好例子。他唯一擁有的就是貧窮，所以他只能去努力。但他對知識有著如飢似渴的追求，決心在這個世界上出人頭地。他曾編織草帽去賺錢，然後買自己喜歡的書去看，安慰飢渴的心靈。

格萊斯頓這樣的人必然能取得勝利。雖然他為人生的事業做了多年的準備，雖然在很多年輕人看來，格萊斯頓的天賦已經能讓他取得輝煌的成就，雖然他年紀輕輕就成為了國會議員，但他還是決定讓自己成為整個局勢的掌控者。但他不滿足於自己的公共職務與私人職責，在連續 11 次當選國會議員的時間裡，他不僅研究法律，還在學習希臘語，閱讀自己購買到的優秀書籍。他決心要讓自己的人生變得更加圓滿，讓自己的心靈更加自由與健康。

奧勒‧布林說：「如果我練習一天，就能看到不同的結果。如果我練習兩天，朋友就能發現不同之處，如果我練習三天，那麼聽眾也能聽出來。」

養成抓住每點知識的習慣，無論這些知識當時看上去多麼不起眼，養成將每次機會、每個場合的感受都變成你的人生經驗的習慣，這樣做的重

要性是難以估量的。你肯定能用得上這些知識的。韋伯斯特曾重複他40年前聽到的一段軼事，當時他沒有什麼感覺。但是，後來這個故事卻剛好適合某個場合。「只有破爛的房屋才會厭惡石頭的。」

有人曾要求韋伯斯特就某個重要的議題發表演說，但韋伯斯特拒絕了，他說自己現在很忙碌，根本沒有時間去了解這個議題。「但是，」朋友說，「你說的每句話都能引起大眾對此的注意啊！」韋伯斯特回答說：「如果我說的話具有分量，這是因為我完全了解所要談及的主題。」一次，韋伯斯特在哈佛大學的斐陶斐榮譽公會上發表了一篇精彩的演說，在他演說完了，他才發現自己的演說稿落在一本書上。但他的即興演說也是精彩至極。

德摩斯梯尼曾被人要求就某個重要的突發事件進行演說，他回答說：「我還沒有準備好呢。」事實上，很多人都覺得德摩斯梯尼並沒有什麼演說天才，因他從來不會在自己沒有完全了解某個主題前發表演說。無論在任何會議或集會上，只要別人讓他發表演說，他都會拒絕。據說，他說的每句話，都是經過反覆斟酌的。

亞歷山大‧漢密爾頓說：「很多人誇我是天才。我所謂的天才不過是這樣的：在我要對某個主題進行演說時，我會全面深入地進行了解與準備。這個主題日夜縈繞著我的腦海。我會研究與該主題相關的各個方面。我的心靈都充溢著這個主題。在我發表完演說後，人們就說我是天才。其實，哪有什麼天才啊！不過是努力與思考的結果。」天才與平庸之間的一個重要的分界點，就是是否遵循努力的法則。

著名醫生內拉頓曾說，如果他只有4分鐘時間去對病人進行搶救，他會花一分鐘時間去思考如何最好地進行手術。

「很多人，」朗費羅說，「都沒有讓自己的原則深深扎在心底，而是隨意地推翻自己的原則，就像小孩子那樣，栽種了一朵花，就想透過揠苗助長的方式來看到花朵的『成長』。」我們不僅要努力工作，還要懂得等待。

「很多年輕英俊的花花公子，」凱撒爾說，「他們的心思花在修剪鬍子，穿著擦亮的皮鞋與戴著漂亮的帽子，整天想過安逸的生活，談論戲院、歌劇與賽馬，嘲笑那些認真努力學習各種方法的誠實年輕人，因為這些年輕人不願意與他們一起將時間與錢財浪費在這些消遣活動上。時間最終會分出這兩種人的勝負。那些嘲笑認真工作的同事的花花公子們會被後者超越，後者能成為公司的負責人，收穫了努力工作的回報，獲得了財富。」

「在過去 30 年，我在紐約市觀察了成千上萬的年輕人，」庫依勒說，「我發現這些年輕人成功或失敗的主要原因，是他們在持久力方面的差異。要想取得長久的成功，就需要持久的堅持，那些瞬間閃耀、曇花一現的人是難有什麼成功可言的。那些遇到困難容易感到沮喪，像河面的一根稻草隨風漂流的人，無一例外處於落後的位置 —— 要麼自行消亡，要麼需要別人資助。那些明白並踐行亞伯拉罕・林肯這句『堅持不懈地工作』的格言的年輕人，能夠取得最踏實的成功。」

威靈頓公爵年輕時曾因為自己在軍隊裡無法獲得擢升感到失落，最後應聘海關廳一個卑微的職位，還是被拒絕了。拿破崙在長達 7 年的時間裡應聘所有空缺的位置，始終沒有如意。在此期間，他全身心地投入到軍事作戰的研究，透過研究各種戰術與進行反思，讓他日後能向許多作戰經驗的老兵講授戰術。

讓我們度過難關的能量儲備，是我們長期工作與等待的結果。寇里爾

博士曾說，那些擁有能量儲備的人也是能有所成就之人。「在你覺得自己必須要將潛能發揮到極限時，就能做到最好，否則你的寶貴能量就被消耗掉。平時一定要將工作做好，在危機關頭做到最好，度過難關。在長時間作戰後，依然還有足夠的能量儲備，所以你覺得自己不會被打敗，因為你從未被打敗過。」

做事認真，準備充分與具有修養的人才能有獨立的行為。「我們不是在學校學習的，而是在生活中學習的。」我們的習慣 —— 無論做事敏捷、認真細緻，或是做事懶散、浮躁與膚淺 —— 這些都是我們很容易養成的習慣，也是很難改變的。

換一種角度來說，要想透過心靈與行動的努力去取得成功，有三個最重要的要素：實踐、耐心與堅韌。這三者中最重要的就是堅韌。

「讓我們振作起來，懷著勇敢的心

去面對命運。

不懈地努力，不懈地追求，

學會如何工作與等待。」

# 第二十章
## 小事的巨大力量

不要小看小事，雖然看上去很小。

細沙能疊成高山，瞬間能決定命運。

　　　　　　　　　　　　　　　　　　　　── 楊格

小事不用功，大事不出力。

　　　　　　　　　　　　　　　　　── 溫德爾‧菲力浦斯

厭惡做小事的人，會漸漸墮落。

　　　　　　　　　　　　　　　　　　　── 基督教義

千頃森林，始於橡樹。

　　　　　　　　　　　　　　　　　　　　── 愛默生

「阿勒塔美麗的雙腳，在小溪下顯得特別白皙，這讓她成為威廉大帝的母親，」帕爾格雷烏在《諾曼第與英格蘭的歷史》裡寫道。「要是她的美貌不足以吸引諾曼第的羅伯特公爵，哈洛特就不會在哈斯廷斯失敗，那麼盎格魯 ── 諾曼朝代就不可能來臨，也就沒有後來的大英帝國。」

大洪水來臨前，我們可以透過永遠存在於石化後沙子的方向，去判斷雨水的方向與河水的流向。我們可以透過遠古巨型動物的化石去想像這些動物體積的龐大，想像牠們到河邊找尋食物的景象。

正是面積不大的希臘阻擋了波斯的強大的軍隊與專制制度，為歐洲乃至美洲建立有史以來最高形式的政治自由提供了基礎，播下了人類文明的種子。要是布拉的一戰出現不同的結果，那麼人類的進程可能就要被延誤至少 10 個世紀了。

據說，在高聳的阿爾卑斯山脈，導遊會要求遊客保持絕對的安靜，唯

恐說話時造成空氣震動，可能導致的雪崩。

美洲印第安人的觀察力讓很多接受過高等教育的人都會自嘆不如。一個印第安人回到家後，發現他晾起來的鹿肉被別人偷走了。他在追蹤盜賊的腳印時，進行了細緻的觀察。他沿路上遇到一個人，就問他是否遇到一位個子矮小、年老的白人，此人攜帶著一把短槍，還有有一隻短尾的小狗。路人告訴他自己見到過一位這樣的人，但驚訝的是，為什麼印第安人在沒有見到盜賊時能精確地描繪出這樣的景象，就問他是如何有這樣的想法的？「我知道盜賊個子矮小，」印第安人說，「是因為他在偷取鹿肉時，腳底下墊著一塊石頭。我知道他是一位老人，因為他的每一步的跨度不大。我知道他是一位白人，是因為他走路時八字腳，印第安人是絕對不會這樣走路的。我知道他有一把短槍，是因為他站起來時，用短槍支撐著身體。我知道他有一隻小狗，是因為還有一串很小的腳步，我知道這是一條小狗是短尾的，是因為牠坐在地上時留下的痕跡。」

兩滴一起落下的雨水，因為一陣微風的緣故，改變了原先的方向，其中一滴朝著與威斯康辛州住宅相反的方向飄去，經過了洛基河與密西西比河，到達了墨西哥灣；另一滴雨水則朝著福克斯河方向飄去，經過了格林灣、密西根湖、馬克金瑙河、休倫湖、聖‧賴爾河、聖‧賴爾湖、底特律河、伊利湖、尼亞加拉河、安大略湖、聖羅倫斯河，最後抵達了聖勞倫斯灣。看似不起眼的微風產生了多麼重要的作用啊！大陸的形成，都是由很多看似不起眼的原因經過慢慢累積，最後產生了人類難以想像的能量，就好比微風這個不起眼的因素就能改變很多事情。在亞馬遜河的泥沙累積越來越多時，一點點小事都對沿岸產生嚴重影響。誰能想到偷竊一分錢的小事，可能把你送上斷頭臺。一時的行為可能讓一輩子都感到悔恨。扳機可能在一瞬間就扣下了，但靈魂永遠都丟失了。

　　一點火星落在某些易燃物質上，讓人發明了火藥。大海裡的一些海草與浮木，讓哥倫布制止了水手們的嘩變，否則人類發現新大陸的時代將大大延遲。歷史上有很多重要的瞬間，改變了許多普通人的命運。達納能用一粒沙子或一塊骨頭作為道具，就能給學生上一堂有趣的課，這是之前從來沒有見過的。阿加西教授能就動物的結構及生活習性進行極為精確的描述，這是很多人之前從未觀察過的。

　　一隻蟋蟀曾讓一支遠征隊伍免於陷入毀滅的命運。這支遠征軍的指揮官與數百名士兵正在前往南美洲的海上。因為觀察員的疏忽，沒有注意到前面出現的一塊礁石。要不是士兵們將這隻蟋蟀帶上船，那麼肯定就觸礁了。蟋蟀感覺到前方的危險，就發出刺耳的聲音，這引起了船員的注意，最後避免了一場災難。

　　一隻老鼠在大壩上啃食，最後可能導致一個國家的毀滅。荷蘭一位小男孩看見有水從一座大壩的底部冒出。他馬上意識到，要是不能及時堵住，這個漏洞會越來越大。於是，他用手堵住這個洞口，在黑暗的晚上，小男孩堅持著，直到吸引了路人的注意力。現在，這位男孩依然是很多荷蘭人心目的英雄。

　　英格蘭沿岸突出的懸崖其實是根足類動物「建造」的，這種動物體積太小，要是沒有放大鏡，用肉眼根本看不到。

　　不經意間將空酒瓶扔進火堆裡，可能催生了某人腦海裡關於第一架火車頭的想法。又或者，義大利一位化學家的妻子喜歡吃爬蟲動物的癖好，讓他開始進行電報的構思。加爾瓦尼[09]女士第一次注意到被剝皮後的狐狸出現了肌肉的收縮，這讓她覺得，丈夫可以從電動的機器裡收集電流。她

---

[09]　加爾瓦尼（Luig，西元 1737 ～ 1798 年），義大利解剖醫學家及物理學家，電流發現人。

向丈夫說了這個想法，最後發明了加爾瓦尼電流，現在被廣泛用於藝術與傳輸有聲語言與書寫的文字。

「一個國家的命運，」格萊斯頓說，「通常是因為某頓飯後是否消化順暢所決定的。」

英國對北美殖民地徵收的印花稅能為英國增加 60,000 英鎊的財政收入，但卻引發了美國革命，這場戰爭讓大英帝國花費了 100,000,000 英鎊。法國與英國的一場戰爭讓 100,000 人死於戰場，一開始的原因只是哪個國家的船隻可以首先下水。兩位印度男孩因為一隻蚱蜢而打起來，最後爆發了「蚱蜢戰爭」。可見，有時候，小事能產生多麼重要的力量。

一位年輕人曾到印度去找尋自己的財富，但他始終找不到門路。他回到自己的房間，將一顆子彈裝在手槍裡，然後把槍口對準腦袋，扣動扳機。但子彈沒有射出來。他立即跑到窗前，朝另一個方向開槍。他想，要是此次子彈射出來了，他就認為是上天又賜予了他一條命。他扣動扳機，子彈射出來了。他興奮地渾身顫抖，從此下決心要神聖地對待自己的生命，一定要出人頭地，絕對不能廉價地對待生命。這位年輕人後來成為了羅伯特・克萊夫將軍。他率領一支歐洲軍隊，創建了東印度公司，後來幫助大英帝國統治了人口超越 200,000,000 的印度。

鵝發出的咯咯喊叫，讓哨兵提高警惕，最終讓羅馬帝國免於陷入高盧人之手。薊草的刺痛讓一支蘇格蘭軍隊警覺到了丹麥軍隊的進攻。

亨利・沃德・比徹曾因一票之差，無法當選鐵路的監督員。要是他擁有多一票，美國可能就失去了史上最偉大的牧師了。有時候，小事真的是會改變人的未來！

小事輕如鴻毛，通常在一瞬間轉變我們的觀念，最終改變這個世界。

　　有人將一塊珍貴的紅寶石獻給英國政府。據說，皇冠上的寶石都是最精緻，最完美的，但其中一顆寶石的一面出現了輕微碎裂的痕跡。這個無形的裂痕讓紅寶石的價值貶低了數千英鎊，最後被英國王室拒絕了。

　　正是因為守衛的疏忽，讓一盞燈在比薩主教座堂內出現了搖擺的情況。年輕的伽利略看到了燈有規律的搖擺，開始構思如何提高鐘擺去測量時間。

　　「我在對著電話的吹口唱歌時，」愛迪生說，「我的聲音讓電話的鋼鐵發生顫動，刺到了我的手指。這讓我陷入了思考。如果我能將顫動的幅度與位置還原的話，就可能讓這些『顫動』發出我原先說的話。於是，我決心去發明一架能夠將人說過話記錄下來，再說出來的機器。我給予助手一系列必要的指導，告訴他們我的發現。留聲機就是這樣發明的，最初的原因就是因為鐵碰到我的手。」

　　正是一隻羊將一間簡陋小屋的燈弄倒了，結果讓芝加哥陷入了大火，到處都是灰燼，讓數 100,000 人無家可歸。

　　你可能會說，相比於重要的能力來說，你的小缺點、自我沉湎、暴躁的脾氣或猶豫不決只是小問題，但正是這些小問題造成了很多人的失敗。

　　大英帝國的議會，美國的國會與世界各個國家的議會制，最初都源於約翰國王簽署的《大憲章》。

　　邊沁說：「有時，一句話就決定了很多友誼的命運。我們都知道，一句話甚至可能改變一個國家的命運。」也許，你只有一次待人冷漠，只說過一句傷人的話，但已足夠讓你永遠失去一位朋友了。

　　居維葉在看到一隻擱淺的墨魚後，開始進行對自然的觀察，最後成為世界上最偉大的自然歷史學家。蜘蛛編織的網讓布朗船長萌發了建造吊橋

的想法。

　　休‧米勒因為忘記帶結婚證書，結果無法成為克勞福德伯爵。最後，宮殿的人說：「約翰，克勞福德伯爵，叫另一個石灰匠過來。」

　　國會通過的一個財政預算上的數位上省略了一個標點，結果造成政府數百萬的損失。自薦信上出現了一個拼寫錯誤的單字，可能讓一位能力很強的年輕人無法獲得新英格蘭大學的輔導員的職位。

　　「從我上次來訪到現在，我沒有看到你取得什麼進步啊！」一位紳士對米開朗基羅說。「但是，」米開朗基羅說，「我對雕塑重新進行了修改，讓人物的表情更加真實，展現出了人物的肌肉線條，讓他的嘴唇更為細緻，讓他四肢更有力量。」「但這些都是細小的東西啊！」紳士大聲地說。「也許吧！」米開朗基羅說，「但是，正是細節造就完美，完美必須要建立在細節才行。」米開朗基羅憑藉無限的耐心，耗費一個星期的時間去雕刻人物的肌肉，讓人物形象栩栩如生。格哈特‧道花費一天時間去描繪捲心菜葉子上的水滴，最終取得了成功。可見，細節決定著成敗。

　　嬰兒摩西的哭聲吸引了法老女兒的注意，於是賜予這位猶太人立法者的地位。一個洞口旁的一棵樹上有棲息著一隻小鳥，讓居住在洞穴內的默罕默德找到了主的呼喚，最後改變了阿拉伯國家的信仰。一群鳥的飛行軌跡差點阻止哥倫布發現新大陸。在哥倫布焦慮不安時，馬丁‧阿隆索‧平松（Martín Alonso Pinzón）說服他要追隨一群鸚鵡的飛行方向，朝西南方向航行。對那時的西班牙水手來說，在大海追隨小鳥飛行的方向，這是一個好運的徵兆。要是哥倫布不改變航向，那麼他永遠也不可能抵達佛羅里達州的沿岸。洪博特說：「沒有比這群小鳥產生更重要的作用的事情了。」

　　一位眼鏡製造者的小孩將 2 ～ 3 張鏡片疊起來玩耍時，發現遠處的東

西變得很大。他將這個事實告訴父親。這位父親後來發明了望遠鏡。

每一天就是一個迷你版的一生。我們的人生就是每一天的重複。總是浪費整天時光的人，是極其危險的。任意揮霍時間的人，肯定會感到很絕望。人生的幸福是由什麼組成的呢？小小的禮儀、小小的善意、一句好話，一個真誠的微笑，友好的來信、良好的祝願與行動。即便在一生裡，只有一個這樣的行為，都有可能讓我們成為英雄。

拿破崙就是注重細節的人。他對下屬軍官的要求達到分毫的程度，為給予軍官細緻的指令，他耗費了大量心力。對拿破崙來說，沒有什麼事是細小到可以忽略不計的。他一定要知道軍中的軍餉、馬匹的飼料、食糧、金屬鍋還有軍鞋等方面的情況。在前進的軍號吹響後，每一名軍官手上都有明確的作戰路線圖，必須要按照拿破崙制定的路線圖前進，路線圖上標有在某個日子要到達某個地方，也標明了在什麼時候要撤離，也說明了最後到達目的地的精確時間。據說，沒有比拿破崙在奧斯德里茲的勝利，直接決定了他統治歐洲 10 年，更讓人印象深刻的了。他經常指責那些無法完全執行他作戰意圖的軍官。「每當他們送來彙報，我都會仔細地閱讀，看看他們與上個月的彙報有什麼不同之處。在我的軍隊裡，任何女兵都不能閱讀小說。」拿破崙在作戰時從來沒有心存僥倖，也不打沒有把握的戰爭。每次作戰，他都要將計畫細化，執行到底。

威靈頓也是一位「極為重視細節」的人。在他眼中，世界上沒有可以忽略不計的事情。在其他將軍都將事情交給屬下軍官去做時，他總要給下屬極為細緻的指導。歷史上很多人失敗的原因都可用五個字說明：「不注重細節。」不知有多少律師因為不注重行動上的細節或重要文件上的措詞等這些看似多餘的東西，造成了極大的損失。不知有多少遺囑因為律師的粗心，造成了詞語的模糊或因使用模稜兩可的字眼而造成紛爭。

據說，即便是特洛伊的海倫，要是沒有一個完美的鼻子，也不可能傾國傾城。若是埃及豔后克利奧派特拉身高稍微矮一寸，馬克‧安東尼（Marcus Antonius）可能就不會被她神奇的魅力所吸引，那麼她的這一「缺點」可能會改變世界的歷史。安妮‧博林讓人著迷的微笑讓羅馬教會一分為二，改變了羅馬帝國的走向。拿破崙不敢進攻古羅馬丘比特神殿，是因為害怕斯塔爾這名女子所具有的政治影響力。

克倫威爾準備前往北美洲時，英國通過了一項法令，禁止移民。當時，克倫威爾是一位放蕩的享樂者，家財被他散盡了。此時，他發現自己無法離開英國重新開始生活。要不是因為他前往美洲的想法被阻擋了，誰知道日後大英帝國的歷史會出現怎樣的走勢呢？

達爾文在收集難以計數的資料時，極為細心用心，不放過每一個細節，最後透過研究這些收集好的事實，推算出自然演化的理論。林奈當年也是透過對多如牛毛的資料的研究，才慢慢建構植物學的理論。一個可裝水的平底盆與兩支溫度計是布拉克博士發現人體正常體溫的工具。牛頓使用棱鏡、透鏡與一張厚紙板發現了光的組成顏色。一名外國著名學者拜訪威廉‧海德‧沃拉斯頓（William Hyde Wollaston）博士，想看看他使用什麼工具去做出那麼多重要發現。當沃拉斯頓博士將他帶到「實驗室」，指著一個老茶盤，一張桌子，桌子上面放著表面玻璃、試紙與一個小的天平，還有一個吹火竹筒，說：「這就是我的實驗室。」沃基的一根燒過的竹子與一個倉門就是他的筆和紙。華特‧雷利在16世紀將馬鈴薯帶到英國，馬鈴薯就在英國種下了，後來多次讓愛爾蘭人避免了饑荒。

有趣的是，正是很多小事讓威廉‧布魯斯特（William Brewster）、約翰‧羅比遜（John Robison）、奧斯特菲爾德與斯克魯比等人的一生被放逐，正是他們的犧牲成就了一個偉大的民族。

加里森與菲力浦斯創作的幾句流傳百世的詩歌，羅威爾與惠蒂爾的幾首詩歌，讓鞭刑柱與體罰等刑罰永遠被廢除了。

「因為沒有馬釘，馬鞋掉下來了。

因為沒有馬鞋，馬匹掉下來了，

因為沒有馬匹掉下來了，騎手摔在地上，沒有然後了。」

貧窮的詩人理查・布羅提根（Richard Brautigan）說：「這一切都是因為沒有馬釘。」

街上某位陌生人不經意說的一句話，讓一位作者創作出《謀生者》這本小說。在羅馬的朱庇特宮殿，一位赤腳的修道士吟唱著的一首讚歌，讓吉本萌發出創作《羅馬帝國衰亡史》的念頭。

「言語是有分量的，」拜倫說，「一滴墨，就像一滴掉落的思想，可能引發數百萬人的思考。」

「我把這些書捐贈給殖民地的一所學校，」西元 1700 年，聚集在紐哈芬東邊幾里外布蘭斯福德村落的 10 位牧師說。每一位牧師將自己收藏的書捐出去，耶魯大學就是這樣創立起來的。

偉人都以他們對細節的關注而稱著。歌德曾讓德皇等他一下，然後跑到隔壁的房子匆匆記下閃過腦海的想法。。有時，細節輕如鴻毛，卻是洞察力強之人解決問題的關鍵。孩子在將鏡片疊在一起玩耍時，結果發明了萬花筒。固特異發現硫化的橡膠，是因為他忘記了關火，直到橡膠變得火紅，長柄淺鍋裡剩下了一塊被他認為是毫無價值的固化物質。一塊木頭上的鑿船蟲讓伊桑巴德・布魯內爾爵士萌發了要在倫敦泰晤士河下建造隧道的念頭。休・米勒在追尋紅砂石上的已滅絕的動物的蹤跡，最終成為那個時代最偉大的地理學家。沃爾特・斯科特爵士看到一位牧羊童趕著羊，就

讓他騎在羊背上。這位男孩名叫喬治·肯普（George Kempe），他對雕刻研究充滿熱情，時常來回步行 25 公里路去欣賞一尊美麗的雕塑。他沒有忘記沃爾特爵士的善意。在後者去世時，他全身心投入到塑造沃爾特的雕像，這尊雕像至今屹立在愛丁堡，緬懷著這位《韋弗利》的作者。

一位貧窮男孩想競聘巴黎一間銀行的某個職位。在他離開大門時，隨手撿起了地面一枚大頭針。銀行首長看到這一幕，就把這個男孩叫回來，給他一個職位。後來，這位男孩成為巴黎最著名的銀行首長 —— 拉菲特。

內戰時期，麻薩諸塞州一位士兵看見一隻小鳥用喙剝去稻穀的皮。他開槍射殺了這隻小鳥，取下喙，進行研究，最後發明了脫殼機器，改變了糧食產業原先的局面。

眼睛就像一個感光板，能將所見到的事物儲存在腦海，讓我們日後利用。我們腦海裡儲存著每張臉、每棵樹、每株植物、每朵花、每座山丘、每條小溪、每座高山，街上的每個景象。事實上，腦海裡有各式各樣的景象。我們的本性中有一種「留聲機」的功能，讓我們抓住無論多麼細小與轉瞬即逝的思想，抓住我們說的每句話，讓我們明白說的每句話，最後變得永恆。這些想法可能在 1,000 年後出現，讓後代了解其中的美好或恐怖的細節。

「最不起眼的種子，收穫最沉甸的豐收」，這似乎是大自然最偉大的法則之一。所有人生都源於不起眼的開始。在大自然，沒有什麼是微不足道的。這種微不足道能向我們展現出一個宏大的世界，正如望遠鏡能發現宇宙的浩瀚。大自然所有偉大的法則都始於最小的原子，每滴水都像一個微型的大洋。

　　一條鎖鏈的強度取決於最弱的一環，無論鐵鍊看上去多強大與堅韌。我們都習慣為自身的優勢感到驕傲，卻對自身的缺點很敏感，不願意提及。但正是缺點最終決定了我們的力量有多大。

　　一名九死一生的士兵可能奪過無數顆子彈，但不經意間被一顆大頭針刺死。很多船隻躲過了冰山的衝撞與風暴，卻在風平浪靜時，因為一顆小昆蟲的啃食，最終沉沒大海。

　　一顆偉大的靈魂看到了小事，小事也能變的偉大。一個人的某個高尚與英勇的行為有時能改變一個國家的命運。很多人能成就光輝的事業，是因為他們落魄時，別人伸出友好的雙手，跟他說了幾句關心的話。

正是魯特琴出現的一個小裂痕，
逐漸讓音樂變得沉默。
裂痕不斷擴大，最終琴聲消失了。

—— 丁尼生

「正是她順路經過時，
說的一聲『早安』，
讓這一天充滿了陽光，
似乎人生都充滿了美好。」


「只是轉瞬的想法 —— 一個微笑或一句鼓勵的話，
讓很多人肩上沉重的負擔卸下了，
這是其他事情都無法替代的。」

# 第二十一章
## 真正的薪水不在「薪水袋」裡

工作品質將決定你人生的品質。要培養一種將事情做到最好的習慣，將自身潛能激發出來，永遠不要敷衍地工作，無論你得到的報酬多麼少，因為這將決定你是否能夠取得成功。

「要是員工的價值配不上老闆給他發的薪水，那麼他就是欺騙老闆，也是在欺騙自己。」

要是一個男孩或一個成年人只是為了薪水而工作，缺乏更深層的動機，那麼他就是不誠實的，他欺騙的人就是他自己。他在平日工作中欺騙自己，即便日後多麼努力，都無法將自己挽救回來。

如果我只能在這個議題上對年輕人說一句重要的話，我會說：「不要太重視你的老闆一開始給你的薪水，要想到你能給自己多少薪水，要在工作中不斷增強自己的能力，拓展自己的經驗，讓自己高尚起來。」一個人的工作是他塑造自身品格與氣概的基石。工作是生活的學校，在實踐中鍛鍊能力，拓展心智，增強才智，而不是只為了那點薪水。

據說，俾斯麥在低薪擔任駐俄國的公館使員時，開始規劃德國的前途。因為，他在這個職位上學習了各種策略與外交手腕的祕密，這些都為他日後有力地推動德國的統一發揮了極為重要的作用。他非常勤勉地工作，做事高效，德國政府甚至給予他比大使還要重要的獎勵。如果俾斯麥只是為了薪水而工作，他可能一輩子都只是一名普通的職員，德國也依然處於一盤散沙的諸侯國割據狀態。

我從未聽說過哪位將薪水視為工作唯一目標，在工作看不到比薪水更為重要東西的員工，能有什麼大的成績。薪水只是你工作的附帶產物，讓你滿足生活的需求。但是，工作的真正意義絕對是在薪水袋之外的。

薪水之外的東西，就是你有機會學習老闆成功的祕訣，從老闆的失誤

中汲取教訓，你不需要為吸取這些教訓付出代價。除此之外，最為重要的一點，就是你有成長與發展的機會，不斷拓展心靈的視野，有機會成為一個目光長遠、更為宏大與高效的人。

在工作中透過自律的努力，可以不斷學習實用的知識，提高執行的能力及形成系統與有效的習慣，在限定的時間內順利完成，這對我們的發展有著難以估量的作用。這樣的鍛鍊也是我們亟需的。我的員工朋友們，關鍵是機會，一個讓我們成為更加優秀自己的機會。也許，你是在一間無法給你帶來動力的企業上班，無法學到各方面的知識，也沒有從中找到提升你能力的空間。但是，你可以從一位無知與毫無經驗的年輕人，逐漸成為一位高效、具有冷靜頭腦的人，而且你還得到了薪水。

那些在薪水問題上斤斤計較的年輕人，很少意識到這其實是在欺騙自己，因為他看不到在增強自身能力，拓展自身經驗或讓自己成為一個更加優秀、強壯與有用的人等方面所能開出的「薪水」。

他的薪水袋裝著卑微的薪水，這與他能給自己發的「薪水」相比，簡直不值一提，就像雕塑家在雕塑時飛出的碎屑，相比於大理石中逐漸呈現的天使模樣，根本不算什麼。

你要懷著忠誠的態度去工作，以一種崇高的精神去做好本職工作，讓工作變得高尚，展現你更大的價值，讓老闆覺得給你的薪水是微不足道的。他給你的是薪水，你給予自己的是極其寶貴的經驗、良好的培訓、增強的效率、嚴格的自律、自我表達能力以及品格塑造方面的「薪水」。

同理，傑出的商人向優秀的員工給予的「獎勵」，也不是在薪水袋裡的。他會給予這些員工鼓勵與憐憫，激勵這些員工做到更好。

我認識不少員工，他們都認知到所領的薪水只不過是自己工作真正價

值的很少一部分。他們將能夠與老闆一起工作視為一種特權，懷著崇敬、尊敬與愛意的心態去向老闆學習。

那些一心想著如何以卑微的服務換取更高薪水，總想著與老闆討價還價的員工，他們的目光是多麼短淺，視野是多麼狹隘啊！

不要擔心老闆不賞識你的才能，不會按照你的才能來提拔你。如果他要找尋高效的員工 —— 哪個老闆不想要這樣的員工呢？ —— 那麼，這樣做符合他的利益，因為這樣做能給他帶來利潤。W・B・庫克蘭就是在這方面成功的例子。他曾說：「那些懷著忠誠之心做到最好的員工必將取得成功。將手頭上的工作做到最好，他就向老闆展現了自己的價值，就有機會獲得提拔。當對他的提拔對老闆是有好處時，他肯定能夠成功地做到。」

諸如安德魯・卡內基、約翰・沃納梅克、羅伯特・柯提斯・奧頓（Robert Curtis Ogden）這樣的商業大人物或其他有名氣的商人，要是一開始工作時就為幾美元斤斤計較的話，你覺得他們還能夠取得今天這樣輝煌的成就嗎？如果他們斤斤計較薪水的話，他們可能現在依然在其他人工作，獲取卑微的薪水。重要的不是薪水，而是工作的機會，這是每個人都想得到的 —— 一個展現自身才華的機會，汲取成功經商祕訣的機會。他們滿足於每週 1 美元的薪水，幾乎只能勉強過活，但所學到的東西讓他們成就了今天的偉業。立志要出人頭地的年輕人，一開始是不會計較自己得到多少薪水的。

我們經常見到，很多聰明的年輕人也許幾年來的薪水都非常微薄，突然受到重用，就像是變了魔法一樣，身處一個重要的職位上。原因何在呢？其實很簡單，在他們老闆給他每週支付微薄薪水時，他們給予自己更高的「薪水」，因為他們以優秀的工作、熱情、決心與高遠的目標去完成

工作，增強對工作方法的洞察力。

　　羅伯特‧C‧克勞利上校是西部聯合電報公司的董事長，他一開始為了吸取經驗，在無薪的狀態下身為信使工作了數個月之久。他將工作經驗看的比薪水更重要。很多最成功人士都曾懷著愉悅的心情做過類似的事情。

　　紐約一位百萬富翁告訴過我他出人頭地的故事。他說：「我從新英格蘭的家徒步來到紐約，找了一份掃地的工作，週薪是 3.5 美元。在第一年即將結束的時候，他接受了公司一份長達 5 年的契約，週薪是 7.5 美元。但在這份合約遠未到期時，紐約另一間大企業想招我過去擔任外貿代表，年薪 3,000 美元。我告訴那間公司的經理說，自己還有契約在身，應該等合約期滿後再談。我很高興能與他談論這方面的事情。當我的契約期快要滿時，公司老闆把我叫到辦公室，給我一份年薪 3,000 美金的契約。我告訴老闆說，另一間企業的經理一年前曾找過我，也開出了同樣的薪水，但我沒有接受，因為我不會違法契約的規定。他們讓我好好考慮，並將為了創造良好的條件。這看起來不可思議，但他們注意到我了。沒過多久，他們就準備與我簽名一份長達 10 年的合約，年薪是 10,000 美金。我同意了這份契約。」他跟我說，他與妻子住在紐約，在很長一段時間都是依靠週薪 8 美金生活下來的。他們省吃儉用並進行投資，存了 117,000 美元。在他的合約期滿時，他成為了該公司的合夥人，現在已經是一位百萬富翁了。

　　設想一下，他的同事肯定多次這樣說：「喬治，你真是太傻了，每天加班去做一些別人忽略不計的事情！為什麼你總是工作到半夜，還去幫助別人打包貨物與做各種瑣碎的事情呢？別人根本沒有要求你那樣做啊！」要是他聽從了同事的勸告，他還能脫穎而出，擺脫一輩子只能做職員的

命運嗎？不！那個徒步 50 多公里到紐約的男孩從工作中看到了重要的機會，因為他不知道命運什麼時候會賜予他機會，讓他在更重要的舞臺上表現自己。當他第一次在商店裡負責清潔衛生工作時，內心就感覺到自己日後能成為一名傑出的商人。他下定決心要成為這樣的人。他明白機會就是自己的薪水。這個機會就是靠自己的雙手去學習自己想要知道的東西，去觀察商業大人物是如何做生意的，去研究他們的做事方法，吸取他們的優點，汲取他們成功的祕訣──這些才是真正的薪水。相對而言，3.5 美元的週薪根本不值一提。他將自己擺在一個不斷學習的位置，找尋屬於自己的機會。他從不會讓任何重要事情從自己的眼皮底下溜走。在他休息時，總是觀察著別人，研究他們的工作方法，有不懂的問題時，主動向店裡的人員詢問，渴望學習工作方法。他告訴我，整整有 12 年，他都沒有離開過紐約一步。他研究商店的運作模式，努力吸收每一點知識，因為他相信自己有一天能夠成為合夥人或成為自己的老闆。

我們經常看見一位在商店負責清潔衛生的男孩或在櫃檯前等待顧客的職員有成為老闆的潛質──只需觀察他們每天的工作，就能知道他們是否具有這樣的潛質。你就能知道他對工作的態度，知道他是否有成長、拓展與進步的空間，是否有出人頭地的願望，是否有成為傑出人物的欲望，抑或他處處逃避工作，想以最少的工作來獲取最豐厚的薪水。

在你開始工作時，要感覺像為自己工作一樣，其實你也的確是在為自己工作。你要盡可能地給自己多一點「薪水」。但你要記住，老闆的薪水是你不需要過度考慮的。因為，你有機會去深入了解一間大企業的運作，有機會近距離觀察其他員工做事方法，有機會親身學習知識與吸取寶貴的經驗，有機會透過雙眼雙耳去觀察去聆聽，有機會了解企業的每一步運作。所有這些對你未來的發展都具有無比重要的意義。

你收穫的每個提示與建議，你所吸收的每點知識，都應視為對未來的資本，這要比你一開始所得的薪水重要千百倍。

你要下定決心，要像公司裡的一塊「海綿」，不斷吸收各種資訊、知識與建議。

你要下定決心，將自己的才智、創造力與真誠全部投入到工作中，創造出全新與更好的做事方式，不斷取得進步，與時俱進。你要懷著衝天的熱情去工作，然後驚訝發現自己很快就吸引了上級主管的注意。

追求卓越讓你不斷成長，喚醒你的才智，將最美好的一面展現出來。不斷拓展心智，解決讓你感興趣的問題，這對你的未來極為重要，有助於你成為一位視野更加開闊、能力更強、效率更高的人。

如果你抱著這樣的精神去工作，就能養成做事精確、善於觀察的習慣，也將懂得如何讀懂人性，知道如何變換工作方式去達到目標，知道如何做到細心與富於系統。凡事做到最好的習慣意味著你實現最大的潛能。換言之，如果你以最大的努力為老闆工作，那麼你就能最好地鍛鍊自己的才能、大腦與創新做事的方法。

你的老闆可能在薪水方面比較苛刻，但他不能緊閉你的雙眼雙耳，不能阻隔你的洞察力，不能阻止你汲取他可能耗費鉅資或多次失敗後得出的經商祕訣。

另一方面，要是你想著消耗工作時間，逃避工作或犯下一些難以原諒的錯誤，抑或你做事不細心、冷漠的話，這將讓你損失更為嚴重。你損失的資本要比薪水更加重要——因為，你失去了成為一個真正男人的機會，失去了成為一個擁有良好紀錄的人，讓自己擁有了弄虛作假紀錄。

如果你一直停滯不前，如果你一直只能得到微薄的薪水，如果老闆偏

心將一些人提拔到你原本應該上去的位置上，沒關係。沒人能夠剝奪你最大的獎賞，你提升的能力、做事的效率、獲得的能量及意識到自己做到了最好的心理，為老闆將工作做到最好，所有這些都是你從事下一份工作的巨大優勢，無論是怎樣的工作。

　　不要這樣對自己說：「老闆沒有為我額外做的工作支付薪水，我沒有得到相應的薪水。因此，老闆不在的時候，盡可能消磨時間也是非常有道理的。」這樣做是失去自尊的做法。這樣會讓你失去之前對自己取得成功的能力的自信。你會意識到自己只是做著一些卑微渺小的事情。任何把戲都不可能改變內心對正確的事情說聲「對」，對錯誤的事情說聲「錯」，無法篡改你對是非的分辨。你心中有些東西是不能用錢賄賂的，對正義與正確的神性感覺讓你不可能視而不見。任何東西都不可能彌補你失去自我信念所帶來的損失。當別人對你失去信心時，你仍可能取得成功，若你失去對自己信心，是永遠不可能取得成功的。如果你不尊重自己，不相信自己的能力，那麼，你的事業將永遠不可能前進。

　　在這裡，我必須強調一點，員工的聲譽就是他的資本。在沒有金錢資本的情況下，他所擁有的名聲就意味著一切。這種名聲不僅從一位員工傳到另一位，而且無論他到哪裡工作，都會一直跟隨著他，根據他名聲的好壞，對他發揮幫助或阻礙的作用。

　　與很多一開始將工作視為對自己神聖的信任的年輕人來說，創造一個輝煌的過去，日後繼續保持完好無損的名聲是極為重要的 —— 這種名聲可以是關於你認真工作，為人厚道，關注老闆的利益等方面。與此相反，很多擁有相同能力的員工則想著如何以最少的工作去贏得薪水，盡可能從老闆身上壓榨更多的金錢 —— 想著不勞而獲 —— 這樣的員工會變得越發「精明」。

對注重自身名聲的年輕人來說，名聲就是他們的一大資產。每個認識他的人對他的良好印象，這是非常重要的。人們害怕不注重名聲的人，因為這些人不可靠。他們欺騙老闆，那麼肯定也會欺騙別人。

　　所有人都知道他在心中對老闆並不誠實，也沒有任何忠誠心可言，那麼他又怎能期望別人對他忠誠呢？這樣的人必須要更加努力地改變自己，漸漸抹去過去不好的名聲。

　　換言之，他在一開始踏上人生旅途時，就背上了沉重的包袱，要是這個包袱沒有將他帶到失敗的境地，那麼，這樣的包袱也會顯得愈發沉重，要想取得成功也越來越困難的，即便是純粹上的商業成功，也要比其他人更難。

　　沒有比響亮、大度與牢固的名聲，良好的行為紀錄或沒有汙點的過去更讓人放心的了。這樣的名聲讓我們度過生活的難關，不斷給予我們幫助。在我們要去借錢時，就會發現它在銀行等待著我們；在我們需要借貸時，股票經紀人也會毫不猶豫的給予幫助。這種信譽總能以各種途徑給予我們幫助。

　　有時，年輕人會驚訝於自己迅速的前進。他們並不明白背後的道理，因為他們不明白良好名聲的重要性，不懂得名聲在背後給予他們帶來的幫助。

　　我認識一位來紐約的年輕人，他在某間出版社找到一份工作，週薪 15 美金，工作五年後，他的週薪漲到了 35 美金。

　　他的同事與朋友都說，不要繼續傻傻待在那裡了，每天都要加班，有時週末都要搭上去，薪水還那麼低。他告訴這些人說，他所追尋的是機會，而不是薪水。

　　他出色的工作吸引了出版社社長的注意，為他提供的週薪達到 60 美金，很快又提升到了 75 美金。但是，他在全新的職位上依然保持原先刻苦耐勞、認真的態度，不去想薪水的問題，而將工作中帶來的機會視為最為重要的事情。

　　有時，很多員工認為額外地做一些工作根本沒有錢拿，所以就不去做了。但有一個年輕人的例子是這樣的，這個年輕人的工作甚至吸引了公司外的人的注意，只是因為他想要賺取比他所得的薪水更多的「薪水」，所以，很快就獲得了老闆的賞識。

　　結果，他在不到兩年的時間裡，週薪從原先只有 60 美元，到全國第三大的出版社工作，年薪高達 10,000 美金。現在他依然保持著對工作的高度熱忱。

　　相比你在工作中賺取薪水的過程中留下的正直與高效的名聲，薪水是微不足道的。這些才是你應該真正注意的重要事情。

　　在過去時代，很多男孩都要花費數年時間去學一門手藝，通常還要為這樣的學習機會向老闆給錢。英國的男孩經常想，如果可以進入大公司工作，即便在沒有薪水的情況下，學習他們的商業方法與運作模式，也是非常不錯的。現在，很多年輕人可以拿著薪水去學習這些商業技巧啊！

　　很多員工覺得，上班時消磨一下時間，偷偷出溜或做其他事情，在與同事外出的時候到處閒逛，抑或因昨夜的消沉行為而在第二天上班感到身心疲憊，都是沒什麼所謂的。所以，這些員工想要到另一個職位任職時，他們過往不好的名聲就發揮反作用了，沒人想要他們。

　　其他人則為自己馬虎的工作找藉口，說老闆未能賞識他們的工作或對他們比較刻薄。一個年輕人為自己讓人反感與欠缺教養的舉動找藉口，他

的理由是，其他人對自己也沒禮貌與不友善。他可能說，就是因為老闆刻薄對待自己，才讓他馬虎敷衍工作，最終導致了自己品格遭受破壞，毀掉了自己的未來。

我年輕的朋友啊！你無法改變老闆的品格與做事的方式，你沒能力去糾正他的是非觀念，但你可以做正確的事情啊！你可能無法讓他成為一位紳士，但你可以成為一名紳士。你不能因為老闆無法擁有他原本應該有的特質，就毀掉自己的品格與未來的前途。無論你的老闆為人多麼卑鄙或吝嗇，是否受其影響還是取決於你的。你可以將之視為前進的階梯，也可以視為絆腳石。

事實上，你現處的位置，你做事的方法，就是讓你通往更高位置的階梯。漠視工作或敷衍地工作，只能讓你原地踏步，最終落得失敗與可恥的下場。

對你來說，沒有比為自己正名的機會更為重要的了。你的名聲就是未來的基石。如果你消磨時間，在打基礎時敷衍地工作，那麼上層建築就會倒塌。這個基礎必須要有良好的名譽才能堅固。

工作品質將決定你的人生品質。一定要養成將事情做到最好的習慣，以最高的標準去要求自己，絕不接受不完美的工作，無論報酬多麼卑微。這樣的行為將會決定你一生是過著失敗平庸的生活，或是取得輝煌的成功。如果你以一種藝術家而不是工匠的態度去工作，懷著滿腔的熱情，全身心投入工作，這將讓你擺脫工作的負累，感覺到工作的樂趣。

不要因為自己渺小與毫無意義的工作，想與吝嗇、卑鄙的老闆「討價還價」，而冒毀掉自己聲譽的風險。不要理會老闆是怎樣的人。你要下定決心，以主人翁的態度去對待工作，無論老闆是否有高遠的志向，你都要

保持自己的理想。記住，你就是那位雕刻家，你的每個舉動都是雕刻出你人生畫像的鑿子。你無法承受雕錯一鑿的後果，這會徹底毀掉你要雕琢的天使。無論是美麗或醜陋、神聖還是野蠻，你在大理石上雕刻的圖畫就是自己與自身理想的映射。不注重自己工作的人，只想做一天和尚撞一天鐘，只想著薪水，必然會為日常的瑣事付出代價。他們讓人生顯得悲慘。將你的工作視為不斷拓展、深化與圓滿平衡、和諧、富於美感與天賜的功能的一座偉大學校吧！工作就像賜予你尚未雕琢的神聖璞玉，等待著你挖掘其中蘊藏著的財富與美感。將工作視為人生品格重要鍛造場，而不僅僅是為了生計而忍受的負累。將工作中為了維持生計而努力的薪水看成是工作附帶的產物，根本無法與你塑造為人品格的重要意義相提並論。

　　世界上最渺小的人，就是只為薪水而工作的人。你薪水袋那點錢是非常渺小的，也是你工作的最低動機。這點錢可能讓你能維持生計，但你應有更為高遠的動機去滿足生活。也就是說，你必須要有是非對錯的感知力，有將事情做到最好的心願，做一個公正厚道的人。這要比你維持生計的微薄薪水更能彰顯出你的為人品格。

　　很多年輕員工只是因為未能得到心目中期望的薪水，就故意拋棄他們原本可以得到薪水之外更為重要與有益的回報，他們想要「公正」地對待自己的老闆。他們故意採取逃避、盡量少做事的工作態度，不是從工作中得到更加重要的「薪水」——這份「薪水」是他們發給自己的。他們寧願自己的發展受到限制，成為一個目光狹隘、低效與墨守成規的人。他們的領導才能、主動性、規劃能力、創造力、才智、發明能力及所有可能讓他們成為領袖或更為圓滿與有才能的東西，都還沒有得到發掘。在他們一心想與老闆「討價還價」，不願意盡心盡力工作時，他們其實是在阻礙自己的發展，扼殺自己的前景，只能過著庸碌的生活，無法將潛能發揮到極

致。他們成為渺小與軟弱的人，無法成為原本應成為的強壯、宏大與圓滿的人。

我認識不少員工，他們在如何算計、逃避或敷衍工作方面下了很大功夫，不是想著如何將工作做到最好，不是給予老闆提供最好的服務。這個世界上，最艱難的工作就是懷著負累心情去做的工作。

在一開始踏上工作時，你要深刻明白一點，你要成為一個真正的人，要在工作中展現出最優秀與美好的一面。你不能因為卑鄙、低俗或可恥的特質讓自己顯得渺小與卑賤。

你的老闆是否賞識你的工作能力，是否認可你認真的工作態度，這些都不重要。因為你肯定會聽到內心對自己表示讚許的微弱聲音，這是對高尚行為表示肯定的聲音。一定要做到最好的思想會增強你做事的能力，讓你不斷前進，朝著更為重要的勝利邁進。

我們可見很多人都因半途而廢的工作的夢魘所縈繞。他們年輕時做的不誠實工作讓他們至今難以釋懷。他們之前掩藏的缺點在未來的日子讓他們內心感到羞辱，讓他們不斷摔倒，阻擋著他們的前進。很多失敗大軍中的人，都是由想要與老闆「討價還價」的人組成的，這些人一心想著卑微薪水，想著自己得不到老闆的賞識，就敷衍對待工作。

三心二意或馬虎的工作，是不可能讓我們尊重自己的，也不可能讓我們對取得偉大成就抱有堅定的信念。還不懂得如何全身心投入到工作中去的人，還沒有學會如何透過做到最好，拋棄工作中負累的人，根本還沒領悟到成功與快樂的第一原則。讓其他人做馬虎與敷衍的工作吧！如果他們願意的話。你要保持自己的高標準。正是高標準才讓你的人生免於平庸，讓你的個性增添了幾分高尚的情懷。

　　無論你的薪水多麼卑微，老闆多麼不器重你，你都要全身心地投入到工作中去，一定要全身心地去工作，調動所有的能量與熱情去完成工作。糟糕的工作對老闆的傷害是甚微的，但卻可能徹底摧毀你的一生。要對自己的工作感到自豪，每天早上上班時要保持最佳的狀態，以主人翁的姿態去工作，讓自己成為工作的勝利者。下定決心做到最好，不做到最好誓不罷休。

　　做好自己的工作。在面對自己時，眼神不會出現片刻的逃避，那麼你將擁有一種源於信念、個人魅力及從未玷汙的聲譽所散發出的勇氣。

　　老闆對你評價，世界對你的看法，這些都不能與你對自己的看法相提並論。別人不可能替你過你的一生，你只能與自己度過生活的每一天，感受自己的存在，你不能讓人心中的神性的東西變成一個混蛋。

第二十二章
期望更好的自己

　　米拉布烏說：「如果一個人不能在任何地方取得成功，那他怎麼能稱得上是一個真正的男人呢？」你所取得成就，無法超越你對自身偉大與神奇潛能的認知。讓你動搖自身信念，讓你遠離內心想要去做事情的人，都是你的敵人。因為當你失去自信時，能力就失去了。你取得的成就無法超越自我信念。拿破崙期望率領的軍隊能翻越阿爾卑斯山脈時，心中是絕對不會覺得這是不可能的。同理，要是你想在人生有所成就，就不能對自身能力產生懷疑或恐懼。

　　人類文明奇蹟的創造者，都是充滿自信的男女。他們堅信自己有能力實現目標。要是沒有這些人的毅力、決心與堅韌，將他們深信的事情變成現實的話，那麼人類的文明將會落後數百年，雖然世人經常將這些人稱為「荒誕不經的人」。

　　要是你對自己沒有期望，不要求自己去努力實現目標，那你是沒有可能取得成功的。你必須要有強大與堅韌的自信，否則是不可能取得成功的。在上帝創造的這個充滿體系與最高秩序的世界裡，是不存在任何僥倖的。任何事物的存在都不僅有一個存在的目標 —— 並且這個目標要足夠的大 —— 要與結果一樣。小溪所處的水位不可能高過源頭。偉大的成功必須要在期望、自信與持續的努力中才能獲得。無論你的能力多強，多麼有天才，接受過多少教育，你取得的成就都無法高過你的自信。那些認為自己行的人，最後可能行；那些認為自己不行的人，肯定不行。這是一條毋庸置疑與無法扭轉的定律。

　　別人如何看你本人、你的目標與計畫，都沒有什麼關係。即便別人說你是夢想家、一無是處的垃圾，你必須要相信自己。在你失去自信時，其實是在自暴自棄。永遠不要讓任何人或任何不幸動搖你對自己的信念。你可能失去財產、健康、名聲或別人的信任，即便如此，你都不能失去自

信。只要你深信自己，你就還有希望。如果你永葆自信，不斷前進，那麼世人遲早會為你讓路的。

一名法國士兵騎馬給拿破崙傳送信件，在送達前，馬匹掉入陷阱。拿破崙看完信件後，寫了一封信，讓這位士兵傳送，命令他想辦法以最快的速度去傳送。

這位士兵看著那匹馬龐大的身軀與馬飾，說：「將軍，這是無法做到的，這匹馬太龐大了，一般士兵根本無法將牠拉出來。」

拿破崙說：「對法國士兵來說，沒有什麼事情是做不到的。」

這個世界有太多類似於這位法國士兵的人，他們認為別人能做的事情是他們做不到的，他們覺得自己地位卑微，沒有這樣的能力，覺得自己不像那些「幸運之人」能擁有美好的東西。他們沒有意識到，這樣自我貶低與自我縮小的心態是如何弱化他們的。他們的要求不高，也沒什麼期望，缺乏更高的期待。

如果你始終如「侏儒」那樣要求自己，那你是不可能成為「巨人」的。在自然法則裡，從來沒有出現過一個有「侏儒」想法的人能成為「巨人」的例子。雕像的形態追隨模型，模型則是我們內在的視野。

在大多數人接受的教育裡，他們覺得自己無法獲得這個世界美好的東西，人生美好的東西並不是為他們準備的，而是為受命運青睞的人準備的。他們從小就在這樣覺得自己卑微的環境下成長，當然他們也會一直這樣卑微下去，除非他們能找回屬於自己與生俱來的優越感。很多有能力成就大事的男女，只能做著小事，過著平庸的生活，因為他們對自己沒有足夠高的要求與期望。不知道如何喚醒自己的潛能。

人類作為一個整體，尚未完全挖掘所有潛能，無法達到理想的狀態，

其中一個原因是，我們到處可見很多有能力的人做著平庸的工作，因為他們對自己從未有足夠高的期望。我們沒有意識到自身的神性，沒有意識到自己是宇宙偉大原則的一部分。

我們尚未高度看待自身與生俱來的權利，也沒有意識到自身的天賦，沒有發現要超越自我，成為人生真正主人的重要性。我們沒有看到自己能掌握自身的命運，可以最大限度挖掘自身潛能，成為心目中的人。

「如果我們選擇讓自己成為一堆泥，」瑪麗‧居禮說，「那麼，勇敢的人將從我們身上踩過去。」

要是你心中常懷自己比不上別人，覺得自己是軟弱與低效的人的想法，那麼你自然會降低人生的標準，摧毀你的能力。

獨立自主、為人樂觀、充滿熱情與相信自己能夠成功的人，會漸漸讓身邊的人聚在他周圍，最終實現目標。「因為當每個人都給予一點幫助，那麼他就富足了。」

認知到我們要扮演的人生角色，認真演好這個角色，這是極為重要的。如果你想要做大事，就會勇於承擔重任，勇於磨練自己。

在對自己有宏大且真實評價、相信自己一定能取得勝利的人身上，散發出某種說不清道不明的魅力。這種魅力通常讓他們事半功倍。對堅強勇敢與堅定的人來說，世人自然會讓路；對自我貶低與消極的人來說，世人似乎總是在絆倒他們。

我們經常聽到有人這樣說：「他做的每件事都能取得成功」或「他接觸任何事物，都能使之變成金子」。這些人憑藉品格的力量與思想的創造性能量，能在最惡劣的環境下取得成功。一個散發出勝利者氣質的人，能讓人感受到他的自信，讓別人對他所做的事充滿信心。隨著時間的流逝，他

的思想能量不僅能讓他更加強大，所有認識他的人對他的信心也會增強他的力量。他的朋友與熟人肯定他取得成功的能力，能讓每一次成功都顯得比上一次更加輕鬆。他的淡定、自信、信念與能力與取得的成就成正比。正如野蠻的印第安人覺得，每當你戰勝敵人，都會讓你獲得一種力量。所以，在現實生活裡，無論是打仗，和平時期的工業、商業、發明、科學或藝術等領域，每當你取得了一次勝利，都會增添你下次取得勝利的信心。

你心中要有堅定的決心，有明確的目標，然後憑藉百折不撓的毅力朝著目標前進，那麼世上就沒有任何人能阻擋你實現目標。

當你了解自身的優越、感受到自身的力量與信念，將獲得成功視為心靈與生俱來的權利時，這會讓你變得更加強大，讓你身心充滿能量，驅趕所有疑惑、恐懼與缺乏自信的心理。

自信就是拿破崙心中的軍隊。自信能大大增強人的身心能力。整個人的心靈都在等待自信去引領。

即便是在賽馬比賽，要是馬匹失去了信心，那麼牠肯定無緣獎賞。勇氣源於自信，能將我們身上最後一絲的潛能都挖掘出來。

很多人之所以失敗，就是因為他們沒有要不惜一切代價去獲得勝利的決心。他們沒有那種絕不回頭的堅定信心，沒有破釜沉舟的魄力。你心中對是否能成功的疑慮足以抵消掉你的努力。將事情做好與全身心地將事情做到圓滿，這兩者是有巨大區別的，最終能決定你是過著平庸的生活或取得輝煌的成就。

如果你對自己實現目標的能力感到懷疑，如果你認為別人比自己更適合某個位置，如果你害怕暴露自己的缺點，心懷僥倖，如果你不夠勇敢，天性羞澀，喜歡逃避，如果你人生的字典裡充滿了負面意義的詞語，如果

你覺得自己缺乏主觀能動性，不夠積極，除非你能改變上述的心態，學會如何相信自己，否則你將永遠難成大事。恐懼、疑惑、與羞澀等性情必須要從你的心靈中驅趕出去。

你心靈的景象，就是對你與自身潛能很好的衡量標準。如果你天性羞澀，缺乏勇敢精神，沒有足夠堅定的信念，那麼你將很難有所成就。

一個人的自信能衡量他的潛能。小溪的水位不可能高過源頭。

在很大程度上，能力取決於我們的強大、堅持與充滿力量的思想。在追隨目標與理想的情況下，漸漸實現人生偉大的目標。這是能力的發源地。

行動的雛形首先出現在我們的想法，否則我們永遠不會去做。對想做之事進行精細與深入的分析，這是我們首先要做的第一步。羞澀的想法最後也只能讓我們羞澀地做。我們的想法必須要堅定，否則在執行時就會軟弱。

世界上最偉大的成就都始於我們的期望 —— 有時，絕望也能孕育我們的夢想與希望，即便前方看不到光，也能想像曙光的到來。這種期望能讓我們保持強大的勇氣，更容易為了實現夢想作出犧牲。

「你有怎樣的信念，就能成為怎樣的人。」我們的信念是人生成就的一個衡量標準。缺乏信念之人很難有所成就，信念堅強之人就能收穫很多。

我們對自身有能力去成就事業的信念強度，與我們是否能取得成功有直接的關係。

如果我們分析很多白手起家的人所獲的巨大成功，就會發現在他們剛開始踏入這個社會時，就深信自己能有所成就，並始終堅持這樣的想法。他們的心靈始終朝著目標。心中的恐懼與恐懼 —— 這些讓他們停滯不

前，對自己要求不高的想法，都會從心底裡滾出去。世人會為他們讓路。

我們會想當然地認為，在各個行業裡取得非凡成功的人，必然有好運相伴。我們在挖掘別人成功的原因時，除了找尋正確方法之外，總是在尋找其他的想法。事實上，這些人的成功代表著他們對自身的期望 —— 這是他們創造性思想、積極想法與習慣的一個集合。他們在心中就構想了這個畫面，最後在現實中呈現了。他們從現有的條件出發，憑藉創造性的思考模式與對自身不可動搖的信念，最後取得了成功。

我們不僅要相信自己能成功，還要全身心地相信自己能成功。

我們必須要懷著積極的信念，相信自己能夠取得成功。

出工不出力的想法與可有可無的人生目標無法讓人有所成就。我們的期望、信念、決心與努力裡，必須要有某種力量。我們必須要全身心投入，將事情做好。

我們追求的信念不僅要處於最高位置，而且還要將精力集中到實現目標上。

正是集中起來的火才能熔化鋼鐵裡的礦石，讓鋼鐵有可能被塑模成型。正是電動的強度才將鑽石 —— 這種目前為止最堅硬的物質 —— 熔化掉。同理，只有專注的目標與不可戰勝的能量，才讓我們取得勝利。任何三心二意的人都無法取得成功。

很多人展現出人生醜陋的一面，是因為他們做事缺乏熱情與活力。他們的決心不夠堅定，努力缺乏「脊骨」 —— 他們的目標缺乏毅力。

我們必須要有永不回頭的決心與不知失敗的毅力，擁有破釜沉舟的勇氣與承擔一切風險的膽量。當一個人不再相信自己 —— 放棄努力 —— 除非能讓他重拾失去的信念，將他腦海裡那種命運決定他一生的想法，有一

種神祕力量決定他命運等想法趕走的話 —— 他是不可能成功的。除非他能明白自己才是命運的主宰，他本身就有一種比外界更為強大的力量，否則他是不可能勝利的。

很多人始終無法成就輝煌的事業的一個原因，是他們對自己沒有足夠強大的信念，不相信自己有能力去取得成就。很多時候，過分謹慎的心態阻擋著我們前進。我們不敢去冒險，做人不夠勇敢。

無論我們期盼什麼，為什麼奮鬥，在心中都要明白，我們能成為怎樣的人，與我們思想對目標的強度與堅韌度是成正比的。要是我們自我貶低，就會讓自己變得渺小，處於低劣的狀態。我們應該有向上的想法，實現卓越。一心追求成功的人並不會等待成功，他本身就是一個成功。

自信並不是自負。自信是一種自我理解，源於意識到自己有能力去做某些事情。今天人類的文明就是建立在這種自信之上。

堅定的自我信念能讓人擁有一種別人無法阻擋的力量。始終猶豫不決、權衡再三的人是不可能擁有這樣的力量。這樣的人即便行動後，內心也是忐忑不安。他的行為缺乏主動性，缺乏足夠的能量。

那些認為自己「可能」或「應該可以」去做某事的人，與認為自己「可以」去做某事，並立即去做的人，存在很大的差別。後者能感受到體內流淌的力量，擁有一種無法阻擋的力量，讓他可以應對任何緊急情況。

不確定與確定、猶豫不決與雷厲風行、搖擺之人與果斷之人、說出「我希望」與「我能」的人與說出「我試試看」與「我將」的人 —— 存在的差距看似不大，但正是這點差距造成了軟弱與力量、平庸與卓越、普通與非凡之間的區別。

有所成就之人必然會全身心投入到工作中去，聚精會神地工作，克服

前進道路上的各種困難，毫不猶豫地直面困難，並努力加以解決。要是他有一顆搖擺不定、時刻猶豫的心靈，是不可能做到的。

事實上，當某人覺得自己可做其他人都認為不可能的事時，就說明了他有某種力量，能讓他去面對這樣的工作。

信念能讓我們與無限的宇宙相連接。要是我們在工作中不能與無限的宇宙相通，是很難有所成就的。當一個人的生活規律與宇宙神性的規律相吻合時，他就處在一個可以展現自身潛能的狀態。

沒有比自我信念更能增強你的能力了。自我信念能讓只有某方面能力的人取得成功，能力全面的人若是缺乏自我信念，最終也只能失敗。

信念能讓我們攀登到山頂，看到無限的風光。信念能讓我們看到在山底時看不到的景象。

正是強大的自我信念，讓哥倫布忍受了西班牙內閣成員的嘲笑與打擊，讓他能在身處茫茫大海的水手準備嘩變時，依然保持克制，最終成功到達目的地。他每天在日記裡寫道：「今天，我們要向西航行，這就是我們的方向。」

正是自我信念讓富爾頓充滿信心與決心，勇於駕駛「克拉門特號」在哈德遜河上試航，面對兩岸數千名圍觀，等待看他出醜的人群，他相信自己能夠成就一些事情，即便全世界都反對。

自信能讓我們創造多麼大的奇蹟啊！自信讓我們創造出多少看似不可思議的奇蹟！自信讓杜威冒著加農炮彈、魚雷與地雷，最終勝利抵達馬尼拉港。自信讓法拉古特，緊緊捆好繩索，最後突破敵人的防線，抵達臭爾比灣。自信讓納爾遜與格蘭特走向勝利。自信鼓勵世人做出了許多發明、發現與藝術創造。自信讓我們在戰爭與科學上不斷取得勝利，很多疑惑者

與心智軟弱之人都覺得這是不可能的。

　　無論什麼時代，自我信念都是奇蹟的創造者。自我信念讓發現者與發明家在面對困難與挫折時不斷前進，若是沒有這種信念，他們會極為沮喪。自我信念讓成千上萬的英雄堅持到最後一刻，直到取得光輝的勝利。

　　我們身上唯一的「劣勢」，其實是自加的。若我們對自身神性有更好的了解，就會有篤信勇敢的心靈所具有的力量。我們都是把自己越想越渺小的。要是我們的思想積極向上，就能攀登到卓越的棲息地。

　　也許，世上沒有比對自我過低的看法，阻擋更多人的前進了。很多人因為思考模式的局限，因為相信自己做事低效的愚蠢想法，讓自己寸步難行。因為，這個世界上，當一個人覺得自己做不到，那麼沒有任何力量能夠將他拯救出來。自我信念能引領我們前進，你無法超越你對自己的設限。

　　對一般人來說，要讓他深信自己的偉大，相信自己的高貴，篤信他對更為高尚品格的追求與願望，在現實中存在某些真正與終極的基礎，這是比較困難的。事實上，我們心中的這些願望，就說明了我們有能力去實現這些事情，使之成真。這些願望是心靈中湧動的神性，讓我們追求更美好的事情，成為更好的人。

　　只有在我們心中燃起信念之火，發現更為高級的自我，意識到自己的夢想、目標都是他有能力去實現的證據時，他才能走的更遠。造物主是絕對不會讓我們整天被某個遠大夢想縈繞，卻不給我們實現這個夢想的能力，祂不會以這樣的方式嘲笑我們。正如祂不會讓野鳥產生一種向南飛的本能，卻不讓南方有溫暖的氣候一樣。

　　你萌發的想法，其實是你有能力去實現的。這就是我們發揮創造力的

地方。你所希望並為之努力的事情會實現，是因為你的心中已經想到了這點，因為你身上散發的某種氣質會吸引幫助你成功的物質，是因為你日思夜想，形成了一種「磁場」。你的自我最終找到了你，並且這種自我始終在找尋著你。

當你看到一位在某個領域取得非凡成就的人，請你記住，這個人平時必然想像著自己身處這樣的位置，他的心理態度與能量都早已創造出這樣的「磁場」。他在社群所處的地位源於他對生活、同事、工作與自己的態度。除此之外，這是他自我信念的結果，也是他對自己內在的想法，對自身能量與潛能的一個評估的結果。

世界上取得非凡成就的人，都是篤信自己能力的人。

如果只讓我給美國年輕人一條建議，我會說：「全身心地相信自己。」也就是說，要相信自己的未來是掌握在自己手上，相信自己有驚人的潛能，若能被喚醒、發展，再加上誠實的努力，不僅能讓你成為高尚的男女，更能讓你取得成功，過上幸福的生活。

在閱讀《聖經》時，我們經常看到信念創造奇蹟的例子。堅守信念讓人能看見自身潛在的能量，這種能量能讓我們克服前進道路上的挫折，讓這些挫折相比起來顯得微不足道。

信念能敞開心靈的大門，進入心靈中具有無限潛能的地方，讓我們獲得戰無不勝的力量。若能窺探到心靈的潛能，不僅能激發我們繼續前進，還能感覺到自己的力量獲得了增強。因為我們已經觸摸到了無所不能的力量，窺見了力量的泉源。

信念是我們心靈不是我們臆想的，而是一種無所不知的力量。信念無所不知，因為它能透過被我們粗糙的表面與動物的本性遮蔽的內心。信念

是我們的預言者，她就像一名神聖的使者，給予人們方向，給予他們鼓勵。信念讓我們看到自身的潛能，不會因為失敗而灰心，不會停止人生的奮鬥。

信念無所不知，因為信念能看到我們看不到的東西。信念能看到被恐懼與疑惑遮蔽的力量、潛能。信念是堅強的，不會懼怕什麼，因為她總能看到一條出路，總能解決存在的問題。信念會為我們指引走向更為美好與高尚的世界。對有信念的人來說，世上沒有什麼是不可能的，因信念無所不知，認知到自身的能力就意味著有所成就。如果我們對上帝與自己充滿信念，就能克服重重困難，我們的生活也會朝著目標前進的勝利前進。

如果我們心懷信念，就能克服缺點，發揮最大的潛能。

信念永不凋零，它是奇蹟製造者。信念超越所有邊界，超越所有局限，穿透所有障礙，最終達到目標。

真正讓我們感到恐懼，身處平庸的是疑惑、恐懼、羞澀與懦弱。在你有能力成就偉業時，卻做著平庸的事情。

若是我們有足夠強的信念，就能以更快的速度朝天國進發。

每個人都擁有無限的信念與堅強的意志，過上成功的生活。世上將沒有貧窮，沒有失敗，所有生活中的紛爭都將消失，這樣的時代必將來臨。

# 第二十三章
## 下次當你覺得自己是失敗者時

如果你糟蹋了過去的一年，覺得自己是一個失敗者，做了很多愚蠢的事，如果你容易受騙，冒失地進行了一些投資，浪費了時間與金錢，那麼你就不要再讓過去的「鬼魂」縈繞著你，摧毀你未來可以獲得的幸福與美好。

難道你沒有試過為於事無補的事情浪費精力嗎？如果有的話，那就不要再讓這些事情消磨你的精力，不要再為此浪費時間，不要再讓這些事情摧毀你的幸福了。

對於痛苦的經歷、犯過的錯誤、不幸的錯誤，讓你煩惱的回憶或是任何可能扼殺你效率的事情，你只有一種正確的處理方法，那就是徹底忘記，徹底掩埋它們。

今天是向「不堪回首的昨天」說再見的最好時機，也是忘記痛苦記憶最好的時候。

你要下定決心，要將過去充滿痛苦回憶的大門緊閉，因為這些無法幫到你。你要掙脫所有限制你發展的桎梏，遠離所有讓你感到不幸的事情。你要將所有毫無用處的包袱全部扔掉，扔掉所有阻擋你前進的東西。

你要像一塊乾淨的「岩石」那樣，懷著自由的心靈走進明天。不要為過去斤斤計較，也不要再回頭了。

為自己沒有做到最好而感到慚愧，這是毫無意義的。

培養驅趕心靈中所有喚醒不愉悅或是痛苦回憶的事情的習慣，因為這些事情對你會產生不良的影響。

每個人都應該將從記憶掃除所有不幸或不快的回憶，視為一種人生法則。我們應該忘記所有阻擋我們前進的事情，忘記所有讓我們感到痛苦或是不愉悅的事情，絕對不要讓這些醜惡的畫面浮現在腦海裡。處理這些不

愉悅或讓人痛苦經歷的方法只有一個 —— 那就是遺忘。

歷史上有很多人，他們明明做著一些有意義的事情，卻因為感到沮喪，最後就退卻了。但是，世上沒有任何事情是可以透過後退來獲得勝利的。我們應該破釜沉舟，不要為自身的缺點、猶豫不決或是沮喪找藉口。要說有什麼是值得我們感恩的，那就是我們擁有前進的勇氣與毅力，即便某些困難看似難以翻越，也無所畏懼。

絕大多數人都是自己的敵人。我們總是因為自身不良或有害的思想毒害著心靈，讓人生變得糟糕。無論做任何事情，都需要我們有勇氣、有信念，對人生懷著希望與樂觀的態度。但是，即便事情發展到多麼糟糕的狀態，這一天過得多麼糟糕，遭遇了多麼不幸的事情，我們都不能放任疑惑、恐懼與沮喪的情緒像一頭公牛那樣闖入瓷器店裡，到處亂撞。我們一時的失控，可能導致數年來建立起來的品格徹底倒塌，最後你不得不要重新來過。這樣的生活就像掉落到井底的狐狸，爬上了一點又掉下來，失去了之前獲得的東西。

對我們來說，心靈中萌發的最糟糕的一個想法，就是覺得自己一出生就很不幸運，覺得命運與他作對。在我們的心靈之外，沒有所謂的命運。我們就是自己命運的主宰。我們能控制自己的前途。

世上沒有所謂的命運或是命定的結果，讓一個人隨起隨落。「命運不在於我們的出身，而在於我們自己。我們不是命運的奴隸。」只有失敗之人才會承認命運的存在。只有平庸的人才會承認自己平庸，他們自願身處一個平庸的位置，是因為他們覺得更好的位置是留給那些卓越之人。

你會發現，你的自信程度與你對自己能成為什麼樣的人或做什麼樣的事的肯定程度成正比。你對自己的肯定程度越高，你的能力也會隨之

成長。

　　無論別人對你的能力有怎樣的看法，永遠不要懷疑自己做事的能力，也不要懷疑自己是否能實現目標的能力。盡可能增強你的自信，你就能透過這種自我暗示做到最好。

　　這種暗示的形式 —— 如能認真與持續地進行 —— 似乎能在潛意識裡喚醒我們沉睡的力量，這要比我們總是思考著同一件事情更好。

　　大聲說話有一種能量，但我們的心靈卻可能不受此影響。有時，這種能量會喚醒我們內在的潛能，這是思考所不能做到的。特別是在我們沒有接受過思考訓練，不懂得如何聚焦心靈的情況下。話語會給心靈留下更為持久的印象，正如閱讀時，眼睛看到的文字會給大腦留下深刻的印象，這要比我們單純思考這些文字有更深的理解。事物的本性能給心靈帶來更持久的印象，這要比我們單純的思考更好。話語存在著一種鮮明的力量 —— 特別是在我們情感熱烈與認真時說的話 —— 要是很多人單純思考這些字眼，可能不覺得有什麼。如果你大聲激昂地表達自己的決心，這要比在心底暗暗地下決心，更能讓你在現實生活中去執行。

　　我們都習慣了在心裡暗暗地想，不喜歡將自己的想法說出來。要是我們用話語表達出自己的願望與希望，就能有更為深刻的印象。

　　說出來的自我鼓勵的話語在改正我們的缺點、克服不足等方面發揮著神奇的作用。

　　永遠不要對自己有狹隘與卑鄙的評價。永遠不要將自己看成是軟弱、低效與健康不佳的人，要覺得自己是一位健康、圓滿與有能力的人。永遠不要覺得自己是一個失敗者或覺得應該混沌地過完這一輩子。失敗與悲慘並不屬於那些看到自己神性一面的人，永遠不屬於那些與神性相通的人。

失敗與悲慘只屬於那些從未發現自己與自身神性特質的人。

勇敢地肯定自己在這個世界所擁有的地位，你要像一個男人去占據這些位置。你要學會對自己有更高的評價。永遠不要讓你的行為展現出你只能一輩子過平庸的生活。

讓人覺得神奇的是，這種對自身能力、力量與效率的持續肯定，能讓我們獲得巨大的力量。這些思想能讓我們成為更為強大的人。

要想最大限度地挖掘自身潛能，就要正確地看待自己，直面自己，要以鼓勵自己兒子那樣的語氣，去肯定自己的巨大的力量。

當你準備從事某項工作時，只要對自己說：「現在，這件事能否成功取決於我。我一定要做好。我是展現出自己男人的一面，還是懦夫的一面，這都取決於我。我沒有後路可走了。」

你會驚訝地發現，這種自我暗示的做法是如何迅速提升你的能力，讓你精神煥發。

我有一位朋友，他就是透過這種說出自己心中願望的做法，迅速提升了自己的能力。在他覺得自己沒有做好本應做的事情時，在他犯了一些愚蠢的錯誤或是在工作中未能發揮常識時，在他覺得動力與理想都在逐漸消弱時，他會獨自到鄉村走一趟，到森林裡逛一圈，與自己進行傾心的交談。他可以這樣對自己說：

「年輕人啊！你必須振作起來，努力奮鬥！你現在處於停滯不前的狀態，你的為人標準正在降低，你的理想正在變得模糊。最糟糕的是，在你做了一件很垃圾的事情後，或對你自身衣著與舉止不加注意時，你不像之前那樣覺得煩惱了。你現在沒有取得任何進步。這種懶惰、冷漠與無知會嚴重影響你的人生，所以你必須要下定決心去改正。現在，因為你不再

像以前那麼進取，不再像以前那麼與時俱進，所以機會白白從你身邊溜走。」

「簡而言之，你現在變得懶惰了。你隨意地對待一些事情了。任何有所成就之人，都不會盲目地消耗自身能量，不會降低自己的標準或是模糊理想。年輕人，現在，我要認真監督你的每一個行動，讓你做到最好。在你為目標奮鬥的過程中，絕對不要出現這樣隨意的做法。你必須要經常審視自己，否則你就會落伍。」

「你有能力做的比現在更好。今天，你就要懷著更加堅定的決心投入到工作中去。你必須要讓這一天成為驕傲的一天。激勵自己，掃除頭腦裡的灰塵，將心靈的殘渣清理乾淨。思考，思考，為某個目標去思考！不要三心二意，不要猶豫不決，這無法讓你成為圓滿的人。前進吧！年輕人！」

這位年輕人說，每個早晨，當他發現自己的標準降低了，發現自己變得懶惰或是冷漠了，用他的話就會「給自己多添點煤炭」，強迫自己朝著更高的標準前進，調整狀態。每當他遇到這樣的狀況，他第一件事就是這樣做。

他強迫自己去做一些自己不大願意做的事情，絕不允許自己跳過一些困難的問題。「現在，絕對不要成為一名懦夫，」他對自己說，「如果別人能夠做到，你也能做到。」

經過多年這樣嚴格的自律，他取得了輝煌的成就。他一開始只是居住在紐約貧民窟的窮苦少年，沒人看過他一眼，也沒人鼓勵或是拉他一把。雖然在他小時候沒有接受教育的機會，但他還是在 21 歲前，透過自學接受了教育。我從未見過哪一位年輕人能像他這樣，透過嚴格的自律，不斷

的自我訓練、自我培養，最後取得勝利的。

　　一開始，你可能覺得，這樣與自己交談的方式是可笑的，但你能從中獲益匪淺。你會發現自己可在這個過程中改正缺點。無論我們身上的缺點是大是小，只要我們堅持透過這種有聲的話語去鼓勵自己，就肯定能加以改正。比方說，你可能天性羞澀，不大敢與人接觸，你可能對自己的能力表示懷疑。如果是這樣的話，你可以透過在日常生活裡不斷地跟自己說「我不羞澀，我是勇敢與勇氣的化身」這樣肯定能改變你的性情。你要肯定一點，就是你沒有理由去羞澀，因為你身上沒有任何低等或是存在什麼缺陷，你能夠吸引別人，能夠與人進行融洽的交往。你要對自己說，你絕對不能讓自己心懷任何自我貶低、羞澀或是低等的思想，你要像一位國王與統治者那樣抬起頭顱，而不是像是被人鞭打的奴隸那樣卑躬屈膝。你要展現出你的男子氣概與獨特個性。

　　如果你做人缺乏主動性，就要勇敢地肯定自己從事工作的能力，做到有始有終。每當遇到機會，你都要下決心去牢牢抓住。

　　你會驚訝發現，如果你能真誠地對待自己，展現出對自己強大與持續的認可，那麼這會增強你的勇氣、信心與能力。

　　我覺得，沒有比時常肯定自身的重要性、自身能力與神性，更能幫助性情羞澀與缺乏信念之人了。我們遇到的問題是，我們沒有足夠重視自己，沒有準確評估自身能力，沒有對自身潛能有一個清醒客觀的認知。我們自輕自賤，貶低自身的能力，因為我們沒看到更為宏大與更為神性的那個自己。

　　下次當你感到沮喪，認為自己是失敗者，或是覺得自己的工作無足輕重時，就可以試試這樣的方法，你就能改變自己的心境。你要下定決心，

一定不能朝著覺得是失敗者的思想中更進一步了。你要停下來，去面對其他方向，你要走另一條道路。每當你覺得自己是失敗者時，這都能讓你真的成為失敗者，因為你的思想模式就是你的人生模式，你很難擺脫這樣的模式。如果你在心底認為自己是失敗者，無法成就任何有價值的事業，或是覺得運氣與你作對，覺得自己缺乏像別人那樣的機會，那麼，你是不可能擺脫這樣的思想，不可能擺脫將你牢牢控制的標準──因為你心中的想法就決定了結果。

世界上成千上萬的人都在失去有價值的東西，失去了一生為之努力的物質基礎，但他們依然擁有堅強的心、不可動搖的精神，一種永不後退的決心，讓他們失去的東西遠遠稱不上是失敗。只要他們擁有這些財富，就永遠不會覺得貧窮。

很多人之所以無法取得與他們能力相配的成功，是因為他們是自身情緒的受害者。他們的情緒將其他人趕走，也趕走了顧客。

我們要盡量避免與性情陰鬱與沮喪之人在一起，以防止這些人在你心中留下醜陋的印象。

我們到處可見，很多有能力的人只能做著平庸的工作，其實很簡單，因為他們很多時候都覺得「自己沒有狀態」或是覺得自己情緒沮喪，內心憂鬱。

一位性情反覆之人，是永遠不可能成為領袖，也不可能成為影響人們的力量。

對一位心靈訓練有素的人來說，在幾分鐘內，徹底剷除「沮喪」這些可惡的性情是可以做到的。但絕大多數人遇到的問題是，他們沒有敞開心扉，沒有讓陽光般的喜悅、希望與樂觀湧入心頭。我們可以阻擋那些傷害

我們的情緒，透過心靈的力量去驅趕心中的黑暗。

　　藝術中的藝術，就是學會清除心靈的敵人 —— 這些都是我們舒適、幸福與成功的敵人。讓心靈學會專注於美好的事情，遠離醜陋的東西，專注與真善美，遠離假惡醜，專注與和諧，遠離紛爭，專注於生命，遠離死亡，專注於健康，遠離疾病，這將大大改變我們的人生。要想做到這點，不是那麼容易，但每個人都可以做到。這只需要我們的心靈接受一些訓練，形成正確思考習慣的問題而已。

　　在心靈的世界裡，趕走黑暗最好的方法，就是讓心靈充滿了陽光。要遠離紛爭的思想，就要讓和諧的思想進入心靈，要驅趕錯誤的思想，就要讓正確的思想進入心靈，要驅趕醜陋的畫面，就要沉思美好與可愛的事物，要擺脫所有讓人厭惡或不圓滿的東西，就要沉思甜美與圓滿的東西。在我們的心靈裡，兩種相反的思想是不可能同時存在的。

　　無論你是否願意，都要讓自己肯定一點，就是你一定要有這樣的想法，你能感覺到美好的思想，而且你真切地感受到這種想法。你會感覺到自己處於正常的狀態，處在一個能最大限度發揮自身潛能的位置。你要有意識地這樣對自己說，不斷地暗示自己，那麼你就一定能將想法變成現實。

　　當你下次遇到困難，感到沮喪或覺得自己是失敗者時，可以試試這樣的方法，大聲肯定自己，堅持自己一定能變得更好，因為上帝就是這樣創造世界的。任何看上去不美好的東西，都不是上帝的本意，因此也不可能是真實存在的。你在心底要堅持這樣的想法。那麼，你會驚訝地發現，心底裡那些不幸的想法與困境都會漸漸消失。

　　當你下次覺得沮喪或受到憂鬱情緒的侵襲時，可以的話，讓自己好

好地洗一個澡，穿上好看的衣服 —— 然後，好好地與自己進行傾心的交談。你要像在與深陷在憂鬱、痛苦中的孩子或密友那樣以認真的態度對待自己。你要將心靈中黑暗與醜陋的畫面都驅趕走，清掃掉所有讓人壓抑的思想與暗示，掃清所有困擾你的思想垃圾。你要遠離任何讓你覺得不愉悅的東西，不要想過去的錯誤或過去讓人不悅的事情了。你要勇敢直面影響你心靈平和與幸福的敵人。你要調動身體的能量，驅趕這些心靈的敵人。你要下定決心，無論發生什麼，都要保持樂觀的心態，你都要過得開心幸福。

當你能睜開雙眼，直面這個世界時，就會發現，懷著悲傷、憂鬱的臉去面對這個美好、到處都有機會與讓我們愉悅的世界，似乎生活本身就是一種失望，而不是一個無價的寶藏時，那麼你會發現這樣的想法是愚蠢的，甚至可以說是在犯罪。你要對自己說：「我是一個男人，我就要做男人應該做的事情。我應該直面問題，然後找尋解決之道。」

不要讓任何人或任何事情動搖你的信念，要始終相信自己可以統治影響你心靈平和與幸福的敵人，因為你天生就遺傳了很多美好的品格。

我們應該在早年養成一種將心靈中所有讓人覺得不悅、不健康或是黑暗的想法趕走的習慣。每天早上起來，我們都應該懷著全新的心情去面對。我們應該從心靈的畫廊裡拿下所有醜陋的畫面，換上和諧、積極向上與充滿的力量的圖畫。

當你下次感到沮喪、疲憊或是被憂鬱所控制，如果你想要找尋其中的原因，就會發現這在很大程度上，是你的活力因為工作、過度飲食、違背某些消化法則或某些養成不良習慣被消耗殆盡。

憂鬱的情緒通常是疲憊的神經引起的，這可能是因為我們過度工作，

長時間的興奮或是因為消沉放縱所帶來的過度刺激。腦神經在過分刺激後，就需要營養、休息或是消遣。很多人之所以遭受沮喪或是憂鬱的侵襲，是因為他們的身體出現透支，缺乏規律的生活、不良的生活習慣或缺乏充足的睡眠引起的。

當你覺得自己心情憂鬱或感到沮喪，盡可能地變換一下自己所處的環境吧！無論你做什麼，都不要為煩惱感到過分悲傷，也不要為一些已經發生的事情感到沮喪。你要思想那些最愉悅與快樂的事情。你對別人要懷著友善、關懷的想法。你要努力散發出自己的歡樂與愉悅，讓身邊的人都能感覺到。你要對別人說些友善與愉悅的話。那麼，你很快就會發現自己的精神得到了煥發，心靈中的陰影與恐懼都不見了，陽光的歡樂與光明照亮了你的心窩。

你要勇敢持久地肯定一點，即你能夠成為你的理想中的樣子。你不要說：「終有一天，我能取得成功。」而要說：「我就是成功。成功是我與生俱來的權利。」不要說自己在未來某天裡會感到快樂，而要對自己說：「我本來就應該快樂的，我現在就很快樂。」

但是，如果你說：「我很健康，我能過得富足，我能取得怎樣怎樣的成就」時，你不真心相信自己的話，那麼這樣的心理暗示將不會發揮什麼作用。你必須要相信自己所說的話，然後努力實現它。

你要大聲說出你所需要的東西，說出你希望擁有的品格。你要強迫心靈朝著你的目標前進，然後牢牢地沿著這個目標出發，因為我們的心靈能夠創造出那樣的「磁場」。消極、疑惑或搖擺的思想是不可能讓我們創造出什麼東西來。

「我，本人，就是好運的代名詞。」沃爾特‧惠特曼說。

　　如果我們能意識到，我們是自身希望實現或達到目標的真正化身，我們擁有實現心中美好願望的能力 —— 雖然不是擁有全能的力量，但擁有能實現目標的能力 —— 然後不斷這樣地自我暗示：「我就是好運的代名詞，我是宇宙中偉大原則與持續性力量的原則的化身，因為我的神性與天父的一致的。」 —— 這樣的思想將改變世界上所有覺得工作是負累的人的人生。

# 第二十四章　堅持原則

　　對人來說，最偉大的一點是，無論取得了怎樣的成就，依然能保持自己乾淨清白的人生紀錄。

　　雖然當今時代動盪與不安，但為什麼林肯的形象隨著時間的流逝卻愈發高大，他的品格越來越為世人所讚許呢？這是因為他總是保持乾淨的人生紀錄，從不出賣自己的能力，也不會拿自己的名譽做賭注。

　　在人類歷史上，即便那些只擁有金錢的人，無論他們多麼富有，都不能像這位出生在偏遠山區的貧苦男孩這樣，對人類文明產生如此巨大的推動。林肯的這個例子極為清楚地顯示，那就是品格是人類歷史上最為重要的推動力量。

　　一個人要想擔當重任，對世界的發展發揮積極作用，就要有所堅持，不能賤賣自己的能力，不能為了薪水而犧牲自己的品格，也不能為了權力或地位犧牲自己的名聲，不能昧著良心去做自己不願意做的事情。

　　今天這個時代，很多人遇到的問題就是他們除了自己的工作，無法在其他方面有所堅持。他們可能接受過良好的教育，在專業領域做的不錯，也許擁有很強的專業知識，但他們卻無法讓人信任。他們身上的一些缺點讓自身的美德失去光彩。他們可能為人誠實，但卻無法讓人依賴。

　　找到一位對專業知識了解透徹的律師或是醫生並不難，他們可能在各自的專業裡都做的非常好，但我們卻很難找到一位在成為律師或醫生前就已成為真正男人的人，找到一個讓自己名字代表著清白、可靠與誠實的名聲的人。要找到一個具有口才的牧師並不難，但找到一個在布道演說背後的那個真正具有男子氣概、威嚴與骨氣的人，卻是很難。要找到一個成功的商人並不難，但要找到一個將品格看的比生意還重要的商人則很難。這個世界所需要的，不僅要在專業領域裡遵守法律、醫德與是商業法則的

人，還要在其他方面有所堅持，能夠在走出辦公室或商店後，依然有所堅持，能夠為社區的人們勇於吶喊，發揮自身的影響力的人。

我們到處可見很多聰明人，但卻很難找到一個過往人生紀錄像獵犬的牙齒那樣清白的人，一個絕不偏離正確軌道的人，一個寧願自己失敗，也不會去從事有問題的交易活動的人。

無論到哪裡，我們都能看到很多商人在自己前進道路上設置「欺騙」的攔路石或是使用不誠實的方法，最終在試圖欺騙別人的過程中絆倒了自己。

我們看見很多百萬富翁的內心充滿了恐懼，害怕調查會揭發他們之前的不法行為，害怕自己的醜行會暴露在大眾面前。我們看見他們在法律面前蜷縮著，就像被鞭打過後的西班牙獵犬，拚命抓住稻草，以免讓自己的行為曝光，在大眾面前丟臉。

活在大眾的鎂光燈下，享受別人羨慕自己的財富與權力的感覺，享受世人賜予的高尚與坦率的評價，但卻每時每刻都覺得其實自己並不是世人所想的那樣，生活在害怕被別人發現這些謊言的恐懼裡，害怕某些事情會最終揭發他們面具下的醜陋，讓世人可以看清他們的真正面目，這樣的生活真不是人過的。但是，任何事情都無法傷害到那些真誠對待世界的人，因為他沒有什麼可隱瞞的，也沒有什麼是需要向別人隱藏的，他們過著透明的乾淨生活，從不害怕別人揭發自己。即便他所有的財富都失去了，他知道自己會在他人的心裡豎起了一座豐碑，知道自己能夠贏得世人的尊敬與愛戴。任何事情都不能真正傷害到他，因為他保持著乾淨的人生紀錄。

羅斯福總統在人生早年就下定決心，無論發生什麼，無論自己所做的事最終取得成功或是失敗，無論他交到朋友或是敵人，他都不能拿自己

的好名聲做賭注 —— 他寧願失去其他東西，也不能拿自己的聲譽去做賭注。他一定要保持自己良好的聲譽。他的第一目標就是要有所堅持，成為一個真正的男人。在他進入政壇或是去做其他事情之前，他首先想到的，都是要先要做一個男人。

在羅斯福總統的早年生活，他其實有很多機會去賺大錢的，只要他與那些不誠實、精明的政治家勾搭上的話。他也擁有很多機會可哥以順利進入政界，但他絕對不能讓自己使用不光彩的方式去做。他絕對不能成為假公濟私的一分子，也不能做見不得人的交易。他寧願失去自己想要努力追尋的位置，讓其他人代替自己，也不能冒著玷汙自己名聲的風險去贏得這樣的聲譽。只有在他確定自己的行為光明磊落，不存在任何見不得人的東西時，他才會拿屬於自己的金錢，到某個位置上任職或是同意升遷。那些出於個人目的想去遊說他的政治家都知道，試圖賄賂他是沒用的，也不能用支撐贊助、金錢、地位或是權利去影響他。羅斯福非常清楚，自己這樣做會犯很多錯誤，結下很多敵人，但他如此堅定地秉持自己的原則，讓他的敵人至少都對他誠實的目標與坦率的為人與公平的做事方式心存敬意。羅斯福總統從年輕時就想著要保持自己清白的人生紀錄，讓自己的名聲經得起考驗，無論遇到怎樣的情況，都是如此。與此相比，其他的任何事情都顯得無關緊要。

在今天所處的時代，這個世界特別需要像羅斯福這樣人 —— 一個知道如何辨別清正確與錯誤的人，知道如何保持對真相忠誠的人，一個知道不隨意迎合大眾口味的人，一個將責任與真誠視為人生目標的人，一個待人坦誠，絕不左右搖擺的人，即便有很多誘惑引誘著他。

誰能估量羅斯福總統的行為對政界的清明與提升美國夢想所起的積極意義呢？他已經改變了很多政治家與政客的觀點，他展現出一種全新更好

的做事方式。他讓很多人為過往那種只顧著結黨營私與自私的貪念的人感到羞恥。他始終堅持一個全新的理想，透過自己對國家無私的服務展現出來，這要比很多人只顧著自我誇大的行為高尚太多太多。今天，美國的愛國主義精神擁有更為豐富的內涵，很多年輕政客與政治家都採取了這樣清明的做事方法，豎立了更高的目標，這都是因為羅斯福總統之前所帶來的影響。毋庸置疑，在這個國家，成千上萬的年輕人都非常注重人生的清白的紀錄，成為一個誠實與有理想的好公民，因為歷史上有那樣一個總是堅持著「為人清白」、堅持著正義與美國精神的人。

每個人都應該覺得內心裡有某種東西是金錢所不能賄賂的，也是任何外在影響所不能買的，更是不能出售的，有些東西是別人無論出多麼高的價格，他都不願意犧牲或是篡改的。倘若必要的話，為了這樣東西，他寧願犧牲自己的生命。

如果一個人能為有價值的東西有所堅持，能讓自己為此感到榮耀，感覺自己真實的價值得到了體現，那麼，他就不需要什麼推薦信，也不需要華麗的衣服、漂亮的房子或是外在的幫助，他本人就是最好的證明。

那些一踏入社會就下定決心要讓自己的品格成為自身資本的人，無論履行什麼職責，都會全身心投入進去。這些人是不會失敗的，即便它無法贏得名聲或是財富。要是一個人在工作的過程中失去了自己的品格，那麼他是很難有所作為的。

到目前為止，還沒有發現什麼是可替代誠實這種特質的。很多到處「碰壁」的人都在努力地想要找尋這樣的替代品。我們的監獄裡裝滿了那些想要以其他東西替代誠實的犯人。

當某人占據了一個不適合自己的位置上，並終日戴著面具，是沒有人

會相信他的。因為他內心的「監測器」一直在說：「你知道自己在說假話，你並不是你裝出來這樣的人。」意識到自己並不真誠，知道自己不是別人所想的那樣，讓一個人失去力量，讓品格蒙塵，摧毀我們的自尊與自信。

當有人鼓動林肯去為錯誤的一方做辯護的時候，他說：「我做不了。我在法庭上做陳述的時候，一定會在想：『林肯，你是一個騙子，你是一個騙子。』我覺得自己會最終忍不住，然後大聲說出來。」

品格作為一種資本，被很多年輕人貶低了。他們似乎更看重精明、機靈、會要伎倆、認識有權勢的人，而不是那些為人誠實與擁有正直品格的人。為什麼很多企業要為使用一些去世已經超過半個世紀或是更長時間的人名字而付出鉅款呢？這是因為這些人的名字代表著一種力量，因為這些人的名字代表著一種品格，代表著一些原則，更代表著可信度與公平交易的聲譽。想想諸如蒂凡尼、派克與迪爾福德及其他在商界代表穩重與誠實交易的重要人物，他們那如磐石一樣不可動搖的信譽所具有的價值的吧！

很多年輕人都知道這些事實，但他們還是想以欺騙、伎倆或是耍花招等方式為基礎去建造屬於自己的「商業大廈」，而不是想著如何鍛造自己的堅強的品格、誠實可信的人格與男子氣概，這難道不讓人覺得奇怪嗎？很多人非常努力地在不牢固或是脆弱的根基下建造大廈，而不是想著以誠實的產品與公平的交易作為堅實的後盾，去建造更為牢固的人生堡壘，這難道不同樣讓人覺得奇怪嗎？

在我們的名聲遭受質疑前，個人的名譽是價值千金。而當世人猜疑你的名聲時，你的名聲就一文不值了。世上沒有任何東西可以取代品格的地位。世界上沒有任何政策、任何對錯能與誠實與公平正直相提並論。

當非法與不誠實的勾當被揭發出來，當所有披著「羊皮」的惡棍被剝

去外衣的時候，我們才發現，原來正直才是當今商界最為重要的東西。在人類歷史上，品格從未像現在這樣變得如此重要，並且顯得越來越重要。現在這個時代，品格要比以往任何時代都更加重要，比任何時代都代表著更多內涵。

在過去的時代，那些最為精明、最會耍手段的人能肆意地占別人的便宜，獲得最大的收入，但在今天這個時代，在買賣的另一端的人們正以前所未有的速度醒悟過來。

南森‧斯特勞斯在被人問及企業成功的祕訣時，談到正是因為他們公正地對待買賣另一方才讓企業取得成功。他說，自己的企業絕對不能與人為敵，不能讓顧客感到不滿意或是侵占顧客的便宜，或是讓他們覺得自己受到了不公平的待遇 —— 從長遠來看，那些能公正地對待買賣另一端的人必將得到最大的收益。

很多賺取大量財富的商人卻在人群中缺乏影響力，因為他們一生都在與低俗的人打交道。他們一生都在兜售那些假冒偽劣的產品，這樣的意識已經深入他們的腦髓裡，直到他們的人生標準早已經處於最低的水準，理想已經消失不見，品格已經不可避免被他們銷售的劣質產品所毒害了。

與上面所說的這些商人形成鮮明對比的是，那些成立超過半個世紀或是更長時間的企業或是實體機構的負責人，他們總是堅持將產品的品質放在首位，與一些不僅有能力，而且更有品格的男男女女打交道。

我們本能地相信品格的作用，讚賞那些能夠有所堅持、專注於真理與誠實的人。這些人可能會與我們持不同的意見，這也沒什麼關係。我們欣賞他們身上所散發出的氣質、誠實的觀點與不可動搖的原則。

已過世的卡爾‧舒米茲是一位性情剛烈的人，得罪了不少人。他經常

改變自己的政治主見，但即便是最憎恨他的政敵都知道他有一點是不會改變的。無論是他的朋友或是敵人，黨內還是黨外的人都知道，他堅守自己的原則。他所持的原則是永遠都不會改變的。如果有必要的話，他寧願自己獨立堅持，即便整個世界都在反對他。他在很多事情上雖然前後矛盾，經常改變自己的黨派與政治觀點，但這無法改變人們對這位堅持原則之人的愛戴。雖然他因為自己所持的革命原則而被捕，後來從德國的監獄逃出來，逃離了自己的國家，當時他只是一個年輕人。德皇威廉一世對他忠於自身目標與品格的力量深感敬意，邀請他回到德國，並且拜訪了他，為他舉辦了一場大型的晚宴，向他致敬。

誰能估量艾略特校長在提升與豐富國民思想與培養成千上萬的哈佛大學畢業生等方面所做出的貢獻呢？佛瑞德·布魯克斯具有的巨大能量與高尚的品格讓每個受過他影響的人都能提升一個檔次。他在引領人們走向更高尚的目標時，總是那麼不遺餘力，讓人為之動容。人們聆聽他的布道演說時，能感受到他勝利的品格，也能看到他展現出的偉大人格。諸如他們這樣的人能增強我們對人類的信念，相信日後的人們具有無限的可能性。我們因為這些人所立下的標準，而為這個國家感到更加自豪。

正是理想決定了我們生活前進的方向。那些為了實現理想而不為五斗米折腰的人讓人敬佩，激勵著我們前進！

解決如何取得成功這一問題的原則是，我們要堅持正義與公正、誠實與正直，正如那些遠離了這個原則的人，肯定無法解決這個問題一樣。

事實上，每個人都能有所作為。他可能賺到一些錢，但這是成功嗎？小偷也能偷到錢，但這是成功嗎？難道憑藉精明的大腦偷竊別人的錢要比靠長手臂扒掉別人的錢包更加誠實嗎？事實上，前者的行為要更加的不誠

實，因為受害者被騙後還要被偷 —— 這是雙重犯罪。

我們經常收到這樣的信件：

「我的薪水還不錯，但不知為何，我對此感覺並不良好。我無法平息內心對我所做之事發出這樣的聲音：『這是錯的，這是錯的』。」

「那就馬上遠離你現在所處的工作職位吧！」我們總是這樣回覆來信者。「不要繼續待在那個有問題的職位上了，無論你能獲得多少報酬。如果你繼續這樣走下去的話，肯定會墮落的。做一件違背你良心的事，會對你的心理特質產生不良的影響，摧殘你的品格。」

勇敢地告訴那些想要你在一個有問題的職位上工作的老闆，除非你能在工作中展現自己的烙印，刻下自己的正直的特質，否則你是不會做的。告訴他，如果你身上最高級的東西都不能讓你取得成功，那麼最低級的東西更不可能讓你取得成功。你不能出賣身上最重要的東西，不能將你的尊嚴、榮耀低賤地賣給一個不誠實的人或是一個說謊的機構。你應該將自己考慮一下這些問題的行為都視為一種侮辱。

下定決心，絕對不能為了錢而出賣自己。絕對不能將自己的能力、所接受的教育、自尊賣給薪水，去為別人圓謊，去為別人寫些虛假的廣告語或做一些不正當的事情。

下定決心，無論從事什麼行業，你都要有所堅持，你一定不能僅僅只是一名律師、醫生、商人、職員、農民、議員或是一個只有金錢的人，而要首先成為一個真正意義上的人，這才是最重要的。

# 用意識，培養超越逆境的意志：
### 自我提升 × 目標法則 × 失敗意識，你的前路不是人家幫你鋪好，而是反過來向內心尋找！

作　　者：[美]奧里森·馬登（Orison Marden）

翻　　譯：佘卓桓

發 行 人：黃振庭

出 版 者：財經錢線文化事業有限公司

發 行 者：財經錢線文化事業有限公司

E-mail：sonbookservice@gmail.com

粉 絲 頁：https://www.facebook.com/
　　　　　sonbookss/

網　　址：https://sonbook.net/

地　　址：台北市中正區重慶南路一段六十一號八樓
　　　　　815 室

Rm. 815, 8F., No.61, Sec. 1, Chongqing S. Rd.,
Zhongzheng Dist., Taipei City 100, Taiwan

電　　話：(02)2370-3310

傳　　真：(02)2388-1990

印　　刷：京峯數位服務有限公司

律師顧問：廣華律師事務所 張珮琦律師

定　　價：399 元

發行日期：2023 年 08 月第一版

◎本書以 POD 印製

## 國家圖書館出版品預行編目資料

用意識，培養超越逆境的意志：自
我提升 × 目標法則 × 失敗意識，
你的前路不是人家幫你鋪好，而是
反過來向內心尋找！/ [美]奧里
森·馬登（Orison Marden）著，
佘卓桓譯. -- 第一版. -- 臺北市：財
經錢線文化事業有限公司, 2023.08
面；　公分
POD 版
譯自：Will to overcome adversity
ISBN 978-957-680-665-0( 平裝 )
1.CST: 成功法 2.CST: 自我實現
177.2　　112010558

電子書購買

臉書